2025

Abitur

Original-Prüfungsaufga...
mit Lösungen

D1921108

Niedersachsen

Geschichte

STARK

19. neu bearbeitete und ergänzte Auflage
www.stark-verlag.de

Inhaltsverzeichnis

Vorwort und Hinweise zu den digitalen Zusätzen

Hinweise und Tipps zum Zentralabitur

Abiturähnliche Übungsaufgaben

Sobald die Original-Prüfungsaufgaben 2024 freigegeben sind, können Sie sie als PDF auf der Plattform MySTARK herunterladen (Zugangscode vgl. Umschlaginnenseite).

Autoren (gedruckte Ausgabe)

Klaus Eilert:	ÜA 1, 2, 3, 4 und 7, 2023/EA III
Dr. Hans-Joachim Müller:	ÜA 5 und 9, 2023/GA I
Wolfgang Münchenhagen:	Hinweise, ÜA 6, 2023/GA III
Stefan Schulz:	2023/EA I
Ralf Werner:	ÜA 8

Vorwort

Liebe Schülerinnen, liebe Schüler,

mit dem vorliegenden Band können Sie sich optimal auf die **schriftliche Abiturprüfung 2025** in **Geschichte** (erhöhtes/grundlegendes Anforderungsniveau) vorbereiten.

Das einführende Kapitel „**Hinweise und Tipps zum Zentralabitur**" enthält wichtige **Informationen** sowie konkrete **Tipps**
- zu **Rahmenbedingungen**, **Schwerpunktthemen** und **Bewertung** der Prüfung,
- zu Struktur, **Anforderungsbereichen** und **Operatoren** der Aufgabenstellungen,
- zur **Auswertung von Materialien**, die Ihnen in der Prüfung begegnen können
- sowie zur **Vorbereitung und Verschriftlichung** der Klausuren.

Im anschließenden **Übungsteil** finden Sie
- eine **Auswahl der Original-Prüfungsaufgaben 2023** (direkt im Buch) und der **aktuellen Abituraufgaben 2024** (Download über die Plattform **MySTARK**),
- **Übungsaufgaben mit Musterlösungen** zu den **2025** verpflichtenden **Wahlmodulen**, die von unseren Autoren entworfen wurden,
- **ausführliche**, von erfahrenen Lehrkräften ausgearbeitete **Lösungsvorschläge**
- sowie **konkrete Bearbeitungshinweise und Tipps**, die Ihnen ein gezieltes, effektives Vorgehen bei der Beantwortung der einzelnen Aufgaben vermitteln.

Die Aufgaben und Lösungen haben eine **doppelte Funktion:**
- An konkreten Beispielen können Sie Ihre im Unterricht erworbenen **Kompetenzen und Kenntnisse anwenden**, die **Bearbeitung von Abituraufgaben trainieren** und Ihre Lösung mithilfe der Musterlösung kontrollieren und optimieren.
- Zudem können Sie anhand der ausführlichen Musterlösungen **historisches Fachwissen** aus dem Unterricht **wiederholen und vertiefen**.

Sollten nach Erscheinen dieses Bandes wichtige **Änderungen im Abitur 2025** vom Kultusministerium bekannt gegeben werden, finden Sie aktuelle Informationen unter: *www.stark-verlag.de/mystark*.

Der Verlag und das Autorenteam wünschen Ihnen viel Erfolg in der Abiturprüfung!

Hinweise zu den digitalen Zusätzen

Dieser Band enthält **digitale Zusätze**, die Sie online über die Plattform **MySTARK** abrufen können. Ihren persönlichen Zugangscode finden Sie auf der Umschlaginnenseite.

PDF der Original-Prüfungsaufgaben 2024

Um Ihnen die **Prüfung 2024** mit den ausgearbeiteten Lösungsvorschlägen schnellstmöglich zur Verfügung stellen zu können, bringen wir sie **digital** heraus. Sobald die Original-Prüfungsaufgaben 2024 freigegeben sind, können Sie sie als PDF auf **MySTARK** herunterladen.

Lernvideos

Die Analyse von Quellen und Darstellungen ist wichtiger Bestandteil von Klausuren im Fach Geschichte. Mit unseren **Lernvideos zum richtigen Umgang mit Karikaturen und Textquellen** können Sie sich optimal auf die Bearbeitung von materialgestützten Aufgaben vorbereiten.

Interaktives Online-Training

Mithilfe **abwechslungsreicher interaktiver Aufgaben** können Sie wichtige Inhalte aus den Themenbereichen *Weimarer Republik, Nationalsozialismus und Deutschland ab 1945* wiederholen. Alle Aufgaben können direkt am PC oder Tablet bearbeitet werden. Sie erhalten sofort eine Rückmeldung zu Ihren Antworten.

HINWEISE UND TIPPS

Hinweise und Tipps zum Zentralabitur

Vorgaben für die Abiturprüfung

1 Schulrechtliche Vorgaben für die Abiturprüfung

Den schulrechtlichen Rahmen für die schriftlichen und mündlichen Abiturprüfungen im Fach Geschichte stecken vier Regelwerke ab:

- Die **Einheitlichen Prüfungsanforderungen in der Abiturprüfung Geschichte** („EPA", Fassung vom 10. 2. 2005), die von der Kultusministerkonferenz herausgegeben wurden, sind bundesweit gültig. Hier werden allgemeine Festlegungen für die schriftliche und mündliche Abiturprüfung getroffen. Was für Sie davon wichtig ist – z. B. die fachlichen Inhalte, die verbindlichen Qualifikationen und Anforderungsbereiche –, wird in den folgenden Abschnitten systematisch und für Ihren Abiturjahrgang konkretisiert dargestellt.
- Im Abitur kann nur das geprüft werden, was vorher unterrichtet wurde. Diesen Rahmen beschreibt das **Kerncurriculum Geschichte für die Oberstufe** (Kerncurriculum für das Gymnasium – gymnasiale Oberstufe, die Gesamtschule – gymnasiale Oberstufe, das Berufliche Gymnasium, das Abendgymnasium, das Kolleg, Geschichte, Niedersächsisches Kultusministerium, 2017). Die hier verzeichneten Kompetenzen, die Sie in den beiden Schuljahren erworben haben sollen, bilden die Grundlage der schriftlichen und mündlichen Abiturprüfungen. Hier finden Sie ein Menü von vier Rahmenthemen; in jedem der vier Kurshalbjahre der Qualifikationsphase wird jeweils eines behandelt. Jedes Rahmenthema ist in mehrere Wahlmodule gegliedert.
- Damit die Lehrkräfte wissen, was sie in den vier Kurshalbjahren unterrichten sollen, sodass die Abiturientinnen und Abiturienten die zentral gestellten schriftlichen Abiturprüfungen erfolgreich bearbeiten können, wählt das Kultusministerium für jeden Abiturjahrgang aus den vier Rahmenthemen je ein Wahlmodul verbindlich aus: die **vier „Wahlpflichtmodule"**. Diese sind dem Informationsblatt „Geschichte – Fachbezogene Hinweise und Thematische Schwerpunkte für die schriftliche Abiturprüfung 2025" (August 2022) zu entnehmen. Sie finden es im Internet unter: *https://bildungsportal-niedersachsen.de/fileadmin/4_Allgemeinbildung/Zentrale_Arbeiten/2025/10GeschichteHinweise2025.pdf*

- Die Organisation und das Verfahren Ihrer Abiturprüfungen legt die Verordnung über die Abschlüsse in der gymnasialen Oberstufe, im Beruflichen Gymnasium, im Abendgymnasium und im Kolleg **(AVO-GOBAK)** sowie deren Ergänzende Bestimmungen **(EB-AVO-GOBAK)** fest.

2 Prüfungsinhalte im Abitur 2025

Für die Kurshalbjahre des Abiturs 2025 hat das Kultusministerium folgende **verbindliche Wahlmodule** in dieser Kursreihenfolge vorgegeben:

1. Schulhalbjahr (Rahmenthema 1, Wahlmodul 7): Die russischen Revolutionen

- Die Zarenherrschaft in der Krise (u. a. Grundzüge der russischen Gesellschaft, Reformansätze im Zarenreich)
- Politische Opposition gegen den Zarismus (gesellschaftliche Entwürfe, Revolution von 1905)
- Das Jahr 1917 und die Träger der Revolutionen (u. a. Februarrevolution, Doppelherrschaft, Oktoberrevolution)
- Folgen der Oktoberrevolution und Stabilisierung der bolschewistischen Herrschaft (u. a. Bürgerkrieg, Terror, Kriegskommunismus, Neue Ökonomische Politik, Aufstieg Stalins)

2. Schulhalbjahr (Rahmenthema 2, Wahlmodul 9): China und die imperialistischen Mächte

- Selbstverständnis und Weltbild der Chinesen (u. a. Konfuzianismus, „Reich der Mitte") und der Europäer (u. a. Folgen der Aufklärung, ökonomische und politische Folgen der Industrialisierung)
- Chinesische Kontakte mit den imperialistischen Mächten und ihre Folgen (u. a. Macartney-Mission, Erster Opiumkrieg 1839–1842), ungleiche Verträge, Missionierung, Open Door Policy), Vergleich mit Japan
- Chinesische Reaktionen auf den europäischen Einfluss zwischen Anpassung und Widerstand (u. a. Selbststärkungsbewegung, Reformversuche, „Boxeraufstand", Gründung der Republik)

3. Schulhalbjahr (Rahmenthema 3, Wahlmodul 6): Zwischen Krise und Modernisierung – Die Gesellschaft der Weimarer Republik

- Konkurrierende politische Ideen in der Gründungsphase (Novemberrevolution, Verfassungskontroversen, Träger der Republik)
- Kriegstrauma und wirtschaftliche Krise (u. a. Kontinuität alter Eliten, Belastungen durch den Versailler Vertrag, politische Gewalt, Krisenjahr 1923 und Bewältigung)
- Zwischen Aufbruch und Unsicherheit („Goldene Zwanziger" und kulturelle Modernisierung, Massenkultur und Medien, Technisierung, Stresemann als Repräsentant der Zeit)
- Abstiegsängste und politische Radikalisierung (u. a. Folgen der Weltwirtschaftskrise, Aufstieg der NSDAP)

4. Schulhalbjahr (Rahmenthema 4, Wahlmodul 1): Mythen

- Entstehung und Wandel von Mythen (z. B. Troja, Augustus, Hermann der Cherusker, Nibelungen, Wilder Westen, Deutscher Wald, Che Guevara, Ostalgie)
- Analyse und Dekonstruktion der Inhalte und Intentionen
- Rekonstruktion (z. B. Leserbrief, Essay)

Konkretisierung: Es ist u. a. der Mythos „Oktoberrevolution“ zu behandeln.

3 Der unterrichtliche Bezug der schriftlichen Abituraufgaben

Im Zentralabitur wird sich jede Aufgabe in ihrem Schwerpunkt auf **ein verbindliches Wahlmodul**, darüber hinaus auf mindestens **ein weiteres verbindliches Wahlmodul eines anderen Kurshalbjahres/Rahmenthemas** beziehen. Sie müssen also Kompetenzen v. a. aus einem und ergänzend aus mindestens einem weiteren Kurshalbjahr einbringen (**halbjahresübergreifender Bezug** in der Prüfungsaufgabe). Der Halbjahresübergriff wird sich thematisch meist auf das verbindliche Wahlmodul eines weiteren Halbjahres und auf methodische Kompetenzen (z. B. Methoden der Quellenanalyse) beziehen, die Sie in mehreren Kurshalbjahren erworben haben. Beispiele dafür geben Ihnen die folgenden abiturähnlichen Übungsaufgaben und Original-Abituraufgaben.
In Kursen auf **erhöhtem Anforderungsniveau** werden in den ersten drei Kurshalbjahren je **zwei Wahlmodule** eines Rahmenthemas unterrichtet: (1) das verbindlich vorgeschriebene, (2) das Modul, das die Fachkonferenz Geschichte Ihrer Schule aus dem Wahlmodul-Menü der Rahmenthemen hinzugewählt hat. Daher könnte eine Teilaufgabe verlangen, dass Sie Inhalte bzw. Methoden des verbindlichen Wahlmoduls (1) mit Aspekten verknüpfen, die dem von der Schule ausgewählten Modul (2) entstammen. So könnten Sie aufgefordert werden: „Vergleichen Sie Ihre Ergebnisse mit einem ähnlichen Fall aus anderen Räumen/Zeiten.“ Diesen „ähnlichen Fall“ entnehmen Sie dem ergänzten Modul. Im 4. Kurshalbjahr ist kein zweites Wahlmodul vorgesehen.
Für Kurse auf **grundlegendem Anforderungsniveau** müssen schulintern keine zweiten Wahlmodule festgelegt werden.

4 Aufgabenvorschläge – Auswahlzeit – Bearbeitungszeit

- Sie erhalten in der zentral gestellten schriftlichen Abiturprüfung **zwei Aufgaben**, die sich in ihrem Schwerpunkt auf unterschiedliche Kurshalbjahre und damit auf unterschiedliche verbindliche Wahlmodule beziehen. Von diesen müssen Sie **eine** Aufgabe auswählen und in Form eines Fachaufsatzes (einer Klausur) bearbeiten.
- Für die **Auswahl** der Aufgabe werden Ihnen bis zu **30 Minuten** Zeit eingeräumt.
- Für die **Bearbeitung** der von Ihnen ausgewählten Aufgabe stehen Ihnen auf erhöhtem Anforderungsniveau **270 Minuten**, auf grundlegendem Anforderungsniveau **220 Minuten** zur Verfügung.

5 Aufgaben auf grundlegendem und erhöhtem Anforderungsniveau

Prüfungsklausuren auf grundlegendem bzw. auf erhöhtem Anforderungsniveau unterscheiden sich durch

- die Anzahl und den Umfang der zu behandelnden Gegenstandsbereiche,
- die Komplexität und die Vielfalt der Untersuchungsaspekte,
- den Umfang und die Vielfalt der zu interpretierenden historischen Quellen und Darstellungen,
- die Tiefe der Einblicke in Erkenntnisprobleme des Faches.

6 Zentral gestellte Aufgaben – dezentral gestellte Aufgaben

Die zentrale Aufgabenstellung gilt nur für die schriftlichen Abiturprüfungen; die mündliche Prüfung wird weiterhin dezentral gestellt, d. h. von Ihrer Lehrkraft.

7 Anforderungsbereiche

Anforderungsbereiche (abgekürzt: AFB) beschreiben in allgemeiner Form die systematisch aufeinander aufbauenden Arbeitsschritte eines Untersuchungsprozesses. Sie werden überall dort angewendet, wo Sachverhalte anspruchsvoll auf fachlicher Grundlage untersucht werden: Das geschieht in Abiturklausuren ebenso wie in Studium, Beruf und vielen anderen Situationen des öffentlichen und privaten Lebens, wenn intellektuell anspruchsvolle Probleme professionell zu lösen sind.

TIPP: Bevor Sie sich den Definitionen der Anforderungsbereiche im Fach Geschichte zuwenden, machen Sie sich das System der methodisch aufeinander aufbauenden Verarbeitungsschritte verständlich:

- Der Untersuchungsprozess beginnt mit dem **Beschreiben** des Gegenstandes/Sachverhalts, um zunächst eine Informationsgrundlage zu schaffen (AFB I).
- Darauf aufbauend wird der zu untersuchende Sachverhalt **a)** in seine Einzelteile zergliedert und analysiert (**immanente Analyse**) und/oder **b)** es erfolgt eine **Analyse des Zusammenhangs** zwischen dem Gegenstand (z. B. der Quelle) und seinem Kontext (z. B. dem historischen Hintergrund der Quelle) (AFB II).
- Im dritten Schritt wird auf Basis der Analyseergebnisse die **Problemlösung** gefunden und begründet (AFB III).

In diesem methodischen Grundkonzept steigt der Schwierigkeitsgrad stufenweise an.

Im Fach Geschichte werden die drei Anforderungsbereiche, die selbstverständlich in schriftlichen wie in mündlichen Prüfungen gelten, folgendermaßen beschrieben:

Der **Anforderungsbereich I (AFB I)** umfasst das Wiedergeben von Sachverhalten aus einem abgegrenzten Gebiet und im gelernten Zusammenhang unter rein reproduktivem Benutzen eingeübter Arbeitstechniken. Dies erfordert vor allem **Reproduktionsleistungen**, insbesondere:

- Wiedergeben von grundlegendem historischem Fachwissen
- Bestimmen der Quellenart
- Unterscheiden zwischen Quellen und Darstellungen
- Entnehmen von Informationen aus Quellen und Darstellungen
- Bestimmen von Raum und Zeit historischer Sachverhalte

Der **Anforderungsbereich II (AFB II)** umfasst das selbstständige Erklären, Bearbeiten und Ordnen bekannter Inhalte sowie das angemessene Anwenden gelernter Inhalte und Methoden auf andere Sachverhalte. Dies erfordert vor allem **Reorganisations- und Transferleistungen**, insbesondere:
- Erklären kausaler, struktureller bzw. zeitlicher Zusammenhänge
- sinnvolles Verknüpfen historischer Sachverhalte zu Verläufen und Strukturen
- Analysieren von Quellen oder Darstellungen
- Konkretisieren bzw. Abstrahieren von Aussagen der Quelle oder Darstellung

Der **Anforderungsbereich III (AFB III)** umfasst den reflexiven Umgang mit neuen Problemstellungen, den eingesetzten Methoden und gewonnenen Erkenntnissen, um zu eigenständigen Begründungen, Folgerungen, Deutungen und Wertungen zu gelangen. Dies erfordert vor allem Leistungen der **Reflexion und Problemlösung**, insbesondere:
- Entfalten einer strukturierten, multiperspektivischen und problembewussten historischen Argumentation
- Diskutieren historischer Sachverhalte und Probleme
- Überprüfen von Hypothesen zu historischen Fragestellungen
- Entwickeln eigener Deutungen
- Reflektieren der eigenen Urteilsbildung unter Beachtung historischer bzw. gegenwärtiger ethischer, moralischer und normativer Kategorien

Die Teilaufgaben sind überwiegend einem Anforderungsbereich zugeordnet, die erste in der Regel dem AFB I (→ Darstellung der Informationen), die letzte meist dem AFB III (→ Problemlösung), die mittleren Aufgaben dienen überwiegend dazu, die Einzelteile des Untersuchungsgegenstandes zu analysieren (überwiegend AFB II).
Die Teilaufgaben können nicht immer trennscharf, sondern nur überwiegend oder in ihrem Schwerpunkt einem Anforderungsbereich zugeordnet werden: Mitunter müssen Sie zur Lösung einer Teilaufgabe, die dem AFB I zugeordnet ist, einzelne analytische oder sogar problemlösende Denkleistungen vollbringen, wenn Sie z. B. bei der Inhaltswiedergabe eines Quellentextes in der Einleitung dessen Thema bestimmen müssen.

Der Schwerpunkt einer kompletten Abituraufgabe liegt immer im AFB II; AFB I und III sollen angemessen vertreten sein. Eine Klausur, deren Ergebnisse sich nur im AFB I bewegen, darf nicht als „ausreichend“ zensiert werden, als „gut“ bzw. „sehr gut“ bewertete Klausuren müssen gehaltvolle Ergebnisse im AFB III enthalten.

8 Operatoren

Jede Teilaufgabe enthält ein Verb, das Ihnen sagt, was Sie leisten sollen. Dieses Verb mit einem Aufforderungscharakter wird als „**Operator**“ bezeichnet. Die Operatoren sind den **drei Anforderungsbereichen** eindeutig zugeordnet.

Anforderungsbereich I	
Operatoren	**Beschreibung der erwarteten Leistung**
beschreiben	strukturiert und fachsprachlich angemessen Materialien vorstellen und/oder Sachverhalte darlegen
gliedern	einen Raum, eine Zeit oder einen Sachverhalt nach selbst gewählten oder vorgegebenen Kriterien systematisierend ordnen
wiedergeben	Kenntnisse (Sachverhalte, Fachbegriffe, Daten, Fakten, Modelle) und/oder (Teil-)Aussagen mit eigenen Worten sprachlich distanziert, unkommentiert und strukturiert darstellen
zusammen-fassen	Sachverhalte auf wesentliche Aspekte reduzieren und sprachlich distanziert, unkommentiert und strukturiert wiedergeben

TIPP: Das Ergebnis entspricht einem Bericht bzw. einer Inhaltsangabe: Sie müssen den Untersuchungsgegenstand so beschreiben, dass Ihre Leserschaft die folgenden Analysen und Problemlösungen logisch nachvollziehen kann, ohne den Gegenstand im Original zu kennen. Zum besseren Leseverständnis sollten Sie einleitend auf die Zielrichtung der mit dem Gegenstand verbundenen Untersuchung hinweisen.

Anforderungsbereich II	
Operatoren	**Beschreibung der erwarteten Leistung**
analysieren	Materialien, Sachverhalte oder Räume beschreiben, kriterienorientiert oder aspektgeleitet erschließen und strukturiert darstellen
charakteri-sieren	Sachverhalte in ihren Eigenarten beschreiben, typische Merkmale kennzeichnen und diese dann gegebenenfalls unter einem oder mehreren bestimmten Gesichtspunkten zusammenführen
einordnen	begründet eine Position/ein Material zuordnen oder einen Sachverhalt begründet in einen Zusammenhang stellen
erklären	Sachverhalte so darstellen – gegebenenfalls mit Theorien und Modellen –, dass Bedingungen, Ursachen, Gesetzmäßigkeiten und/oder Funktionszusammenhänge verständlich werden
erläutern	Sachverhalte erklären und in ihren komplexen Beziehungen an Beispielen und/oder Theorien verdeutlichen (auf Grundlage von Kenntnissen bzw. Materialanalyse)
gegenüber-stellen	Sachverhalte, Aussagen oder Materialien kontrastierend darstellen und gewichten
herausarbeiten	Materialien auf bestimmte, explizit nicht unbedingt genannte Sachverhalte hin untersuchen und Zusammenhänge zwischen den Sachverhalten herstellen
in Beziehung setzen	Zusammenhänge zwischen Materialien bzw. Sachverhalten aspektgeleitet und kriterienorientiert herstellen und erläutern

nachweisen	Materialien auf Bekanntes hin untersuchen und belegen
vergleichen	Gemeinsamkeiten, Ähnlichkeiten und Unterschiede von Sachverhalten kriterienorientiert darlegen

TIPP: Im AFB II werden entweder die inneren und/oder äußeren Zusammenhänge des Untersuchungsgegenstandes einzeln analysiert. Die Ergebnisse werden durch Schlussfolgerungen erzielt, die argumentativ zu vertreten sind: Eine Schlussfolgerung wird behauptet, die Behauptung ist zu begründen, die Begründung ist zu belegen (z. B. durch Zitate, anerkannte Tatsachen). Die Ergebnisse sind in dem argumentativen Dreischritt „behaupten – begründen – belegen“ darzustellen.

Anforderungsbereich III	
Operatoren	**Beschreibung der erwarteten Leistung**
beurteilen	den Stellenwert von Sachverhalten oder Prozessen in einem Zusammenhang bestimmen, um kriterienorientiert zu einem begründeten Sachurteil zu gelangen
entwickeln	zu einem Sachverhalt oder zu einer Problemstellung eine Einschätzung, ein Lösungsmodell, eine Gegenposition oder ein begründetes Lösungskonzept darlegen
erörtern	zu einer vorgegebenen Problemstellung eine reflektierte, abwägende Auseinandersetzung führen und zu einem begründeten Sach- und/oder Werturteil kommen
sich auseinandersetzen	zu einem Sachverhalt, einem Konzept, einer Problemstellung oder einer These usw. eine Argumentation entwickeln, die zu einem begründeten Sach- und/oder Werturteil führt
Stellung nehmen	Beurteilung mit zusätzlicher Reflexion individueller, sachbezogener und/oder politischer Wertmaßstäbe, die Pluralität gewährleisten und zu einem begründeten eigenen Werturteil führen
überprüfen	Inhalte, Sachverhalte, Vermutungen oder Hypothesen auf der Grundlage eigener Kenntnisse oder mithilfe zusätzlicher Materialien auf ihre sachliche Richtigkeit bzw. auf ihre innere Logik hin untersuchen

TIPP: Im AFB III wird eine Problemlösung entwickelt. Ergebnisse werden durch Schlussfolgerungen erzielt, die argumentativ zu vertreten sind: Entsprechend muss auch hier die Schlussfolgerung jeweils behauptet, die Behauptung begründet und die Begründung z. B. durch Zitate oder anerkannte Tatsachen belegt werden (argumentativer Dreischritt „behaupten – begründen – belegen“).

Operator, der Leistungen in allen drei Anforderungsbereichen verlangt	
interpretieren	Sinnzusammenhänge aus Quellen erschließen und ein begründetes Sachurteil oder eine Stellungnahme abgeben, die auf einer Analyse beruhen

1 Grundlegende Schreibkompetenzen und Schreibtechniken für Fachaufsätze

Ihre Abiturklausur muss einem Fachaufsatz entsprechen. Wenn Sie diesen Abschnitt zum Thema „Schreibkompetenzen und Schreibtechniken" so weit verstanden haben, dass Sie das Wesentliche umsetzen können, wird Ihnen das nicht nur in der Abiturklausur, sondern auch darüber hinaus in Studium und Beruf sehr helfen. Denn die methodischen Fähigkeiten zum selbstständigen Verfassen von Texten werden Sie immer wieder benötigen, nicht nur in der Abiturklausur Geschichte! Die folgenden acht Tipps sollen Sie beim Verfassen Ihres Fachaufsatzes unterstützen; sie sind nicht als starre Prinzipien zu verstehen, sondern als flexibel anzuwendende Hilfen.

1. Tipp: Vorarbeiten

Schreiben Sie nie einfach drauflos! Gehen Sie im Prozess der Entwicklung Ihrer Ergebnisse schrittweise vor und arbeiten Sie Ihre Lösungen systematisch aus. Ein erfolgreicher Schreibprozess beginnt mit gründlichen Vorarbeiten!

2. Tipp: Aufsatzformen

Im Fach Geschichte gibt es 21 Operatoren. Natürlich sollten Sie wissen, was Sie bei den einzelnen Operatoren leisten müssen. Von besonderer Bedeutung aber sind die Anforderungsbereiche: Die erste Teilaufgabe liegt in der Regel im AFB I, die folgenden mit aufsteigendem Schwierigkeitsgrad im AFB II und III. So unterschiedlich die Operatoren sind: Für alle müssen Sie nur folgende Aufsatzformen beherrschen:

- im AFB I die **Inhaltswiedergabe** eines Textes (= Bericht über einen Text) bzw. den **Bericht** zur Darstellung von Sachverhalten (beide Aufsatzformen sind verwandt),
- die **lineare Erörterung** im AFB II und im AFB III und die **dialektische Erörterung** im AFB III.

Diese beiden Aufsatzformen (Inhaltswiedergabe und Bericht können Sie im Wesentlichen als eine Darstellungsform betrachten) werden Ihnen im Abschnitt „Aufsatzformen" (ab S. X) vorgestellt.

3. Tipp: Stilsicherer Ausdruck

Beachten Sie folgende Faustregeln für Ihren Ausdruck:

- Tempora der Verben: Sie können in der Vergangenheitsform schreiben oder das historische Präsens wählen. Beachten Sie dabei die Ihnen bekannten Formen der jeweiligen Vor- und Nachzeitigkeit (Tipp zu den Zeitformen in der berichteten Rede: *www.w-muenchenhagen.de → Kompendium Fachaufsatz → Berichtete Rede*). Wechseln Sie nicht zwischen Vergangenheitsform und historischem Präsens.
- Wesentliches in den Hauptsatz, Nebensächliches in den Nebensatz (bzw. in Infinitiv- und Partizipialgruppen, nachgestellte Erläuterungen etc.)!
- Jeder neue Gedanke verlangt einen neuen Satz, jeder Gedankenzusammenhang einen eigenen Absatz (z. B. ein Teilergebnis in der Analyse).

- Gestalten Sie den Satzbau abwechslungsreich, nicht schematisch! Ärgern oder langweilen Sie Ihre Leserschaft nicht durch stilistische Eintönigkeit in Wortwahl und Satzbau.
- Vermeiden Sie „Bandwurmsätze“: Bilden Sie eher zwei Sätze, statt zu viel in einem Satz ausdrücken zu wollen. Gedankenführung und Satzkonstruktion sollen übereinstimmen.
- Verzichten Sie auf Umgangssprache und möglichst auch auf alltagssprachliche Wendungen oder Phrasen.
- Formulieren Sie nicht steif, gestelzt oder gespreizt.
- Wählen Sie lebendige Verben (Verzicht auf Nominalphrasen) und Adjektive.
- Stellen Sie eindeutige grammatikalische Bezüge her (z. B. Bezug des Pronomens).

4. Tipp: Leserorientierung (Fremdverstehen)

Schreiben Sie adressatengerecht für eine fiktive Leserschaft: Fachlich Interessierte sollen sich in Ihrem Aufsatz zurechtfinden können.
Überprüfen Sie immer wieder und kritisch aus Sicht Ihrer fiktiven Leserschaft, ob Ihre Darstellungen und deren Zusammenhänge sprachlich verständlich und gedanklich nachvollziehbar sind. Versetzen Sie sich in die Situation Ihrer Leserin bzw. Ihres Lesers: Nehmen Sie eine kritische Distanz zu Ihrem Text ein!

5. Tipp: Eindeutige Bezüge

Bezüge und Hinweise müssen für Ihre Leserschaft verständlich und nachvollziehbar sein: Wenn Ihr Aufsatz z. B. mit der Formulierung beginnt: „In diesem Text mit dem Titel …“, können die Leser/-innen zum Demonstrativpronomen „diesem“ keinen Bezug finden.

6. Tipp: Fundstellen richtig angeben

- Basisangaben sind: Verfasser, Titel/Überschrift, evtl. Textsorte (bei der Bestimmung einer Quelle wichtig; z. B. Rede, Tagebuchnotiz, Gesetz etc.), Erscheinungsjahr, Erscheinungsort, Seite.
- Wenn Sie einleitend das Textmaterial bestimmt haben, reicht es aus, dass Sie bei Zitaten oder Hinweisen auf einzelne Passagen nur die Textzeilen angeben.
- Fundstelle immer dem Zitat nachstellen oder als Fußnote notieren.

7. Tipp: Berichtete Rede

Benutzen Sie den Konjunktiv oder entsprechende Ersatzkonstruktionen, wenn Sie Auffassungen anderer berichten. Ihre Leserschaft muss immer deutlich unterscheiden können, ob Sie gerade Ihre eigene Auffassung darlegen oder von einer fremden Ansicht berichten. Missverständnisse vermeiden! Weitere Tipps hierzu finden Sie unter *www.w-muenchenhagen.de → Kompendium Fachaufsatz → Berichtete Rede.*

8. Tipp: Ich des Verfassers

Verzichten Sie in Ihrem Fachaufsatz auf das „Ich“ des Verfassers: Sie untersuchen keine private, sondern eine fachliche Frage; das Ergebnis soll fachliche Gültigkeit besitzen und nicht wie eine private Meinung wirken.

2 Aufsatzformen

2.1 Die Einleitung in den Fachaufsatz

Ihr Fachaufsatz beginnt mit einer Einleitung. Versetzen Sie sich in eine Person, die für ein bestimmtes Thema bzw. Problem in Büchern, Zeitschriften und im Internet recherchiert: Ihnen liegt eine Fülle von Büchern und Aufsätzen vor, von denen Sie nicht wissen, welche Ihnen tatsächlich weiterhelfen. Hier benötigen Sie die Einleitungen, denn dort sollten Sie alle wesentlichen Hinweise über den Inhalt der Aufsätze und Bücher finden, nämlich:

- die Bestimmung des Untersuchungsgegenstandes (bei Quellen: Verfasser, Titel etc.)
- das Thema bzw. die Problemstellung der Untersuchung: Was wird untersucht? In welche Richtung geht das Erkenntnisinteresse?
- Definitionen
- sonstige Vorinformationen (z. B. Hinweis auf den historischen Kontext der Quelle)

Wie verfassen Sie also Ihre eigene Einleitung? **Dazu vier Tipps:**

1. Verfassen Sie Ihre Einleitung so, dass eine andere Person solche Informationen über Ihren Aufsatz findet, die Sie selbst in fremden Aufsätzen bei der Recherche in Einleitungen zu finden wünschen.
2. Denken und formulieren Sie nicht auftrags-, sondern problemorientiert. Eine Leserschaft interessiert sich für die Problemstellung und Ergebnisse des Aufsatzes. Uninteressant und störend sind Hinweise darauf, dass Ihnen eine Aufgabe gestellt wurde: Zitieren Sie nicht die Aufgabenstellung, sondern weisen Sie möglichst konkret und anschaulich auf das Problem Ihrer Untersuchung hin. Wecken Sie Fragehaltung und Problembewusstsein bei der Leserschaft, motivieren Sie sie zum Weiterlesen.
3. Wenn Sie in Ihrer Einleitung das Problem und damit Ihr Erkenntnisinteresse eindeutig definieren, ist das auch eine erhebliche Hilfe für Sie, weil Sie dadurch in Ihrer Untersuchung eine klare Zielrichtung verfolgen können. Arbeiten Sie Ihren Aufsatz zielgerichtet aus (statt „verpeilt“!).
4. Die Einleitung sollte in den Fachaufsatz insgesamt einführen, wodurch er als thematische Einheit zu verstehen ist. Die Teilaufgaben dienen Ihnen als Strukturierungshilfen. Entsprechend sollen die Ein- bzw. Überleitungen und Schlüsse diese thematische Einheit Ihres Fachaufsatzes verdeutlichen.

2.2 Die Beschreibung des Untersuchungsgegenstandes (AFB I)

Die 1. Teilaufgabe in einer Abiturklausur verlangt in der Regel, den Untersuchungsgegenstand (die Quelle, die Karikatur, den Kommentar eines Historikers etc.) zu beschreiben. Zum Beispiel lautete die 1. Teilaufgabe in der Abiturprüfung 2023 erhöhtes Anforderungsniveau Aufgabe I: „Fassen Sie das Material nach einer quellenkritischen Einleitung zusammen.“ (vgl. EA 2023-1). Der Operator „zusammenfassen“ verlangt, Sachverhalte auf wesentliche Aspekte zu reduzieren sowie sprachlich distanziert, strukturiert und unkommentiert wiederzugeben.

Der Hinweis „… nach einer quellenkritischen Vorstellung …" bedeutet, dass Sie die Quelle bestimmen und kurz, aber auch kritisch z. B. auf die Intention und die historischen Hintergründe der Quelle hinweisen.
Auch die anderen Operatoren des AFB I werden hier üblicherweise verwendet.

Beschreiben Sie das vorgelegte Material so, dass Leser Ihre Ausführungen gut verstehen und über das Wesentliche des Materials präzise und eindeutig informiert werden. Überprüfen Sie selbstkritisch, ob Ihre Materialbeschreibung diesem Anspruch genügt.

Vorarbeiten für eine Materialbeschreibung (Inhaltswiedergabe bzw. Bericht)

1. Text mehrmals lesen, Schlüsselstellen markieren.
2. Arbeitshypothese zum Thema bzw. zur Problemstellung und Aussage notieren (→ erste Vermutung als Ausgangspunkt des Erarbeitungsprozesses).
3. Text in Sinnabschnitte einteilen (evtl. kann die Absatzgliederung der Textvorlage zu Hilfe genommen werden).
4. Sinnabschnitte thesenhaft zusammenfassen. Ggf. Thesen im Sinne der Textvorlage kurz erklären und mit einzelnen Fakten aus der Vorlage beispielhaft belegen.
5. Darlegungen (Gedankenaufbau, inhaltliche Logik der Sachverhalte) nach Grund-Folge-Zusammenhängen gliedern: Reihenfolge der Thesen ggf. neu ordnen.
6. Arbeitshypothese überprüfen: Stimmen Thema (Problem, Kernaussage) und zusammenfassende Thesen überein? Erfassen die Thesen die Materialinhalte hinreichend? Wo sind logische Brüche, was fehlt?
7. Thema (Problem, Kernaussage) sachlich stimmig und sprachlich pointiert für die Einleitung formulieren.
8. Zum Abschluss der Vorarbeiten: Stimmigkeit von Thesen und Thema nochmals kritisch überprüfen, Notizen ggf. korrigieren oder ergänzen.
9. Inhaltswiedergabe verfassen.

Wenn Sie Sachverhalte darstellen und entsprechend einen **Bericht** verfassen, gehen Sie wie bei der Inhaltswiedergabe vor. Achten Sie darauf, dass Sie in Ihren Vorarbeiten zum Bericht die **W-Fragen** beantworten:

Vorarbeiten für einen Bericht, z. B. die Darstellung eines historischen Sachverhaltes (eines Ereignisses oder eines Problems)

1. Stoffsammlung: W-Fragen untereinander auflisten und in Stichworten beantworten:
   - Wer?
   - Was? → Nur Thema des Ereignisses nennen!
   - Wann? Wie lange?
   - Wo?
   - Warum?
   - Wie? → Ereigniskette in chronologischer Folge mithilfe von Spiegelstrichen notieren!
   - Mit welchen Folgen?
2. Kritisch überprüfen, ob alle notwendigen Informationen erfasst worden sind.
3. Informationen in sinnvolle, für die Leserschaft nachvollziehbare Reihenfolge bringen.

Diese Vorgehensweise können Sie auf andere Materialien übertragen; Gemälde und Karikaturen gliedern Sie entsprechend (Bildzentrum, Vordergrund, Hintergrund etc.).

Wenn Sie sorgfältige Vorarbeiten für Ihre Materialbeschreibung anfertigen, haben Sie schon die wichtigsten Grundlagen geschaffen. Allerdings müssen Sie das Anfertigen solcher Vorarbeiten trainiert und Erfahrungen gesammelt haben, damit Sie mit Ihrer Zeiteinteilung zurechtkommen. Faustregel ist: Jeweils die Hälfte der für eine Teilaufgabe zur Verfügung stehenden Zeit für die Vorarbeiten verwenden, die zweite Hälfte für die Reinschrift.

TIPP: Informationsblätter zu Schreibkompetenzen und Schreibtechniken, die in dieses Kapitel „Die Klausur: Schreibkompetenzen und Schreibtechniken" eingearbeitet sind, finden Sie im Internet unter: *www.w-muenchenhagen.de/Kompendium-Fachaufsatz.* Dort können Sie sich die hier verwendeten sowie weitere Infoblätter kostenlos herunterladen.

2.3 Die lineare Erörterung (für Aufgaben in den AFB II und III)

Nachdem Sie in der Einleitung das zu untersuchende Problem bestimmt und das mit der Aufgabe gegebene Material beschrieben haben (1. Teilaufgabe → AFB I), folgt darauf zwingend die Untersuchung, die überwiegend Leistungen im AFB II verlangt. Folglich müssen Sie in der Regel nun nach einer kurzen Überleitung eine **lineare Erörterung** verfassen (auch bezeichnet als **steigende** oder **einsträngige Erörterung**).

Was ist eine lineare Erörterung?

Die lineare Erörterung fragt nach Ursachen, Zusammenhängen, Folgen oder Erscheinungsformen eines Problems: Ziel der linearen Erörterung ist es, etwas **nachzuweisen**. Bearbeitungsanweisungen (Operatoren) sind z. B. im **AFB II:** „Weisen Sie nach, dass ...", „Analysieren Sie ...", „Vergleichen Sie ..." oder im **AFB III:** „Entwickeln Sie ...", „Interpretieren Sie ...".
Jeder einzelne Nachweis (= Teilergebnis) muss jeweils präzise **behauptet** werden, diese Behauptung ist zu **begründen** (bzw. zu erklären) und zu **belegen**, z. B. durch ein Zitat, eine anerkannte Tatsache oder ein konkretes Beispiel.
Zur Übersichtlichkeit für die Leserschaft sollte jedem einzelnen Nachweis (= Teilergebnis = Argument) ein eigener Absatz eingeräumt werden (Nachweis bzw. Teilergebnis = **B**ehauptung + **B**egründung + **B**eleg).
Der letzte Absatz ist dem **Fazit** vorbehalten, in dem Sie Ihre Teilergebnisse zusammenfassen. Bemühen Sie sich um sachlich klare und präzise Formulierungen.

Vorbereitende Arbeitsschritte beim Verfassen einer linearen Erörterung

1. Fragestellung formulieren: Was soll ergründet bzw. nachgewiesen werden? (Meist kann die Fragestellung aus der Aufgabenstellung sinngemäß übernommen werden.)
   TIPP: Machen Sie sich dabei das Untersuchungsziel klar!
2. Ungeordnete Stoffsammlung: Argumentationsansätze in Form von Stichpunkten sammeln. Dafür den Untersuchungsgegenstand bzw. das Problem in eine Reihe von Einzelaspekten zergliedern bzw. aufspalten und zu diesen eigene Gedanken (z. B. Fragen und Antworten) entwerfen.
3. Aus den Stichpunkten Schlussfolgerungen im Sinne der Fragestellung ziehen.
4. Grobgliederung: Steigende Anordnung der Schlussfolgerungen festlegen (= ein Teilergebnis = ein Absatz): „vom weniger Bedeutenden zum Wesentlichen" (seltene Ausnahmen: „vom Einzelnen zum Ganzen" oder „vom Besonderen zum Allgemeinen").
5. Schlussfolgerungen argumentierend absichern: stichwortartig Begründungen und Belege hinzufügen.
6. Vollständigkeit und Gliederung sowie die jeweilige Reihenfolge der Argumente überprüfen (siehe: Schaubild in Abschnitt „Anordnung der Teilergebnisse").
7. Einleitung und Fazit in Stichworten entwerfen.

Das Vorarbeiten-Formular

Das Formular „Gliederungshilfe für Fachaufsatz-Vorarbeiten" soll Ihnen helfen, die oben genannten Arbeitsschritte systematisch auszuführen. Sie können sich diese Gliederungshilfe im Internet kostenlos herunterladen unter: *www.w-muenchenhagen.de → Kompendium Fachaufsatz → Gliederungshilfe für Fachaufsatz-Vorarbeiten.*

Wenn Sie mit diesem Formular einige Male gearbeitet haben, werden Sie darauf verzichten können, weil Sie den Gliederungsaufbau auf jeder unbeschriebenen Seite entwerfen können.

Wichtig ist: Nummerieren Sie Ihre Ergebnisse in der von Ihnen für sinnvoll erachteten Reihenfolge. Beginnen Sie erst mit der Reinschrift, wenn Sie Ihre Vorarbeiten abschließend nochmals kritisch überprüft haben: Liegen alle (Teil-)Ergebnisse im Untersuchungsziel?

Gliederungshilfe für Fachaufsatz-Vorarbeiten

Einleitend den Untersuchungsgegenstand bzw. das Material bestimmen, z. B. Verfasser, Titel, Textsorte etc., Thema / Motiv / Problem!

___. (Teil-)Ergebnis	Behauptung (These)	
	deren Begründung bzw. Erklärung	
	Beleg(e)	
___. (Teil-)Ergebnis	Behauptung (These)	
	deren Begründung bzw. Erklärung	
	Beleg(e)	
___. (Teil-)Ergebnis	Behauptung (These)	
	deren Begründung bzw. Erklärung	
	Beleg(e)	
___. (Teil-)Ergebnis	Behauptung (These)	
	deren Begründung bzw. Erklärung	
	Beleg(e)	
___. (Teil-)Ergebnis	Behauptung (These)	
	deren Begründung bzw. Erklärung	
	Beleg(e)	

Abschließend die Reihenfolge der Absätze festlegen (→ nummerieren).

Aufbau einer linearen Erörterung

A) **Einleitung**	**Bausteine der Einleitung**	**Funktion bzw. Informationswert der Bausteine für die Leser/-innen**
	• Hinführung zum Thema bzw. zur Problemstellung des Aufsatzes	• soll die Leser/-innen gedanklich zum Problem hinführen, ihr Interesse wecken, z. B. durch Hinweise auf die Aktualität oder Bedeutung des Problems, ein (Fall-)Beispiel, ein aktuelles oder historisches Ereignis, einen Konflikt, durch eine Begriffsdefinition etc.
	• Bestimmung des Untersuchungsgegenstandes	• Welches Material wird untersucht? (bei Texten: Autor, Titel, Textart etc.)
	• Problemfrage stellen; ggf. Problem eingrenzen	• Mit welchem Ziel wird das Material untersucht? In welche Richtung geht das Erkenntnisinteresse? In welchem Rahmen wird das Problem untersucht?
	• evtl. Definitionen, historischen Bezug etc. nennen	• für Leser/-innen die Grundlagen oder Bezüge der Untersuchung klären
B) **Hauptteil** Reihenfolge der Argumente: z. B. in aufsteigender Bedeutung vom weniger Wichtigen zum Wichtigsten	1. Schlussfolgerung (Teilergebnis/Argument) besteht aus: • Behauptung • Begründung • Beleg (Zitat, anerkannte Tatsache, Beispiel)	
	2. Schlussfolgerung (Teilergebnis/Argument) besteht aus: • Behauptung • Begründung • Beleg (Zitat, anerkannte Tatsache, Beispiel)	
	3. Schlussfolgerung (Teilergebnis/Argument) besteht aus: • Behauptung • Begründung • Beleg (Zitat, anerkannte Tatsache, Beispiel)	
	4. …	
	↓ usw.	
C) **Schluss**	Fazit: Zusammenfassung der Schlussfolgerungen (Teilergebnisse/Argumente) zu einem Gesamtergebnis	

2.4 Die dialektische Erörterung (für Aufgaben im AFB III)

Was ist eine dialektische Erörterung?

Eine dialektische Erörterung erfordert, etwas Ähnliches wie eine **Gerichtsverhandlung** durchzuführen: Zwei **gegensätzliche Positionen** werden einander gegenübergestellt; am Ende ist eine **Entscheidung** zu fällen, die

- sich entweder für eine der beiden Positionen ausspricht
- oder zwischen beiden Positionen liegt
- oder eine andere Lösungsperspektive eröffnet (z. B. weder Krieg noch Unterwerfung, sondern Vertragspartnerschaft).

Operatoren sind z. B.: „Erörtern Sie …" (→ Was ist richtig und was ist falsch? Wie lautet Ihr abschließendes Sachurteil?) oder „Nehmen Sie Stellung …" (Was spricht dafür, was dagegen? Wie lautet Ihr abschließendes Urteil?).
Da eine **dialektische Erörterung** immer eine Entscheidung fordert und somit einer Problemlösung entspricht, ist sie dem **AFB III** zugeordnet.

Vorbereitende Arbeitsschritte beim Verfassen einer dialektischen Erörterung

1. Problemfrage formulieren: Was soll entschieden werden? (Meist kann die Problemfrage aus der Aufgabenstellung übernommen werden.)
   Erste Hypothese bilden: Wie könnte die Entscheidung aussehen?
2. Ungeordnete Stoffsammlung: Argumentationsansätze in Form von Stichpunkten sammeln. Dafür Problem in eine Reihe von Einzelaspekten zergliedern bzw. aufspalten und zu diesen eigene Gedanken (z. B. Fragen und Antworten) entwerfen.
3. Thesenbildung und Grobgliederung:
   - Zwei gegensätzliche Thesen zur Problemfrage formulieren (Position und Gegenposition). *Bei der Erörterung bezeichnet der Begriff „These" nicht eine einzelne Behauptung (wie sonst üblich), sondern eine Position, die durch mehrere Argumente gestützt wird.*
   - Nutzen Sie hierfür zwei Vorarbeiten-Formulare (s. S. XIV): eines für die Antithese, das zweite für die These.
   - Stichpunkte/Argumente der Stoffsammlung den beiden Positionen zuordnen.
4. Entscheidung fällen (→ Argumentationsziel bestimmen): Diejenige der beiden Positionen, die der Entscheidung am nächsten liegt, wird zur These, die andere zur Antithese.
5. Gliederung der Antithese: Reihenfolge der Argumente „vom Wesentlichen zum weniger Bedeutenden".
6. Gliederung der These: Reihenfolge der Argumente „vom weniger Bedeutenden zum Wesentlichen".
7. Argumente stichwortartig durch Begründungen und Belege ergänzen:
   Argument = Behauptung + Begründung + Beleg. Die einzelnen Argumente später in der Reinschrift durch Absätze gliedern.
8. Vollständigkeit und Gliederung von These bzw. Antithese sowie die jeweilige Reihenfolge der Argumente überprüfen (s. S. XVIII).
9. Stichworte zur Einleitung sowie zur Entscheidung und deren Begründung (Synthese) formulieren.

Aufbau einer dialektischen Erörterung im Überblick

A) **Einleitung**		*wie lineare Erörterung, vgl. S. XV*
B) **Hauptteil**	Antithese Reihenfolge der Argumente: absteigende Bedeutung	Überleitung zur Argumentation der Antithese. (Für/Gegen die Auffassung sprechen mehrere Argumente.)
		1. Argument = Behauptung + Begründung + Beleg (→ Zitat, anerkannte Tatsache)
		2. Argument = Behauptung + Begründung + Beleg (→ Zitat, anerkannte Tatsache)
		3. Argument = Behauptung + Begründung + Beleg (→ Zitat, anerkannte Tatsache)
		↓
		Zusammenfassung der Antithese (nur soweit erforderlich).
	These Reihenfolge der Argumente: aufsteigende Bedeutung	Überleitung zur Argumentation der These. (Es sprechen aber auch mehrere Argumente für/gegen die Auffassung …)
		1. Argument = Behauptung + Begründung + Beleg (→ Zitat, anerkannte Tatsache)
		2. Argument = Behauptung + Begründung + Beleg (→ Zitat, anerkannte Tatsache)
		↓
		Zusammenfassung der These (nur soweit erforderlich).
	Synthese (Abwägung)	1. Entscheidung. 2. Begründung des Urteils. 3. Entscheidungskriterien offenlegen. Das Abwägen von These und Antithese soll zu einer differenzierten, schlüssigen und begründeten Entscheidung führen. In der Begründung ist darzulegen, warum jenen Argumenten zuzustimmen ist und andere abzulehnen oder in ihrer Bedeutung als nachrangig einzuschätzen sind.
C) **Schluss** Ein Schluss darf, muss aber nicht verfasst werden.		z. B. Vergleiche mit ähnlichen Fällen, in die Zukunft gerichtete Perspektiven etc. Verzichten Sie eher auf einen Schluss, als etwas „an den Haaren herbeizuziehen“.

Schematische Darstellung von linearer und dialektischer Erörterung

Anordnung der Teilergebnisse (Absatzgliederung): Ordnen Sie die Teilergebnisse sinnvoll an, z. B. nach ihrer Wichtigkeit ansteigend. Jedes Teilergebnis erhält einen eigenen Absatz.

Anordnung der Teilergebnisse (Absatzgliederung)

Ordnen Sie die Teilergebnisse sinnvoll an, z. B. nach ihrer Wichtigkeit ansteigend. Jedes Teilergebnis erhält einen eigenen Absatz:

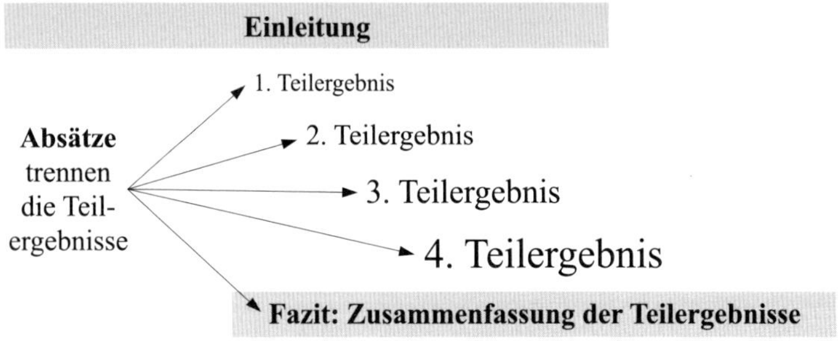

Anordnung der Argumente: Ordnen Sie die Argumente nach ihrer Wichtigkeit in Form einer Sanduhr an.

Anordnung der Argumente

Ordnen Sie die Argumente nach ihrer Wichtigkeit in Form einer Sanduhr an:

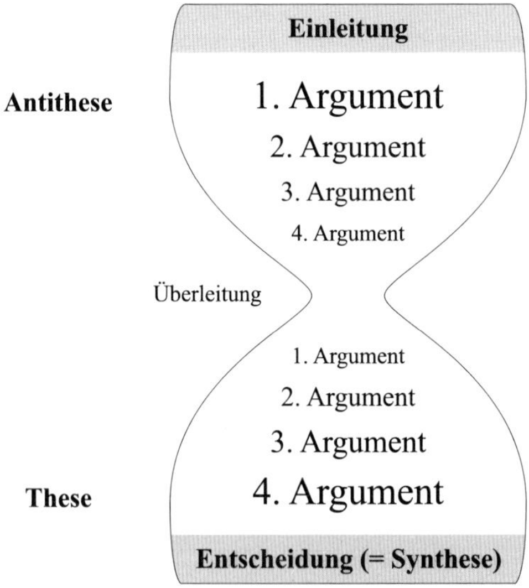

2.5 Der Vergleich

Der **Vergleich** ist ein **Zwischentypus** der beiden Erörterungsformen: Hier müssen Sie wie in einer dialektischen Erörterung die Gemeinsamkeiten den Unterschieden gegenüberstellen; eine Entscheidung fällen Sie jedoch nicht, weshalb der Operator „vergleichen" dem **AFB II** zugeordnet ist, zumal Sie hier kein „Problem lösen".

2.6 Die produktionsorientierte Aufgabe

In der schriftlichen Abiturprüfung kann ein produktionsorientierter Aufgabenteil gestellt werden, der an ein Material (z. B. eine Quelle und/oder eine Darstellung) gebunden ist. Eine produktionsorientierte Bearbeitung ist eine freiere Form als die hier dargestellten Fachaufsätze, denn sie verlangt einen **eher journalistischen** bzw. **essayistischen Stil**. Lassen Sie sich aber nicht zu literarischen Ergüssen verleiten, denn positiv bewertet wird nur das, was unter fachlich historischen Gesichtspunkten sachkundig und zielgerichtet ist.
Bei einer produktionsorientierten Aufgabe (Beispiel: „Verfassen Sie einen Leserbrief.") sollten Sie Folgendes beachten:

- In Ihre Darstellungen und Schlussfolgerungen müssen Sie den **situativen Kontext** des Materials bzw. des zu untersuchenden historischen Zusammenhangs einbeziehen.
- Auch den **Adressaten** des Materials sollten Sie beachten: Er ist in der Einleitung zu nennen, in den weiteren Bearbeitungsschritten ist seine Interessenlage kritisch zu berücksichtigen.
- Sie sollen eine **sachgerechte Argumentation** entwickeln, die am Schluss in ein pointiertes und appellatives Urteil mündet.
- Orientieren Sie sich in Ihren **Vorarbeiten** und **Ausarbeitungen** an den methodischen Hinweisen zur **linearen** oder – das hängt vom thematischen Zusammenhang ab – zur **dialektischen Erörterung** (siehe 2.3 bzw. 2.4).

Beispiel für eine mögliche Aufgabe in diesem Format:
Als demokratisch gesinnter Auslandskorrespondent einer Schweizer Zeitung, der aus Frankfurt über die Nationalversammlung berichtet, haben Sie gerade erfahren, dass der preußische König Friedrich Wilhelm IV. die Kaiserkrone, die ihm von einer Deputation der Frankfurter Nationalversammlung angetragen wurde, abgelehnt hat. Nehmen Sie in einem Kommentar für Ihre Schweizer Zeitung Stellung zu diesem Ereignis.

1 Erschließung von Texten

Texte bilden eine wesentliche Arbeitsgrundlage für Historiker, deshalb erhalten Sie hier wichtige Tipps zur Texterschließung.

- **Nutzen Sie Lesestrategien:** Beim Lesen oder danach können Reaktionen, Assoziationen und spontane Gedanken zum Text stichpunktartig notiert werden, z. B. in Form eines Clusters oder einer Mindmap. Markieren Sie sich spontan Textsignale.
- Gehen Sie beim **Erschließen von Texten systematisch** vor.
- Die Gesamtuntersuchung eines Textmaterials ist sehr umfangreich, in einer Klausur können Sie das alles gar nicht leisten. Deshalb ist eine Klausuraufgabe in der Regel in Teilaufgaben gegliedert, die Ihnen gezielte Anweisungen geben, welche Arbeitsschritte Sie im Rahmen der Texterschließung vornehmen sollen. Es hilft Ihnen, zielgerichteter zu arbeiten, wenn Ihnen bewusst ist, welchen Anforderungsbereich Sie gerade bearbeiten. Klausuraufgaben fordern grundsätzlich immer, dass Sie das Textmaterial beschreiben (AFB I) und analysieren (AFB II) sowie meist daran anschließend eine Einbettung (AFB II/III) und/oder eine Bewertung (AFB III) vornehmen.

Die Texterschließung im Überblick:

1. **Beschreibung des Materials**
   Versuchen Sie, möglichst viele Informationen aus den Hinweisen, die in der Aufgabe enthalten sind, zu entnehmen.
   - **Bestimmung des Materials**
     - Verfasser, Titel, Textart
     - Ort und Datum der Erstellung/Veröffentlichung
     - Thema
   - **Position des Sprechers** (Ich-Form, Wir-Form, ohne Sprecher: expressiv, darstellend, appellativ)
   - **Adressaten**, **Zielgruppen:** Werden diese direkt angesprochen?
   - Anlass, ggf. Hinweis auf den **historischen Kontext**
   - **Beschreibung**
     - **des Inhalts:** Berichten Sie über den Inhalt aus kritischer Distanz mit eigenen Worten; Schlüsselbegriffe dürfen zitiert, müssen aber „übersetzt" werden. Ihre Rolle als Berichterstatter/-in muss sprachlich deutlich werden: Fremde Aussagen sind in Form der berichteten Rede wiederzugeben (→ Konjunktiv).
     - **der äußeren Form** (nur soweit dies sinnvoll ist).

2. **Analyse der Quelle**
   - **Aufbau** des Textes
   - Analyse der **Sprachkomposition** (Textsignale, wesentliche rhetorische Figuren, auffällige Wortfelder, Stil, sachliche oder militant-aggressive Ausdrucksweise)
   - Überprüfung des **inneren Wahrheitsgehaltes** und der **inneren Logik**
   - Aussage und **Absicht/Ziele** des Verfassers deuten
   - **Stimmigkeit** zwischen Inhalt, Ausdrucksweise (z. B. sachlich oder pathetisch, vermittelnd, unterwürfig oder aggressiv) und der Aussage des Materials

3. **Einbettung des Materials in seinen Kontext**
   - Sie müssen das Textmaterial vor dem historisch-politischen, sozialen, ökonomischen, kulturellen und/oder biografischen Hintergrund **kritisch analysieren**.
   - Sie müssen die **Folgen untersuchen**, die sich aus den Aussagen des Materials für den Verfasser, die Adressaten/Zielgruppen bzw. andere Personen oder Gruppen ergeben.

4. **Bewertung des Textmaterials**
   Mögliche Kriterien der Bewertung:
   - Sie bewerten das Material nach eher **objektiven Kriterien**, z. B. Realitätsgehalt, Ideologie (→ Ideologiekritik), Völkerrecht und Menschenrechte, einem historisch nachweisbaren Erfolg oder Misserfolg des Materials bzw. der damit transportierten Gesinnungen.
   - Sie bewerten das Textmaterial nach eher **subjektiven Kriterien**, z. B. nach moralischen, ästhetischen oder emotionalen Orientierungen bzw. Einstellungen.

   Mögliche Leitfragen Ihrer Bewertung könnten sein:
   - Welche Argumente überzeugen mich? Welche erscheinen anfechtbar?
   - Wie schätze ich die Zahl, Eigenart und Wirkung der Beispiele ein?
   - Wo denke ich anders?
   - Wie beurteile ich die Art der Darstellung? Wie die Vorgehensweise?
   - Sind die Wege und Mittel, die der Verfasser einschlagen bzw. nutzen will, um seine Absichten zu erreichen, angemessen und verhältnismäßig?

TIPP: Ergebnisse der Punkte 2–4 (Analyse, Einbettung, Bewertung) sind immer Schlussfolgerungen, die Sie behaupten müssen. Jede Behauptung müssen Sie begründen und die Begründung durch Zitate aus dem Material oder durch allgemein anerkannte historische Tatsachen belegen: Dreischritt „Behaupten – Begründen – Belegen".

2 Analyse von Bildquellen

Um eine Bildquelle systematisch auszuwerten, beachten Sie folgende Arbeitsschritte:

Herkunft und Wahrheitsgehalt der Bildquelle

- Nennen Sie **Entstehungszeit** und **-ort**,
- den Quellen-Produzenten oder -Herausgeber
- und die **Quellenart**.

Inhalte der Bildquelle und deren historische Bezüge

- Bestimmen Sie das **Thema** der Bildquelle
- und beschreiben Sie die abgebildeten **Inhalte**.
- Erklären Sie die **historischen Bezüge** der wesentlichen Inhalte.

Gestaltungsmittel

- Beschreiben Sie zuerst immer besondere **Gestaltungselemente** der Bildquelle.
- Bestimmen Sie anschließend die Funktion der einzelnen Gestaltungselemente, z. B.
  - die **Darstellungstechnik** bzw. den **künstlerischen Stil**,
  - die Wahl der **Ausschnitte** und **Perspektiven**,

- die besondere Gruppierung und **Komposition** der Inhalte,
- dabei die **Gewichtung** einzelner Bildaspekte,
- die Entscheidung für bestimmte **Farben**,
- die Verwendung von **Symbolen**, **Allegorien** und anderen Bildern.

Standpunkt der Bildquelle

- Erfassen Sie die mögliche **Aussageabsicht**, die ideologische Position der Quelle.
- Bewerten Sie den situationsinternen Zusammenhang des Bildes.

Am Ende sollten Sie zu einem aus heutiger Sicht formulierten Urteil über die Stellung und **Bedeutung** der Quelle im geschichtlichen Ablauf kommen.

3 Erschließen von Karikaturen

Die Interpretation von Karikaturen erfolgt in der Regel auf **vier Ebenen**, die zum Teil auch ineinander übergehen:

- auf der **Inhaltsebene**, d. h. Beschreibung der dargestellten Details, Personen usw.;
- auf der **Bedeutungsebene**, d. h. Erklärung und Erläuterung des Inhalts sowie dessen Einordnung in Traditionen und Verbindungen;
- auf der **methodisch-künstlerischen Ebene**, d. h. Betrachtung der Stilelemente;
- auf der **Beurteilungs- bzw. Wertungsebene**, d. h. das Fällen eines begründeten Sach- bzw. Werturteils, das über den unmittelbaren Zusammenhang der Karikatur hinausgeht und die persönliche Meinung beinhaltet.

Inhalte und Bedeutung	
Was ist das Thema?	Um welche historische Situation handelt es sich? Zu welchem Aspekt bezieht die Karikatur Stellung?
Welche inhaltlichen Details sind erkennbar?	Klärung der konkreten Inhalte: • Personen oder Personengruppen • Gegenstände unterschiedlicher Art
Auf welchen historischen Hintergrund beziehen sich die Details?	Die erkannten Fakten sollten erläutert werden, so z. B. die Rolle der abgebildeten Personen, die in der Karikatur genannten Begriffe etc.
Wie ist der Standpunkt der Karikatur in der historischen Situation?	• Welche Funktion hatte die Quelle innerhalb der Gegebenheiten ihrer Zeit? • Was wird kritisiert?
Welche kulturellen Traditionen sind aktiviert? Gibt es zeitübergreifende Verbindungen?	Hier geht es um alle Motive, Bilder und intertextuellen Verweise der Karikatur, die als durch Traditionen festgelegt bezeichnet werden können. Ihr Anspielungsgehalt sollte geklärt und in die Interpretation eingebunden werden.
Von wem stammt die Karikatur?	• Was wissen wir über den Produzenten? • Wo wurde die Karikatur abgedruckt?

Gestaltungsmittel	
Was ist der bildliche Kern der Karikatur?	Diese Frage bezieht sich auf das zentrale Bild der Quelle und ist eng mit der Aussageabsicht verknüpft.
Welche künstlerischen Gestaltungsmittel verwendet der Zeichner?	Interessant sind alle künstlerischen Gestaltungsmittel, die wichtig für die Erschließung der Quelle sind, z. B.: • die Bildkomposition • die besondere Gewichtung von Einzelheiten • der künstlerische Stil der Darstellung
Welche Grundhaltung hat die Karikatur?	Ist die Karikatur beschreibend, kommentierend, analytisch oder agitatorisch?

Bewertung	
Welche Bedeutung hat die Karikatur für das grundlegende Verständnis der historischen Situation?	• Treffen die Inhalte eine wesentliche Problematik? • Sind typische Personen abgebildet? • Ist die Gestaltung besonders interessant, typisch oder wichtig für den Kontext der Karikatur?
Welche Bedeutung hat die Karikatur über ihren Situationskontext hinaus?	• Bezeichnet die Quelle eine für ihre Zeit besonders wichtige Situation? • Verweist die Karikatur auf eine zentrale Kontinuität oder einen historischen Prozess?

4 Tabellen und Grafiken

In den Abituraufgaben kann neben Textquellen und Karikaturen auch statistisches Material als Tabelle oder Grafik vorkommen. Damit Sie diese Aufgaben aus dem Bereich der Methodenkompetenz erfolgreich lösen können und nichts Wesentliches außer Acht lassen, empfehlen wir Ihnen ein Vorgehen in **drei Schritten**, das allerdings nicht bei allen Operatoren so ausführlich angewandt werden muss.

Formale Analyse

- Welches sind **Thema/Erhebungsgegenstand** und **Zweck** (Überschrift, Begleittext) der Tabelle/Grafik?
- Was ist der **Erhebungsraum** und **Erhebungszeitraum** (Momentaufnahme, Entwicklung, Prognose)?
- Wie und durch wen wurden die **Werte** ermittelt?
- Auf welchen **Quellen** beruht die Tabelle/Grafik?
- Welche **Darstellungsform** wurde gewählt (Tabelle, Kurven-/Linien-, Säulen- oder Balken-, Kreis-, Flächen-, Block- oder Figuren-Diagramm)?
- Was sind die **Bezugsgrößen:** Zahlenarten (absolute Zahlen, Prozent- oder Indexzahlen), Zahlenwerte (gerundet, geschätzt, vorläufig), Maßeinheiten und Intervalle?
- Welche **Kategorien** werden miteinander in Beziehung gesetzt (z. B. bei Tabellen in Kopfzeile, Spalten und Vorspalten)?
- Wie ist die **grafische Gestaltung:** Symbole, Farben, (Hintergrund-)Bilder?

Inhaltliche Analyse

- Welche **Besonderheiten** weist das Material auf? Bestimmen Sie wesentliche Auffälligkeiten!
- Welche **Hauptaussagen** lassen sich formulieren (Trends, Tendenzen)?
- Welche **Teilaussagen** in Bezug auf Einzelaspekte lassen sich machen? (Minima, Maxima, Zunahme, Abnahme, Stagnation, Zahlensprünge, Anomalien, Gleichmäßigkeiten und regelhafte Verläufe, unterschiedliche Phasen, Wechselbeziehungen zwischen verschiedenen Variablen/Merkmalen, …)

Aussageabsicht, Interpretation und Kritik

- Welche **Antwort** gibt die Tabelle/Grafik auf die Fragestellung? Zu welchen Teilbereichen lassen sich keine Aussagen treffen?
- Welche **Aussagen**, Empfehlungen oder Handlungen werden durch die Statistik/Grafik nahegelegt?
- Welche **Fragen** werden durch die Informationen der Tabelle/Grafik aufgeworfen?
- Was sind mögliche **Ursachen** für der Tabelle/Grafik entnommene Sachverhalte?
- Beurteilung der **Aussagekraft** der Tabelle/Grafik:
  - Sind die Daten repräsentativ und korrekt?
  - Ist die Darstellungsform angemessen?
  - Gibt es Unklarheiten in Bezug auf die Daten, Bezugsgrößen, Quellen, …?
  - Fehlen Informationen im Schaubild?
  - Besteht Verdacht auf Interessengebundenheit/Manipulation? (Datenauswahl, Auftraggeber, grafische Darstellung, …)

5 Karten

Unterscheiden Sie „**historische**“ und „**wissenschaftliche**“ Karten. Achten Sie bei der Auswertung wissenschaftlicher Karten auf die folgenden Aspekte:

- die **geografische Dimension** der Karte: Welcher Raum wird bezeichnet?
- die **chronologische Dimension:** Welcher Zeitraum wird abgedeckt?
- die **politische Dimension:** Welche historischen Entwicklungen oder Strukturen werden sichtbar?
- die eigentliche Auswertung in einem **thematischen Zusammenhang:** Welche Aussagen zur betreffenden Situation sind nach der Karte möglich?

TIPP: Suchen Sie sich aus den folgenden Übungsaufgaben eine heraus und entwickeln Sie dazu die Vorarbeiten, wie sie Ihnen hier empfohlen werden. Sie rekonstruieren dabei das gedankliche Gerüst des Fachaufsatzes und üben dabei, einen Fachaufsatz selbstständig, systematisch und professionell vorzubereiten.

Bewertung

Die Ausführungen zu den **einzelnen Arbeitsanweisungen** werden nach dem in der Oberstufe üblichen Notensystem mit **Punkten zwischen 15 und 0 bewertet**. Aus dieser Bewertung der Teilleistungen wird entsprechend der vorgesehenen Gewichtung die Gesamtpunktzahl ermittelt. Die Gewichtung der einzelnen Aufgaben ergibt sich aus dem Umfang der geforderten Leistung, ihrem gedanklichen Anspruch sowie der Zuordnung zu den Anforderungsbereichen und erfolgt in Prozentangaben (z. B. werden die drei Teilaufgaben einer Abiturklausur im Verhältnis 25 %, 40 % und 35 % gewichtet). Der **Schwerpunkt der Aufgabenstellung** befindet sich deutlich im **AFB II** (siehe Abschnitt 8 Operatoren): Sein Anteil an der Gesamtnote liegt im Bereich zwischen 35 und 50 Prozent. Reproduktive Leistungen (AFB I) sowie Leistungen in den Bereichen Reflexion und Problemlösung (AFB III) haben oft einen Anteil von 20 bis 35 Prozent, wobei in Aufgaben auf erhöhtem Anforderungsniveau der AFB III etwas stärker gewichtet wird als in Aufgaben für das grundlegende Anforderungsniveau.

Ihre Abiturklausur wird nach folgenden Kriterien bewertet:

- fachliche Korrektheit
- Sicherheit im Umgang mit Fachsprache und Methoden des Faches
- Folgerichtigkeit, Logik und Verknüpfung der Ausführungen
- Grad der Problemhaftigkeit, Multiperspektivität bzw. Kontroversität in der Argumentation
- Umfang der Selbstständigkeit
- konzeptionelle Klarheit
- Erfüllung standardsprachlicher Normen und formaler Aspekte; achten Sie darauf, sich sprachlich richtig und präzise zu äußern, sonst kann die Benotung Ihrer Bearbeitung auf zwei Ebenen schlechter ausfallen:
  - Schwerwiegende und gehäufte Verstöße gegen die sprachliche Richtigkeit oder gegen die äußere Form führen zu einem Abzug von einem (in der Regel ab durchschnittlich 5 Verstößen pro Seite) bis zwei Punkten (in der Regel ab durchschnittlich 7 Verstößen pro Seite);
  - undifferenzierte und sprachlich ungenaue oder missverständliche Aussagen mindern die inhaltliche Qualität Ihrer Bearbeitung.

Nach Abschluss der Prüfung wollen Sie Ihre Leistung sicherlich einordnen.

- Nach den in Niedersachsen üblichen Notendefinitionen können Sie mit einem „**ausreichend**“ (5 Punkte) rechnen, wenn Sie mit Ihren Ausführungen die Kenntnis wesentlicher Sachverhalte nachgewiesen haben, zentrale Aussagen und bestimmende Merkmale des vorgelegten Materials von Ihnen in Grundzügen erfasst sind, die Aussagen auf die Aufgabe bezogen und dabei grundlegende fachspezifische Verfahren sowie Begriffe angewendet wurden, Ihre Darstellung im Wesentlichen verständlich ausgeführt und erkennbar geordnet ist.

- Ein mit „**sehr gut**“ beurteiltes Prüfungsergebnis erreichen Sie nur mit Leistungen im AFB III, also mit einer sehr gelungenen Bearbeitung der abschließenden, ein Urteil oder eine Bewertung fordernden Teilaufgabe. Auch ein mit „**gut**“ beurteiltes Prüfungsergebnis verlangt Leistungen im AFB III.

TIPP: Ihre Bearbeitung muss in **Textform** erfolgen. Achten Sie dabei auf die **äußere Form** und die **sprachliche Richtigkeit:**
- die Einhaltung standardsprachlicher Normen
- die stilistische Angemessenheit
- die korrekte Verwendung der Fachsprache

Bei gehäuften **Verstößen** gegen die standardsprachliche Norm und gegen die äußere Form droht sonst der **Abzug von bis zu zwei Punkten** in der Gesamtbewertung der Klausur. Unübersichtliche oder nicht lesbare Textstellen werden nicht bewertet.

Wenn Sie mit Ihrer Reinschrift nicht rechtzeitig fertig geworden sind, können Ihre Vorarbeiten (Entwürfe) ergänzend zur Bewertung nur herangezogen werden, wenn sie zusammenhängend konzipiert sind und die Reinschrift etwa ¾ des erkennbar angestrebten Gesamtumfangs umfasst. Dies mag eine letzte Hilfe sein, aber vermeiden Sie diesen Notfall durch bewusstes Zeitmanagement!

Die mündliche Prüfung in Geschichte

Eine mündliche Prüfung[1] im Fach Geschichte ergibt sich für Sie unter folgenden **Voraussetzungen:**

- Sie haben Geschichte als **fünftes Prüfungsfach** gewählt; in diesem Fall ist im Abitur eine mündliche Prüfung zum Abschluss vorgesehen (AVO-GOFAK § 2.2).
- Geschichte gehört zu Ihrem **ersten bis vierten Prüfungsfach**. Dann kann die Prüfungskommission nach den Ergebnissen der schriftlichen Prüfung beschließen (AVO-GOFAK § 13.1), dass Sie in einem oder mehreren dieser Fächer – also auch in Geschichte – mündlich geprüft werden. (Eine entsprechende Mitteilung erfolgt mit der Bekanntgabe der Ergebnisse, die Sie in den schriftlichen Prüfungsarbeiten erzielt haben; frühestens vier Werktage nach dieser Bekanntgabe kann/darf diese Prüfung stattfinden.)
- Sie haben in Geschichte die **Abiturklausur** geschrieben und kommen nach Bekanntgabe des Prüfungsergebnisses selbst zu der Einsicht, dass eine mündliche Prüfung sinnvoll und/oder notwendig ist, um Ihre Note zu verbessern. Den Antrag haben Sie bis zu einem von der Schule festgesetzten Termin schriftlich zu stellen.

1 Allgemeine Grundsätze

Die mündliche Prüfung ist eine **Einzelprüfung**, die mindestens 20 und höchstens 30 Minuten dauern soll. Die Prüfung kann allerdings auch in einer **Gruppe** durchgeführt werden, wobei die Bewertung der individuellen Leistung zu gewährleisten ist. Die Gruppenprüfung dauert mindestens 50 und höchstens 70 Minuten. Darüber hinaus können Sie sich für eine **Präsentationsprüfung** anmelden (mehr dazu unter Punkt 5).

1 Die wichtigsten Rechtsbestimmungen finden Sie im 1. Abschnitt „Schulrechtliche Vorgaben für die Abiturprüfungen", die entsprechend auch für die mündliche Abiturprüfung gelten.

Die für die schriftliche Abiturprüfung beschriebenen **Anforderungsbereiche** (AFB I bis AFB III) und Anforderungsunterschiede (s. o. S. IV–VII) gelten entsprechend.
Die mündliche Prüfung darf sich **nicht nur** auf die **Sachgebiete eines Halbjahres** beziehen. Die Ihnen gestellte Aufgabe wird also – bei aller sinnvollen und erforderlichen Schwerpunktbildung – auf fachliche Inhalte und Lernbereiche aus mindestens zwei Semestern zurückgreifen.
Wenn Geschichte zu Ihren schriftlichen Prüfungsfächern gehört, darf eine evtl. mündliche Prüfung keine inhaltliche Wiederholung oder Weiterführung des von Ihnen in der Abiturklausur bearbeiteten Themas sein. In diesem Fall werden Sachbereiche eines anderen Semesters im Mittelpunkt der Prüfung stehen.
Ihre Prüfung findet vor dem **Fachprüfungsausschuss** statt. Dieser besteht aus drei stimmberechtigten Mitgliedern (die über die Lehrbefähigung im Fach Geschichte verfügen sollen): der Fachprüfungsleiterin oder dem Fachprüfungsleiter als Vorsitzendem, der Prüferin oder dem Prüfer (in der Regel die Sie unterrichtende Fachlehrkraft, die auch für die Aufgabenstellung verantwortlich ist) sowie der Protokollführerin oder dem Protokollführer. Als nicht stimmberechtigte Mitglieder können bis zu fünf weitere Lehrkräfte hinzukommen. Anwesend kann auch das vorsitzende Mitglied der Prüfungskommission sein, das das Recht hat, in die Prüfung einzugreifen und den Vorsitz zu übernehmen. Der Fachprüfungsausschuss besteht in diesem Fall aus vier stimmberechtigten Mitgliedern.
Auch **Zuhörerinnen und Zuhörer** sind zu einer mündlichen Prüfung zugelassen. Die Teilnahme von bis zu zwei „Personen, deren Anwesenheit im dienstlichen Interesse liegt“, müssen Sie dulden. Weiterhin dürfen zuhören, allerdings nur mit Ihrer Zustimmung (die Sie, ohne Angabe von Gründen und ohne dass Ihnen daraus ein Nachteil erwächst, verweigern können): ein Mitglied des Schulelternrates, ein Mitglied des Schülerrates, bis zu zwei Schülerinnen und Schüler des 12. Schuljahrganges. Alle Zuhörerinnen und Zuhörer sind zur Verschwiegenheit über den Prüfungsverlauf verpflichtet. Es wird ihnen für die Dauer der Prüfung die Aufgabenstellung ausgehändigt, Sie dürfen während dieser Zeit aber keine Aufzeichnungen machen. (Bei der anschließenden Beratung des Fachprüfungsausschusses dürfen aus diesem Kreis nur das Mitglied des Schulelternrates und die Personen „mit dienstlichem Interesse“ als Zuhörer anwesend sein.)
Zur angemessenen Vorbereitung Ihrer Prüfung erhalten Sie eine **Vorbereitungszeit** von in der Regel **20 Minuten**. Erscheint ein Prüfling aus von ihm zu vertretenden Gründen nicht zum festgesetzten Termin der Vorbereitungszeit, so kann er eine Verschiebung des Beginns der Prüfung nicht beanspruchen. Die Vorbereitung findet unter Aufsicht von Lehrkräften der Schule statt. Während der Vorbereitung dürfen Sie sich Aufzeichnungen als Grundlage für Ihre Ausführungen machen.

2 Aufgabenstellung

Auch die mündliche Prüfung richtet sich nach den Zielen, Inhalten und Methoden der Rahmenrichtlinien sowie den Einheitlichen Prüfungsanforderungen in der Abiturprüfung (EPA) Geschichte. Da es sich hier um eine dezentrale Prüfung handelt, liegt die **inhaltliche Ausgestaltung und Schwerpunktbildung in der Verantwortung der**

prüfenden Fachlehrkraft, die sich mit der Aufgabenstellung sehr wahrscheinlich auf zentrale Kursaspekte beziehen wird. In erster Linie werden das die Kenntnisse und Fähigkeiten sein, die Sie in der Auseinandersetzung mit den Themen der Wahlmodule erworben haben (siehe S. II f.). Als Ausgangspunkt für die mündliche Prüfung erhalten Sie wie bei einer Klausur ein Papier mit Aufgabenstellung (2–3 Arbeitsanweisungen) und Material. Deren Umfang und Schwierigkeitsgrad sollten Ihnen eine angemessene Erarbeitung während der Vorbereitungszeit ermöglichen.
Die Aufgabenstellung wird so gestaltet sein, dass Sie schon im ersten Teil der Prüfung, also in Ihrem selbstständigen Vortrag, **Leistungen in allen drei Anforderungsbereichen** erbringen können. Das **Schwergewicht** wird dabei – wie bei der schriftlichen Prüfung – im **AFB II** liegen. Das setzt voraus – und Ihre Prüferin oder Ihr Prüfer werden darauf achten –, dass die Ihnen vorgelegte Prüfungsaufgabe keiner bereits bearbeiteten so nahesteht oder deren Thematik im Unterricht so vorbereitet wurde, dass sich die Anforderungen im Wesentlichen auf die Wiedergabe von Wissen beschränken und somit zum überwiegenden Teil im AFB I bleiben.

3 Hinweise und Tipps zum Ablauf

Die mündliche Prüfung besteht aus **zwei** vom zeitlichen Umfang her etwa gleichen **Teilen:** dem selbstständigen Prüfungsvortrag und dem Prüfungsgespräch.

- Im **Prüfungsvortrag** stellen Sie Ihr Ergebnis der in der Vorbereitungszeit bearbeiteten Aufgabe dar. Solange Sie aufgabenbezogen, fachlich und sprachlich korrekt vortragen, wird die Prüfungskommission (normalerweise die Sie prüfende Lehrkraft) Sie kaum unterbrechen. Ein Eingriff in diese Phase der Prüfung bleibt die Ausnahme und soll nur dann erfolgen, wenn aus pädagogischen bzw. prüfungspsychologischen Gründen oder zur Klärung des Verständnisses eine Hilfe geboten erscheint. Auf Ihre in der Vorbereitungszeit angefertigten Aufzeichnungen dürfen Sie selbstverständlich zurückgreifen; Sinn und Wesen eines Vortrages werden jedoch verfehlt, wenn Sie sich überwiegend auf das Vorlesen Ihrer Aufzeichnungen beschränken. Benutzen Sie diese als gegliederten Stichwortkatalog und haben Sie den Mut zur freien Darstellung.
- Das **Prüfungsgespräch** mit der Sie prüfenden Lehrkraft geht – an den Vortrag anknüpfend – zunächst auf größere fachliche Zusammenhänge ein, schließlich über die bisher behandelte Thematik hinaus. Es erschließt – soweit möglich unter Wahrung der thematischen Einheit – andere Sachgebiete und Lernbereiche, damit der sog. Kursübergriff gewährleistet ist und sich die Gesamtprüfung nicht nur auf die Inhalte eines Kurshalbjahres beschränkt. Der geforderte Gesprächscharakter verbietet das zusammenhanglose Abfragen von Kenntnissen bzw. den kurzschrittigen Dialog.

Erfahrene Prüferinnen und Prüfer werden mit einer geschickten Fragetechnik Hilfestellung geben und sich mit wertenden Äußerungen zurückhalten. Zur Klärung der Prüfungsleistung kann die Fachprüfungsleiterin/der Fachprüfungsleiter Fragen an den Prüfling stellen.

4 Bewertung

Nach Abschluss der Prüfung berät der Fachprüfungsausschuss über das Ergebnis. Der **Beschluss über die Note** erfolgt – nach Vorschlag der Prüferin oder des Prüfers – mit einfacher Mehrheit der stimmberechtigten Mitglieder. Stimmt das vorsitzende Mitglied der Prüfungskommission mit ab, weil es den Vorsitz übernommen hat, gibt seine Stimme bei Stimmengleichheit den Ausschlag.
Für die Bewertung Ihrer Prüfungsleistung gelten **ähnliche Grundsätze wie für die schriftliche Prüfung**. Die eingeschränkte Vorbereitungs- und Prüfungszeit wird dabei angemessen berücksichtigt.

In der mündlichen Prüfung wird der Fachprüfungsausschuss insbesondere darauf achten, in welchem Maße Sie über die folgenden **allgemeinen Fähigkeiten** verfügen:

- die Fähigkeit, sich **klar**, **differenziert**, **strukturiert** und **verständlich** unter angemessener Verwendung der Fachsprache und auf der Basis sicherer aufgabenbezogener Kenntnisse auszudrücken,
- die Fähigkeit, eigene **sach-**, **themen- und problemgerechte Beiträge** in der mündlichen Prüfung zu formulieren,
- die Fähigkeit zur **begründeten** eigenen mündlichen **Stellungnahme**, **Beurteilung** oder **Wertung**.

In Ihrem selbstständigen **Prüfungsvortrag** sollten Sie um den Nachweis folgender spezifischer Fähigkeiten bemüht sein:

- die Fähigkeit, **anhand von Aufzeichnungen frei**, zusammenhängend und argumentativ überzeugend zu sprechen,
- die Fähigkeit, ein **Ergebnis** für die gestellte Aufgabe in einem **Kurzvortrag in ca. 10–12 Minuten** darzulegen,
- die Fähigkeit, sich **in angemessener mündlicher Form** eigenständig mit historischen Sachverhalten auseinanderzusetzen.

Spezifische Anforderungen für das **Prüfungsgespräch** sind:

- die Fähigkeit, ein **sach-, themen- und problemorientiertes Gespräch** zu führen,
- die Fähigkeit, in einem solchen Gespräch **sicher, sach-, situationsangemessen und flexibel** auf Fragen, Impulse, Hilfen oder Gegenargumente einzugehen,
- die Fähigkeit zur **begründeten Einordnung oder Bewertung eines historischen Sachverhaltes** auch in diskursiver Gesprächssituation.

Bei normalem Prüfungsverlauf werden für die Feststellung des Prüfungsergebnisses **die beiden Prüfungsteile** (Vortrag/Gespräch) **etwa gleich gewichtet**. Wie bei der Bewertung einer Klausurleistung gilt auch für die mündliche Prüfung, dass nicht ausschließlich mit der Wiedergabe von Kenntnissen (AFB I) eine ausreichende Leistung erbracht werden kann. **Gute und bessere Bewertungen** setzen Leistungen voraus, die deutlich über den AFB II hinausgehen und mit einem wesentlichen Anteil dem AFB III zuzuordnen sind.

5 Präsentationsprüfung

Alternativ zur oben beschriebenen mündlichen Prüfung haben Sie sich, als Sie Ende des zweiten Kurshalbjahres **Geschichte als 5. Prüfungsfach** ausgewählt haben, vielleicht für eine **Präsentationsprüfung** entschieden (eine Gruppenprüfung ist hier nicht möglich): In diesem Fall wird von Ihnen im ersten Prüfungsteil eine **Präsentation anstelle des Prüfungsvortrags** verlangt. Sollten Sie letztlich doch eine „normale" mündliche Prüfung bevorzugen, können Sie mit der Anmeldung zur Abiturprüfung noch von der Präsentationsprüfung zurücktreten.

Das **Thema und die Aufgabenstellung** der Präsentationsprüfung legt Ihre Lehrkraft im Fach Geschichte fest, allerdings dürfen Sie dabei auch einen Vorschlag machen. Zwei Wochen vor dem Prüfungstermin bekommen Sie die endgültige Aufgabenstellung ausgehändigt; eine Woche später (also eine Woche vor dem Präsentationstermin) müssen Sie die schriftliche Dokumentation Ihrer Präsentation bei der zuständigen Prüfungskommission abgeben. Deshalb entfällt auch die sonst übliche Vorbereitungszeit unmittelbar vor der Prüfung.

Die Präsentationsprüfung soll insgesamt mindestens 30, höchstens 45 Minuten dauern; dabei sollten die Anteile für Präsentation und Prüfungsgespräch etwa gleich ausfallen. Im **Präsentationsteil** halten Sie den mediengestützten Vortrag, den Sie schon im Vorfeld schriftlich vorbereitet haben. Das folgende **Prüfungsgespräch** geht noch über das konkrete Thema Ihrer Präsentation hinaus: Es muss größere Zusammenhänge beleuchten und dabei auch ein weiteres Wahlmodul (siehe S. II f.) aus einem anderen Schulhalbjahr deutlich miteinbeziehen.

Um Art und Umfang einer Präsentationsprüfung im Fach Geschichte zu verdeutlichen, hat das Niedersächsische Kultusministerium ein konkretes Beispiel (mit Hinweisen) zum Thema „Die Ideen der ‚amerikanischen Revolution' – Leitlinie der Politik der USA im 19. Jahrhundert?" veröffentlicht. Sie finden es unter:
https://nibis.de/uploads/mk-bolhoefer/2021/Praesentationspruefung/20191125_Pr%C3%A4sentationspr%C3%BCfung%20Geschichte_final.pdf

Zur Arbeit mit diesem Buch

Die **Übungsaufgaben** sind – unter Berücksichtigung der offiziellen Vorgaben und vor dem Hintergrund der Erfahrungen mit dem Zentralabitur in Niedersachsen – so konzipiert, dass sie auf die Abituraufgaben vorbereiten, indem sie zur vertieften Beschäftigung mit einzelnen Aspekten der Schwerpunktthemen anleiten.

Um vielfältige Anregungen vermitteln zu können, sind die **Musterlösungen** oft umfangreicher, als unter Abiturbedingungen erstellte Lösungen es sein können. Aus diesem Grund liegt auch das inhaltliche Niveau der Lösungsvorschläge zumeist über dem, was im Abitur erwartet wird. Daher sollten die Musterlösungen Sie nicht entmutigen. Es geht ja nicht darum, zu zeigen, was Lehrkräfte unter Abiturbedingungen zu leisten vermögen. Vielmehr sollen Anregungen zu einer **vertieften Auseinandersetzung mit den Schwerpunktthemen** gegeben werden, die den Abituraufgaben zugrunde liegen werden, damit Sie überdurchschnittlich gut vorbereitet in die Prüfung gehen können.

ÜBUNGSAUFGABEN

Krisen, Umbrüche und Revolutionen
(Rahmenthema 1)
Die russischen Revolutionen
(Verbindliches Wahlmodul)

Die Oktoberrevolution von 1917 – Verlauf und Erinnerung

Aufgabenstellung

1 Fassen Sie die wesentlichen Aussagen von M nach einer quellenkritischen Einführung zusammen.

2 Ordnen Sie die in M angesprochenen historischen Ereignisse in den Zusammenhang der Entwicklungen des Jahres 1917 ein.

3 Erörtern Sie, inwieweit die Darstellung Alexandra Kollontais als Beitrag zum „Mythos der Oktoberrevolution" bezeichnet werden kann.

M Beitrag der Sozialistin Alexandra Kollontai[1] in der Zeitschrift „Krasnaja Panorama" (Rotes Panorama) von 1927

Ob wohl viele Menschen in den großen Tagen der Oktoberrevolution begriffen haben, dass sich vor ihren Augen das bedeutsamste Ereignis in der Welt abspielte, dass die soziale Revolution Tatsache wurde?

Die Arbeiter erkannten es, auch die Vortrupps der Soldaten spürten es. Doch das Philistertum[2] des alten Petersburg, die ganze Masse der Kleinbürger bekundete in diesen bedeutungsvollen Tagen nur dumpfe Verzagtheit.

Die Unzufriedenheit mit der Regierung Kerenski war groß. Die Menschen glaubten nicht daran, dass sie mit dem Krieg und dem Lebensmittelproblem würde fertig werden können. […] Aber sie verstanden auch noch nicht alle die Bolschewiki und hatten daher Angst vor ihnen.

Als der Kongress die Macht der Sowjets verkündete, überschritt die werktätige Menschheit die Schwelle, hinter der sie eine neue Zukunft erwartete. Das aber wusste der Spießer der Hauptstadt nicht. So nahm er die Kunde der Übernahme der Macht durch die Sowjets in den ersten Tagen eher gleichgültig als feindselig auf.

Ein nasskalter Herbstmorgen in Petrograd. In der Nacht ist der große Akt vollzogen worden: Der zweite Kongress hat den Übergang der Macht an die Sowjets proklamiert. Der so viel gehörte Ruf der letzten Monate ist eine Tatsache, ist Wirklichkeit geworden. […]

Ich hatte gedacht, die ganze Stadt würde feiern. Das, was das Volk gewünscht hatte, war ja in Erfüllung gegangen: Die Regierung Kerenski gab es nicht mehr, dafür die Macht der Werktätigen. Doch das alte Petersburg mit seinen vielen Spießern begriff, spürte, verstand noch nicht die ganze Größe des Geschehens. Die Stadt lebt weiter in ihrem Alltagstrott. Dort im Smolny[3] brodelt der Kessel der Revolution, verschmelzen Jubel, Wachsamkeit und Verantwortungsbewusstsein zu einem großen Gefühl. Auf den Straßen Petrograds aber gehen die Menschen an diesem trüben, nassen Herbstmorgen gleichgültig den kleinen Dingen des Alltags, ihren gewöhnlichen Sorgen nach. […] An den Straßenecken klebt an den Häuserwänden ein kleines, ganz unauffälliges Blatt Papier mit dem kurzen Dekret der Sowjetregierung über die Berufung der Volkskommissare. […]

Ab und zu blickt einer mal kurz hin und geht weiter. Eine neue Regierung? So oft schon wurden Menschewiki und Sozialrevolutionäre unter Kerenski in der Regierung ein- und umgesetzt, dass eine Neubildung der Regierung niemanden mehr wundert. […] Am liebsten würde ich die Leute aufhalten, ihnen zurufen: Sehen Sie doch mal genauer hin! Die Sowjets haben jetzt die Macht!

Doch die Passanten eilen an dem Dekret über die neue Regierung vorüber. Schließlich bleibt ein altes Männchen mit Stock – offenbar ein Offizier im Ruhestand – stehen.

Er liest sich das Ganze aufmerksam durch und schüttelt dann den Kopf. „Die Namen habe ich ja noch nie gehört. Und woher kommt jetzt das Volk in der Regierung? Was sind denn das überhaupt für ‚Volkskommissare'? Sollen wohl in den Krieg geschickt werden?" […]

Nach ihm tritt eine Frau mit Brille, wohl eine Lehrerin oder Angestellte, zu dem Anschlag hin. Sie liest ihn und rückt ärgerlich die Brille auf der Nase zurecht. Es ist klar, das Dekret hat nicht ihre Zustimmung gefunden. […]

Zwei Studenten bleiben interessiert vor dem Dekret stehen. Sie sagen nichts, schauen einander nur an. Und dieser Blick besagt: „Da hast du die Bolschewiki … Was soll nun werden?"

Ein beleibter Herr in dickem Mantel und mit einer Aktentasche unter dem Arm eilt über die Straße, um den schlichten Anschlag an der Wand, nicht größer als ein Bogen Schreibpapier, durchzulesen. Seine Miene verfinstert sich. Er liest das Ganze noch einmal und schimpft laut los: „Nein, da soll doch … Verkünden die Bolschewiki ihre Regierung! Ja, wer soll denn auf diese Räuber, Spione und Verräter hören? Schöner Einfall! Ihre Regierung zu bilden! Denen werden wir es zeigen! Ordentlich eins drauf bekommen die!"

Richtig aufgeregt ist der Herr im warmen Mantel und mit der glänzenden nagelneuen Aktentasche unterm Arm. Er steht vor dem Dekret und geifert, was das Zeug hält. […]

Neue Passanten gehen am Dekret vorbei, ohne es zu beachten.

Der Laufbursche aus dem Gemüseladen, mit Schürze, Korb und Schirmmütze, tritt dicht an den Anschlag heran und liest laut und vernehmlich: „Der Rat der Volkskommissare …"

Und auf einmal strahlt der Junge.

„Macht der Sowjets … Na, das ist eine Sache! … Die Sowjets haben die Macht! Die Bolschewiki sind schon Pfundskerle. Gesagt – getan! He, Wanka! Sie doch mal, die Bolschewiki haben die Macht übernommen …“

Der Botenjunge Wanja kommt angelaufen. Ihm folgen ein Arbeiter, eine Frau mit Kopftuch, ein Soldat. Sie glauben und begreifen noch nicht ganz, was eigentlich geschehen ist. Doch als Proletarier sagt ihnen ihr Gefühl, dass diese Macht für die Bourgeois nichts Gutes zu bedeuten hat, für die Arbeiter und Bauern hingegen die Erlösung ist.

[…]

„Wenn wir die Macht der Sowjets haben, ist auch der Krieg zu Ende“, meint der Soldat und knabbert seine Sonnenblumenkerne. „Auf keinen Fall fahre ich wieder an die Front. Jetzt geht's geradewegs zurück ins Dorf, auf meine Scholle.“

Die junge Arbeiterin mit dem Kopftuch aber erwidert:

„Nein, der Krieg ist noch nicht vorbei. Ohne Kampf geben sie die Macht nicht her. Habt ihr etwa nicht gehört, dass die ganze Nacht geschossen worden ist? Ich gehe zu den Sanitäterinnen. Zu den Bolschewiki.“

Sie bindet ihr Tuch fester und läuft in Richtung Smolny davon. Ihr war schon damals klar, dass mit den großen Tagen des Oktober der Kampf erst begann. Da sie es wusste, stürzte sie sich verantwortungsbewusst in diesen Kampf.

Alexandra Kollontai, Ich habe viele Leben gelebt … Autobiographische Aufzeichnungen, Moskau: Verlag Sowjetskaja Rossija, 1974, Deutsche Übersetzung: Berlin, Dietz Verlag 1980, S. 425 ff. Der Text wurde unter dem Titel „Das Dekret an der Wand“ erstmalig 1927 in der Zeitschrift „Krasnaja Panorama“ (Rotes Panorama) in Moskau veröffentlicht.

Anmerkungen

1 Alexandra Michailowna Kollontai (1872–1952) engagierte sich schon früh für die sozialistische Bewegung und hielt sich in den Jahren zwischen 1908 und 1917 in verschiedenen Ländern im Exil auf. Bis 1915 war sie Anhängerin der Menschewiki, schloss sich dann aber den Bolschewiki an und agitierte gegen die Provisorische Regierung. Nach dem Sieg der Bolschewiki wurde sie von Lenin in den Rat der Volkskommissare aufgenommen und gehörte als erste Frau als „Ministerin“ dem revolutionären russischen Kabinett an. Sie setzte sich besonders für die sozialen Anliegen von Frauen ein. Trotz kritischer Einstellungen zu den diktatorischen Entwicklungen, vor allem unter Stalin, unterstützte sie diesen und war bis 1945 Botschafterin der Sowjetunion in Schweden, später bis zu ihrem Tod Beraterin des sowjetischen Außenministeriums.

2 abwertender Ausdruck für engstirnige kleinbürgerliche Denkweisen

3 Gemeint ist das Smolny-Institut, im 19. Jahrhundert eine Bildungsanstalt für adelige Mädchen, in das der Petrograder Sowjet im August 1917 seinen Tagungsort verlegte.

TIPP **Erläuterungen und Bearbeitungshinweise**

Die vorliegende Aufgabe bezieht sich auf das Rahmenthema 1 „Krisen, Umbrüche und Revolutionen“ mit dem verbindlichen Wahlmodul 7 „Die russischen Revolutionen“. Der Halbjahresübergriff erfolgt in der dritten Teilaufgabe. Hier ist das Rahmenthema 4 „Geschichts- und Erinnerungskultur“ mit dem Wahlmodul 1 „Mythen“ eingebunden. Bei der Bearbeitung der Aufgabenstellung sollten Sie beachten, dass die drei Teilaufgaben aufeinander aufbauen. Nach der Klärung des Textverständnisses in Teilaufgabe 1 erfolgt in Teilaufgabe 2 eine Erarbeitung des im Text angesprochenen Sachhintergrunds, um auf dieser Basis in Teilaufgabe 3 eine Beurteilung des Beitrags im Hinblick auf seine historische Angemessenheit vorzunehmen. Achten Sie in Ihrer Lösung auf Sprachrichtigkeit und eine präzise Wortwahl. Hierbei hilft der Gebrauch von Fachbegriffen. Zudem sollten Sie in Ihren Ausführungen die notwendige Distanz zum Text durch die Verwendung des Konjunktivs wahren.

Lösungsvorschlag

1 **TIPP** *Anforderungsbereich: I, Gewichtung in Prozent: 25*

Die erste Teilaufgabe verlangt zunächst eine quellenkritische Einordnung des Materials von Ihnen. Dazu müssen Sie Verfasser, Entstehungszeit, Veröffentlichungsort, Adressaten sowie Art und Thema der Quelle nennen. Im Anschluss daran erfolgt eine Zusammenfassung des Inhalts. Fokussieren Sie sich dabei auf die relevanten Kernaussagen, die Sie eigenständig und sprachlich distanziert darstellen sollen. Eigene Wertungen oder Erläuterungen sind hier nicht vorgesehen.

Bei der vorliegenden Quelle handelt es sich um einen **autobiografischen Erinnerungstext**, den die Sozialistin und Frauenrechtlerin Alexandra Kollontai 1927 anlässlich des zehnjährigen **Jubiläums der Oktoberrevolution** für die in Moskau erschienene Zeitschrift „Krasnaja Panorama“ (Rotes Panorama) verfasst hat. Alexandra Kollontai schildert als **Augenzeugin** ihre Eindrücke unmittelbar nach der Verkündung der **Übernahme der Macht** durch die Sowjets im Oktober 1917 und bewertet die Ereignisse aus ihrer **persönlichen Sicht**. Dabei bedient sie sich eines durchgängig erlebnishaften Stils. Sie richtet sich mit ihrer Darstellung an eine **politisch interessierte Leserschaft**, der sie die linientreue Deutung der Oktoberereignisse nahebringen will.

Vorstellung von M

Quellenart, Verfasserin, Erscheinungszeit und -ort, Adressaten, Thema, Intention

Die Verfasserin beurteilt die Entwicklung vom 25./26. Oktober 1917 als ein **revolutionäres Ereignis von welthistorischer Bedeutung**. Angesichts dessen zeigt sie sich verwundert ob der **Reaktionen** der Menschen in Petrograd, die ihr auf dem morgendlichen Nachhauseweg begegnen. Laut ihrer Beschreibung reicht deren Verhalten von **Unverständnis und Teilnahmslosigkeit** bis hin zu **radikaler Ablehnung**. Dies führt Kollontai vor allem auf die **mit dem jeweiligen sozialen Status verbundenen Denkweisen** zurück, die sie insgesamt als kleinbürgerlich und beschränkt bewertet. Nacheinander erwähnt sie einen Offizier im Ruhestand, eine Lehrerin, zwei Studenten und einen offensichtlich begüterten Bürokraten, die alle als Vertreter einer **sozial privilegierten Schicht** betrachtet werden können. In **scharfem Kontrast** dazu stehen im letzten Teil die **Reaktionen der „einfachen Leute"**, darunter ein jugendlicher Botenjunge, ein Arbeiter und eine Arbeiterin sowie ein Soldat. Diese **begrüßen** weniger aus politischer Einsicht als vielmehr gefühlsmäßig den Sturz der Kerenski-Regierung und die **Machtübernahme durch die Sowjets** bzw. die mit diesen gleichgesetzten Bolschewiki. Sie verbinden mit dieser Veränderung eine für die Bauern und Arbeiter **bessere Zukunft**. So erwartet der Soldat das sofortige **Ende des Kriegs** und will in sein Dorf zu seinem Bauernhof zurückkehren. Dagegen wendet sich allerdings die Arbeiterin, die von der **Notwendigkeit des fortgesetzten Klassenkampfes** ausgeht und diesen als Sanitäterin unterstützen will.

Zusammenfassung
Hervorhebung der welthistorischen Bedeutung der Oktoberereignisse

Reaktionen im Kleinbürgertum: Unverständnis und Ablehnung

Reaktionen der Arbeiterschaft: hoffnungsvolle Zustimmung

Vorausdeutung auf weitere Auseinandersetzungen

2 **TIPP** *Anforderungsbereich: II, Gewichtung in Prozent: 40*

Die zweite Teilaufgabe verlangt von Ihnen die Einordnung eines Ereignisses – in diesem Fall der Oktoberrevolution – in den historischen Prozess des Jahres 1917 in Russland. Dabei ist es wichtig, nicht bloß einzelne Ereignisse aufzulisten. Vielmehr müssen Sie die relevanten Entwicklungen in ihrem Zusammenhang aufzeigen, letztlich also die politischen, sozialen und wirtschaftlichen Bedingungen erläutern, die im Jahr 1917 zur Oktoberrevolution geführt haben. Dazu benötigen Sie entsprechendes Hintergrundwissen, das Sie aber nicht detailliert ausbreiten, sondern konkret auf die Aufgabe und den vorliegenden Text beziehen müssen. Die Darstellung sollte strukturiert und sachorientiert erfolgen. Dabei empfiehlt es sich, im Wesentlichen ein chronologisches Verfahren zu wählen. Vergessen Sie nicht, immer wieder aussagekräftige Textbezüge herzustellen.

Alexandra Kollontai geht in ihrer autobiografischen Rückschau auf die Ereignisse des **bolschewistischen Putsches gegen die Provisorische Regierung unter Kerenski** am 25. und 26. Oktober 1917 in Petrograd ein (vgl. Z. 1, 11, 16, 28 f.). Im Folgenden sollen deshalb die Ereignisse im **Umfeld der Oktoberrevolution** skizziert werden.

historischer Kontext
Vorgeschichte des bolschewistischen Putsches

Ausgangslage: Russland im Ersten Weltkrieg

„Hungerrevolte“ und Februarrevolution

Das **Zarenreich** unter Nikolaus II. befand sich zu Beginn des Jahres 1917 seit fast dreieinhalb Jahren im **Ersten Weltkrieg** und war nach dem desaströsen Kriegsverlauf militärisch, wirtschaftlich, sozial und politisch **vollständig erschöpft**. Dies führte im überwiegend agrarisch geprägten Russland zu einer **katastrophalen Versorgungssituation** der Bevölkerung, die am 23. Februar 1917 in einer „**Hungerrevolte**“ ihrer Unzufriedenheit Ausdruck verlieh. Der Streik und die Demonstrationen von ca. 128 000 Arbeiterinnen und Arbeitern in Petrograd sowie die vom Zaren befohlene **Niederschlagung der Proteste** stellten den Ausgangspunkt für die **Februarrevolution** von 1917 dar. Nachdem die Stadt sich nach wenigen Tagen vollkommen in der Hand der Aufständischen befand, denen sich auch Soldaten angeschlossen hatten, trat die Regierung des Zaren am 27. Februar 1917 geschlossen zurück.

Bildung von Provisorischer Regierung und Petrograder Sowjet („Doppelherrschaft“)

Daraufhin konstituierte sich unter der Leitung des Präsidenten der Staatsduma das „**Provisorische Komitee zur Wiederherstellung der öffentlichen Ordnung**“, das nun die Befugnisse der Regierung des Zaren übernahm. Parallel dazu bildete sich der **Petrograder Arbeiter- und Soldatenrat** (**Sowjet**), der ebenfalls die Regierungsgewalt beanspruchte („**Doppelherrschaft**“).

Abdankung des Zaren

Unter dem Druck der Duma und auf Drängen seiner Militärs **dankte der Zar am 2. März 1917** ab, womit die 300-jährige autokratische Herrschaft der Romanow-Dynastie ihr Ende fand. Am selben Tag einigten sich die Vertreter des Dumakomitees und des Exekutivkomitees des Sowjets auf ein **Acht-Punkte-Programm** als Basis der künftigen Regierung. Der **sozialistische Sowjet** tolerierte und unterstützte dabei die von „Kadetten“ (Liberalen) beherrschte **Provisorische Regierung**, nahm aber für sich das Recht in Anspruch, diese zu kontrollieren.

weiterhin bestehende Probleme aufgrund zögerlicher Politik der Regierung und bolschewistischer Agitation

Die Provisorische Regierung verstand sich nicht als letzte Herrschaftsinstanz, sondern sah ihre Aufgabe vor allem darin, Wahlen für eine **konstituierende Versammlung** vorzubereiten, die dann eine **endgültige Verfassung** ausarbeiten sollte. Dieses Selbstverständnis führte zu einer **zögerlichen Politik**, der es nicht gelang, die drängenden Probleme Russlands zu lösen. Neben dem Wunsch vieler Soldaten nach einer **Beendigung des Kriegs** ging es der Mehrheit der Bevölkerung vor allem um eine **ausreichende Versorgung mit Lebensmitteln** und um die Frage der **Umverteilung des Agrarlandes** zugunsten der Bauern. Außerdem gab es Forderungen nach einer Wiederherstellung und Entwicklung der **industriellen Produktionsleistung**. Neben diesen Problemen existierten im **multiethnischen russischen Großreich** zahlreiche weitere Streitpunkte wie die **Nationalitätenfrage**, das Verhältnis von **Stadt und Land** oder von **Zentralregierung und Peripherie**. Bereits im April kam es zwischen Provisorischer Regierung und Sowjet zu einem **Zerwürfnis in**

Bezug auf die russischen Kriegsziele. Die **an westlichen demokratischen Vorbildern orientierte Provisorische Regierung** wollte ihre Bündnisverpflichtungen gegenüber den Alliierten erfüllen und den **Krieg** bis zum endgültigen Sieg **fortsetzen.** Dagegen strebte der **Sowjet** danach, die **Revolution auf die Soldaten auszuweiten**, und stellte dadurch die militärische Befehlsgewalt infrage. Diese Uneinigkeit wurde durch die **Agitation bolschewistischer Parteiführer**, namentlich des aus dem Exil zurückgekehrten Lenin („Aprilthesen"), noch verschärft. Um die Bevölkerung zu beschwichtigen, wurden in die Anfang Mai gebildete **1. Koalitionsregierung** auch gemäßigte Sozialisten (Menschewiki und Sozialrevolutionäre) aufgenommen. Einen wirklichen Kurswechsel gab es dadurch aber nicht, sondern die **bisherige Politik** wurde mehr oder weniger unverändert **fortgeführt.**

Am 18. Juni befahl der Kriegs- und Marineminister Kerenski auf Drängen der Alliierten eine **Großoffensive**, die nach Anfangserfolgen kläglich scheiterte. Der fluchtartige Rückzug führte zu **Massendesertionen** und einem **Zerfall der Armee.** Zudem nahm die Unzufriedenheit in der **kriegsmüden Bevölkerung** weiter zu, worauf auch Kollontai in ihrem Beitrag hinweist (vgl. Z. 7 ff.). Die **Massenstreiks** setzten sich, ausgelöst von der weiterhin katastrophalen Versorgungslage, den ganzen Sommer über fort. Parallel dazu **schwand die Autorität der Zentralregierung** in der Peripherie und auf dem Land. Die **Bauern enteigneten eigenmächtig den adligen Grundbesitz**, da es der Provisorischen Regierung nicht gelang, eine Agrarreform zu entwerfen und durchzuführen. Am 4. Juli kam es schließlich zu einem **bewaffneten Aufstandsversuch von Anhängern der Bolschewiki**, der jedoch scheiterte. **Lenin** als Anführer der Bolschewiki **floh daraufhin nach Finnland** in den Untergrund und betrieb von dort aus den Plan zum bewaffneten Aufstand. Zur Beruhigung der Lage wurde die **2. Koalitionsregierung unter Kerenski** gebildet, die nach außen sozialistisch auftrat, in der Praxis aber die bisherige Politik weiterführte. Die herrschende Krise eskalierte weiter, als im August der **abgesetzte General Kornilow** mithilfe konservativer Militärkreise einen **Putschversuch** gegen die Regierung unternahm. Dieser scheiterte allerdings und wurde von Kerenski, unterstützt vom Petrograder Sowjet, niedergeschlagen.

gescheiterte „Kerenski-Offensive"

anhaltende Unzufriedenheit der Bevölkerung

Juliaufstand der Bolschewiki

Bildung der 2. Koalitionsregierung

Kornilow-Putsch

Die **Popularität der Bolschewiki** nahm im Folgenden weiter zu und sorgte dafür, dass die Partei bei den im September durchgeführten Wahlen große Stimmengewinne erzielen konnte. Der **aus dem Exil zurückgekehrte Lenin forderte** daraufhin intern, mithilfe eines **Staatsstreichs** die Macht zu ergreifen, worauf sich die Bolschewiki nach heftigen Debatten schließlich einigten. Den deutschen Vormarsch an der Ostfront nahm der Petrograder Sowjet zum Anlass,

Vorbereitung eines bolschewistischen Putsches

ein **Militärisches Revolutionskomitee** zu bilden, in dem die Bolschewiki unter Leo Trotzki rasch die Führung übernahmen. Am 20. Oktober wurden die Petrograder Soldaten dem Revolutionskomitee unterstellt, dessen **Rote Garden** am 24./25. Oktober alle **strategisch relevanten Orte der Stadt besetzten**. Lenin verkündete auf dem im Smolny-Institut zusammengetretenen 2. Allrussischen Kongress den **Sturz der Provisorischen Regierung** und den Beginn der **sozialistischen Phase der Revolution**, wovon auch Kollontai in ihrem Beitrag berichtet (vgl. Z. 11, 15 f., 23 f.). Zwar hatten die Bolschewiki nicht die Mehrheit im Kongress, doch dominierten sie diesen, nachdem die Menschewiki und rechten Sozialrevolutionäre die Versammlung aus Protest verlassen hatten. Lenin ließ den Umsturz noch am selben Tag öffentlich machen, was auch Kollontai erwähnt (vgl. Z. 27 ff.). Am Nachmittag des 25. Oktober begann die **Belagerung des Winterpalastes**, des Sitzes der Provisorischen Regierung, der am 26. Oktober **ohne großen Widerstand eingenommen** wurde. Die Minister wurden zumindest vorläufig verhaftet, lediglich Kerenski konnte fliehen. Durch diesen **Staatsstreich** war die **Macht** nominell an den Sowjet übergegangen, de facto aber **an die Bolschewiki**, was auch der Laufbursche aus dem Gemüseladen in der Darstellung von Kollontai erkennt (vgl. Z. 62 f.).

Verlauf der Oktoberrevolution

Sturz der Provisorischen Regierung

Die neu gebildete **Arbeiter- und Bauernregierung**, der ausschließlich **Bolschewiki** angehörten, bezeichnete man in Abgrenzung zur bürgerlichen Regierung als **Rat der Volkskommissare**, den auch Kollontai an mehreren Stellen erwähnt (vgl. Z. 39, 59 f.). Direkt im Anschluss an das erste Zusammentreten der neuen Sowjetregierung wurden das „**Dekret über den Frieden**“ und das „**Dekret über Grund und Boden**“ verkündet, die die bedingungslose Aufnahme von Friedensverhandlungen mit dem Deutschen Reich sowie die gewaltsame Enteignung des Grundbesitzes versprachen. Außerdem wurde den nationalen Minderheiten Autonomie in Aussicht gestellt („**Dekret der Rechte der Völker Russlands**“). Im Dezember handelte die neue russische Regierung einen **Waffenstillstand** mit dem Deutschen Reich aus, der im März 1918 in den **Friedensvertrag** von Brest-Litowsk mündete. Darauf spekuliert auch der Soldat in Kollontais Beitrag, wenn er ausruft: „Wenn wir die Macht der Sowjets haben, ist auch der Krieg zu Ende“ (Z. 71). Die Oktoberereignisse und die zwangsweise **Auflösung der konstituierenden Versammlung** im Januar 1918, in der die Bolschewiki keine Mehrheit besaßen, führten zu einem mehrjährigen äußerst brutal geführten **Bürgerkrieg**, aus dem die Bolschewiki letztlich siegreich hervorgingen. Auch diesen bewaffneten Konflikt deutet Kollontai schon an, wenn sie die Arbeiterin vom Kampf der Bolschewiki um die Macht sprechen lässt (vgl. Z. 75 ff.).

Bildung des Rats der Volkskommissare

Verkündung von Dekreten durch Sowjetregierung

Waffenstillstand und Friedensvertrag

Bürgerkrieg

3 **TIPP** *Anforderungsbereich: III, Gewichtung in Prozent: 35*

Die dritte Teilaufgabe fordert Sie mit dem Operator „erörtern“ dazu auf, sich kritisch mit einer Problemstellung auseinanderzusetzen, um zu einem begründeten Urteil zu gelangen. Sie müssen für die Bearbeitung der Aufgabe zunächst überlegen, mit welchem Problem sie hier konfrontiert sind. Erläutern Sie also kurz, was man unter dem „Mythos der Oktoberrevolution“ versteht, bevor Sie untersuchen, inwiefern Kollontais Darstellung zu diesem beiträgt oder nicht. Wichtig ist dabei, dass Sie Ihre in den Teilaufgaben 1 und 2 formulierten Ergebnisse argumentativ einbinden und dabei konkret am Text arbeiten. Ziehen Sie am Schluss ein differenziertes Fazit.

Hinführung zur Erörterung

Jahrestag der Oktoberrevolution

Die **Ereignisse des 25. Oktober 1917** wurden noch vor der Gründung der Sowjetunion im Dezember 1922 **am ersten Jahrestag des Putsches 1918 umfangreich gefeiert**. Dabei avancierte der Staatsstreich zum **Mythos von der „Großen Sozialistischen Oktoberrevolution“** (vgl. Z. 1 ff.).

Funktion und Bedeutung des Mythos

Der Mythos konstruiert dabei durch eine **leicht fassbare Symbolik** ein **Identifikationsangebot** und zugleich eine **Legitimation** der Machtübernahme und des Herrschaftssystems der Bolschewiki. Die **faktischen Abläufe werden vereinfacht**, ihrem konkreten **historischen Kontext enthoben** und so als zwangsläufige oder gesetzmäßige, **überzeitliche Entwicklung** in das **kollektive Gedächtnis** überführt.

Entstehung und Entwicklung des „Mythos der Oktoberrevolution“

Vor allem im ersten Jahr des Russischen Bürgerkriegs hatte der **Mythos vom „Roten Oktober“** eine besondere Funktion. Er sollte angesichts der existenziell bedrohlichen Situation einerseits ein **einheitliches Klassenbewusstsein** schaffen, andererseits aber auch die **Kampfbereitschaft** und den Willen stärken, die **Errungenschaften der „neuen Zeit“ zu verteidigen**. Zum **zehnten Jahrestag** der Oktoberrevolution rückten vor allem der **Personenkult um Lenin** und die **Gründung der Sowjetunion** ins Zentrum der Feierlichkeiten. Die Ereignisse vom 25. und 26. Oktober 1917 wurden nun als **zwangsläufige Entwicklung mit universalem Charakter** dargestellt, wobei den Bauern, Arbeitern und Soldaten unter der Führung der Bolschewiki eine Vorreiterrolle zugekommen sei. Mit Militärparaden, Massenaufmärschen von Arbeitern, Plakatierungen und entsprechenden Publikationen in den Medien sollte der Umsturz als fesselnde und mitreißende Geschichte zelebriert und als **heldenhafter Aufbruch in den Sozialismus** verherrlicht werden.

Erörterung

authentischer Zeitzeugenbericht vs. Beitrag zum Mythos

Der vorliegende Artikel ist einerseits als **autobiografischer Erinnerungstext** zu verstehen, der aus erster Hand von den damaligen Geschehnissen berichtet. Schließlich war seine **Verfasserin** als Mitglied der Bolschewiki und Ministerin im Rat der Volkskommissare

Teil der Ereignisse, kann diese also aus **eigener Erfahrung** bezeugen. Andererseits muss ihre Darstellung gerade im Kontext der mehrtägigen Feiern zum zehnten Jahrestag als **Beitrag zum Mythos** von der „Großen Sozialistischen Oktoberrevolution" gelesen werden. So vermengt sie in der autobiografischen Form Erlebtes mit **parteikonformen Interpretationen aus der Rückschau** und nutzt dazu auch literarische Mittel – vor allem **Kontrastierungen, Gegenüberstellungen und vergegenwärtigende Dialoge –**, um den **Eindruck des Verbürgten** zu erwecken.

Übertreibungen und Verallgemeinerungen

Bereits zu Beginn wird der eigentlich zunächst auf Petrograd beschränkte **Staatsstreich** vom 25. Oktober **als das weltgeschichtlich „bedeutsamste Ereignis"** (Z. 2) **dargestellt**. Außerdem **enthistorisiert** Kollontai die Geschehnisse, indem sie sie **verallgemeinernd** auf die „werktätige Menschheit" (Z. 11 f.) überträgt. Im Gegensatz zu dieser Universalisierung war spätestens seit 1924 klar, dass die erwartete **„Weltrevolution" nicht stattfinden** würde. Vielmehr folgte Stalin der Parole vom **„Sozialismus in einem Land"**. Kollontai übertreibt hier also mit Absicht, um den **Ereignissen in Russland eine globale Bedeutung zu verleihen**.

Vereinfachung der Zusammenhänge aus ideologischen Gründen

Durch die **schematische Kontrastierung der „Klassen"** – Arbeiter und Soldaten als Träger der Zukunft vs. „philisterhafte" Kleinbürger als Vertreter einer überkommenen Vergangenheit (vgl. Z. 4 ff.) – wird die historisch komplexe und durchaus **handlungsoffene Situation** im Oktober 1917 **vereinfacht**. Besonders deutlich wird dieses Vorgehen, wenn die **Sowjets mit den Bolschewiki gleichgesetzt** (vgl. Z. 63 f.) und als **einzig legitime Repräsentanten der Werktätigen** (vgl. Z. 20 f.) dargestellt werden. Die **parteiinternen Streitigkeiten** (Sinowjew, Kamenew) um den von Lenin im Oktober geforderten Staatsstreich und die Rolle der linken Sozialrevolutionäre werden dabei **ausgeblendet**. Der **Führungsanspruch der bolschewistischen Partei** wird durch die metaphorische Gegenüberstellung des „brodelnden Kessels der Revolution" (vgl. Z. 23) mit der „dumpfe[n] Verzagtheit" (Z. 6) des „alten Petersburg" (Z. 5) verstärkt, wobei gleichfalls vernachlässigt wird, dass die Bolschewiki bei den **Wahlen zur Konstituante** (November 1917) zwar in Petrograd und Moskau erhebliche Gewinne verbuchen konnten, dies aber nicht für ganz Russland galt. Auf dem Land hatten vor allem die Sozialrevolutionäre Einfluss, auf die insgesamt die meisten Stimmen entfielen. Kollontais Behauptung, dass „[d]as, was das Volk gewünscht hatte, [nun] in Erfüllung gegangen [sei]" (Z. 19 f.), muss also als **ideologisch motivierte Verallgemeinerung** zurückgewiesen werden. Auch das Bild einer vorausschauend planenden und umfassend agierenden bolschewistischen Partei (vgl. Z. 23 f.), die mit der Machtübernahme die „soziale Revolution" (Z. 3) in die Tat umgesetzt habe, stellt einen **nachträglich inszenierten Mythos** dar.

Dazu gehören auch die von Kollontai entwickelten Dialoge der **Symbolfiguren**, die einem **theatermäßigen Regiekonzept** folgen. So werden zunächst typisiert **kleinbürgerliche Gegner des Putsches oder Unwissende** aufgeführt, um sie dann mit den **zukunftsorientierten Proletariern** zu kontrastieren. Auf diese Weise wird der Leserschaft des Beitrags der Eindruck vermittelt, dass das Proletariat weitsichtig und verständig gewesen sei, während sämtliche Skeptiker oder Gegner des Bolschewismus als in einer längst überkommenen Weltsicht verhaftet gezeigt werden. Kollontai sorgt also durch ihre Art der Darstellung dafür, dass die **Adressaten ihres Artikels sich eher auf die Seite der Bolschewiki schlagen** werden. Deren Machtübernahme wird zudem mit einer geradezu **heilsgeschichtlichen Erwartungshaltung** („Erlösung“, Z. 69) und den **programmatischen Losungen** der Partei (vgl. Z. 71) verbunden.

Typisierung von Geschehen und Personen zur Beeinflussung der Adressaten

Die Formulierung der Arbeiterin, dass die „ganze Nacht geschossen“ (Z. 76) worden sei, stellt eine **Dramatisierung der Ereignisse** dar, die sich 1917 weitgehend unblutig gestalteten. So geschahen die Einnahme des nur von einem Frauenbataillon und einigen Offiziersschülern verteidigten Winterpalastes und die Verhaftung der Minister ohne größeren Widerstand. Die von der Arbeiterin geäußerte **Erwartung eines Kriegs** der Bolschewisten mit ihren Gegnern (vgl. Z. 75 ff.) ist wohl als eine **nachträgliche Stilisierung** der Verfasserin zu sehen, die dem auf die Oktoberereignisse folgenden blutigen Bürgerkrieg eine **Legitimation verschaffen** will.

Dramatisierung und nachträgliche Stilisierung

Insgesamt lässt sich festhalten, dass der Text von Alexandra Kollontai **autobiografische Erinnerungsspuren** mit der **parteioffiziellen Lesart** der Ereignisse aus der Rückschau des Jahres 1927 verbindet. Ihre literarische Erzählung ist so **dem herrschenden Mythos von der „Großen Sozialistischen Oktoberrevolution“ verpflichtet**, wobei sie die tatsächlichen Ereignisse in einen überzeitlichen und **exemplarischen Zusammenhang** stellt: die russische Revolution als **Gründungsmythos der Sowjetunion**, der eine verbindliche Interpretation der Vergangenheit und eine **Legitimation der Gegenwart** gewährleisten soll. Die Perspektive der Gewalterfahrungen, der diktatorischen Unterdrückung, des Hungers und des Terrors in der Folge der Revolution wird dabei vollkommen ausgeblendet.

Fazit

Erinnerung und Mythos im Kontext des Übergangs zur stalinistischen Terrorherrschaft

Niedersachsen Geschichte
Erhöhtes Anforderungsniveau ▪ Übungsaufgabe 2

Krisen, Umbrüche und Revolutionen
(Rahmenthema 1)
Die Russischen Revolutionen
(Verbindliches Wahlmodul)

Russlands Sicht auf Deutschland im Jahr 1923

Aufgabenstellung

1 Fassen Sie die Aussagen von M nach einer quellenkritischen Einführung zusammen.

2 Erläutern Sie unter Bezugnahme auf M die revolutionäre Entwicklung in Russland von der Februarrevolution bis zum Zeitpunkt der Quelle.

3 Setzen Sie Molotovs Ausführungen in Beziehung zur Revolutionstheorie des Historischen Materialismus.

4 Beurteilen Sie Molotovs Haltung bezüglich der künftigen politischen und wirtschaftlichen Rolle Deutschlands.

M Zirkular des Sekretariats des ZK der KP Russlands (Molotov[1]) über die Vorbereitungen auf die deutsche Revolution

[Moskau], 9. 10. 1923
Völlig geheim.
Rundschreiben
An alle Gouvernementskomitees, Gebietskomitees, Gebietsbüros der RKP (b)[2] *und Zentralkomitees der nationalen kommunistischen Parteien.*

Es ist heute bereits völlig klar geworden, dass ein proletarischer Umsturz in Deutschland nicht nur unabwendbar ist, sondern ganz nahe – sehr nahe gerückt ist. Die Deutsche Kommunistische Partei hat die Mehrheit aktiver Schichten des Proletariats gewonnen. In allernächster Zukunft wird die Deutsche Kommunistische Partei imstande sein, eine Mehrheit des ganzen Proletariats hinter sich zu führen.

Ein neuer, typischer Zug der deutschen proletarischen Revolution wird die besondere Rolle sein, die darin das Kleinbürgertum der Städte spielen wird: Die Beamtenschaft, kleine und mittlere Angestellte, Kleinhändler usw.

Man kann sagen, dass bis zu einem gewissen Grad die Rolle, die in der Russischen Revolution die kriegsmüde gewordenen Bauern gespielt haben, in der Deutschen

Revolution die der wirtschaftlichen Zerrüttung müde gewordenen und durch die Entwicklung des Kapitalismus an den Rand des ökonomischen Abgrunds gedrängten breiten Schichten der Kleinbourgeoisie der Städte spielen werden. [...]

Für Räte-Deutschland wird das Bündnis mit uns, die wir eine immense Popularität unter den breiten Massen des deutschen Volkes genießen, die einzige Chance zur Rettung sein. Und andererseits kann nur Räte-Deutschland die Möglichkeit für die UdSSR bewerkstelligen, sich gegen den kommenden Sturm des internationalen Faschismus zur Wehr zu setzen, und zur schnellsten Lösung der vor uns stehenden wirtschaftlichen Probleme beizutragen. Davon geht unsere Haltung zur deutschen Revolution aus.

Unsere Aufgabe ist es nach wie vor, mit Nachdruck und Ausdauer eine Politik des Friedens durchzuführen. Unsere Friedenspolitik muss dabei so offensichtlich sein, dass die überwältigende Mehrheit der europäischen Arbeiter von der Friedfertigkeit unserer Vorhaben überzeugt sein wird. Doch zugleich muss der Partei klar sein, dass wir, wenn die Gefahr einer Zerstörung der UdSSR entsteht, einem Krieg, den uns die ausländischen Imperialisten aufzwingen, ohne zu zögern begegnen werden. Dies wird ein Verteidigungskrieg für die Existenz der Arbeiterklasse und für die schon erreichten Errungenschaften der proletarischen Revolution sein. Die Perspektive des naherückenden Krieges darf keineswegs die Energie in der Entfaltung der Kulturarbeit zügeln. Im Gegenteil muss diese Perspektive uns dazu zwingen, unsere Anstrengungen für eine erfolgreichere Entwicklung der Landwirtschaft und der Industrie zu verzehnfachen, denn ohne dies ist weder die Verstärkung der Wehrfähigkeit unserer eigenen [Sowjet-]Union, noch die Hilfe an das deutsche Proletariat zu bewerkstelligen. Die naherückende Epoche verlangt von uns, dass wir es lernen, gleichzeitig unsere Wirtschaft anzuheben, die kulturellen Errungenschaften zu festigen und unser Land zu verteidigen.

[...]

In der bevorstehenden Agitations- und Propagandaarbeit müssen wir mit allen Mitteln, die uns zur Verfügung stehen, erreichen, dass nicht nur jeder Arbeiter und jede Arbeiterin, sondern auch jeder Bauer und jede Bäuerin in unserer [Sowjet-]Union verstehen kann, wie eng die Geschichte der Deutschen Revolution mit dem blutverwandten Interesse der werktätigen Massen der UdSSR verbunden ist. In unserer Propaganda, besonders unter den Bauern, dürfen wir nicht nur die internationalistischen Gefühle ansprechen. Wir müssen auch die ureigensten wirtschaftlichen und politischen Interessen ansprechen. Mit unserer Propaganda müssen wir erreichen, dass sich jeder Bauer klar wird: Wenn ein Krieg kommt, dann wird dieser Krieg unsererseits ein Verteidigungskrieg sein, mit dem wir die Existenz der Sowjetrepubliken, das Eigentum an Grund und Boden für den Bauern verteidigen wollen. Jeder Bauer muss sich einprägen: Eine Niederlage der deutschen Revolution würde die Wiederherstellung des weißen Deutschlands und den Versuch der russischen Gutsherren bedeuten, [...] den russischen Bauern den Boden zu nehmen und die Monarchie in Russland wiederherzustellen, was dazu führen würde, die Zarenschulden zu zahlen, in einem nie dagewesenen Ausmaß die Steuern zu erhöhen und die Leibeigenschaft wiederherzustellen. Ein Sieg der Deutschen Revolution bedeutet für den russischen Bauern unter anderem einen schnellen Aufschwung der Landwirtschaft, billige landwirtschaftliche Maschinen usw. Jeder Arbeiter unserer Union der [Sowjet-]Republiken muss verstehen, dass ein Sieg der Deutschen Revolution bedeutet, dass die Bourgeoisie in Russland nie wieder ihr Haupt erheben wird, dass die negativen Seiten der NÖP im Keim erstickt werden, dass eine unzertrennliche Verbindung zwischen dem landwirtschaftlichen Russland und dem industriellen Deutschland hergestellt wird, dass sich eine mächtige Union unserer Sowjetrepubliken mit der Deutschen Republik herausbilden wird, die nicht nur eine der bedeutendsten wirtschaftlichen und politischen Kräfte, sondern auch den wichtigsten Faktor für die Befreiung der Arbeiterklasse der ganzen Welt darstellen wird.

Höchste Geschlossenheit, Einheit und strengste Disziplin, dank derer unsere Partei prachtvolle Siege erringen und gestärkt aus den gefährlichsten und schwersten Momenten hervorgehen konnte, sind heute mehr denn je für die Partei und für die entscheidenden Erfolge der proletarischen Revolution notwendig.

09. Oktober 1923.

Sekretär des ZK der RKP(b)

W. Molotov

Fundort: Hermann Weber, Jakov Drabkin, Bernhard H. Bayerlein (Hrsg.) Deutschland, Russland, Komintern – II. Dokumente (1918–1943) Nach der Archivrevolution: Neuerschlossene Quellen zur Geschichte der KPD und den deutsch-russischen Beziehungen, Archive des Kommunismus – Pfade des XX. Jahrhunderts, Band 6/1, Walter de Gruyter, Berlin/München/Bos- ton 2015 (e-pub), S. 276–280

Anmerkungen

1 Wjatscheslaw Michailowitsch Molotov (1890–1986) war ein führender Politiker der Sowjetunion und einer der engsten Vertrauten Stalins. Zum Zeitpunkt der Entstehung der Quelle war er Generalsekretär des Zentralkomitees der KP.

2 Abkürzung für Kommunistische Partei Russlands (Bolschewiki)

TIPP Erläuterungen und Bearbeitungshinweise

Die vorliegende Aufgabe bezieht sich auf das verbindliche Wahlmodul 7 „Die russischen Revolutionen“ im Rahmenthema 1 „Krisen, Umbrüche und Revolutionen“. In der dritten Teilaufgabe wird mit der Revolutionstheorie des Historischen Materialismus auch das Kernmodul „Theorien und Modelle zu Umbruchsituationen“ einbezogen. Der Halbjahresübergriff erfolgt in der vierten Teilaufgabe zum Wahlmodul 6 „Zwischen Krise und Modernisierung – Die Gesellschaft der Weimarer Republik“ im Rahmenthema 3 „Wurzeln unserer Identität“.

Lösungsvorschlag

1 **TIPP** *Anforderungsbereich: I, Gewichtung in Prozent: 20*

Die erste Teilaufgabe verlangt zunächst eine kurze Vorstellung des Materials von Ihnen. Dazu müssen Sie Verfasser, Entstehungszeit und -ort, Adressaten sowie Art und Thema der Quelle nennen. Im Anschluss daran erfolgt eine Zusammenfassung des Inhalts, den Sie eigenständig auf seine wesentlichen Aspekte reduzieren müssen. Der Text weist eine klare Struktur auf, an der Sie sich dabei orientieren können. Ihre Zusammenfassung sollte zudem sprachlich distanziert (Verwendung des Konjunktivs) und ohne Wertung formuliert sein.

Vorstellung von M
Quellenart, Verfasser, Datierung, Adressaten, Charakter und Thema

Das als „*[v]öllig geheim*" (Z. 2) eingestufte **Rundschreiben von Molotov**, dem Generalsekretär des Zentralkomitees der RKP (b), ist auf den 9. Oktober 1923 datiert und wurde in Moskau verfasst. Es richtet sich an die Vertretungen der Kommunistischen Partei Russlands, aber auch an die Zentralkomitees aller nationalen **kommunistischen Parteien**. Es besitzt **Weisungscharakter**, was sich auch durchgängig in der fordernden und verfügenden ideologischen Sprache der Quelle spiegelt. Das Dokument behandelt thematisch die erwartete **künftige Entwicklung in Deutschland** und die sich daraus ergebenden **Folgen für die Sowjetunion** sowie für die Propagandatätigkeit der Kommunistischen Partei.

Zusammenfassung
Vermutung einer bevorstehenden Revolution in Deutschland

Molotov geht zunächst von der Einschätzung aus, dass die **Revolution in Deutschland** zwingend sei und **unmittelbar bevorstehe**. Dies begründet er damit, dass der **Einfluss der Deutschen Kommunistischen Partei auf das Proletariat** stetig wachse und das Kleinbürgertum durch die kriegsbedingte wirtschaftliche Lage sowie die allgemeine **Entwicklung des Kapitalismus** vor dem gesellschaftlichen Abstieg stehe. Das nachrevolutionäre „Räte-Deutschland" (Z. 19) könne seine Lage nur durch eine **Union mit der Sowjetunion** verbessern. Ein solcher Zusammenschluss sei auch für die Sowjetunion unabdingbar, um die existierenden **wirtschaftlichen Probleme lösen** und sich angesichts eines zu erwartenden **Aggressionskriegs des internationalen Kapitalismus** behaupten zu können.

Hoffnung auf Verbindung von „Räte-Deutschland" und Sowjetunion

Aufgaben der sowjetischen Propaganda

Aus diesem Befund leitet Molotov verschiedene vordringliche **Aufgaben** für die Sowjetunion sowie ihre **Agitations- und Propagandaarbeit** ab. So sei es wichtig, die europäische Arbeiterklasse von der Aufrichtigkeit der sowjetischen **Friedenspolitik** zu überzeugen. Gleichzeitig gelte es aber auch, zu verdeutlichen, dass man im Falle einer kapitalistischen Aggression einen **Krieg zur Verteidigung der russischen Revolution** führen werde. Damit verbunden sei die Notwendigkeit, **Landwirtschaft und Industrie umfassend zu entwickeln** sowie die **Kulturarbeit** weiter zu entfalten.

Daher müsse die künftige propagandistische Agitation der Arbeiterschaft und vor allem den Bauern in der Sowjetunion vor Augen führen, dass ein **Sieg der deutschen Revolution** und eine **Union mit Deutschland** nicht nur dem **Internationalismus des Kommunismus** entspreche. Vielmehr müsse ihnen klargemacht werden, dass beides auch im **ureigensten Interesse der russischen Bevölkerung** liege. Im Falle eines Sieges der Revolution in Deutschland profitiere man nämlich von dessen industriellem Potenzial. Dagegen sei bei einer **Niederlage** auch eine **Rückkehr der Sowjetunion zu den vorrevolutionären Verhältnissen** – also zur autokratischen Monarchie – zu befürchten. Eine enge **Verbindung** zwischen dem agrarischen Russland und dem industriellen Deutschland bedeute stattdessen die endgültige Niederlage der russischen Bourgeoisie und sei **Ausgangspunkt für eine weltweite revolutionäre Entwicklung**. Abschließend fordert Molotov daher unbedingte **Geschlossenheit** und eine strenge **Parteidisziplin** ein.

Eigeninteresse der Sowjetunion an erfolgreicher deutscher Revolution

2 **TIPP** *Anforderungsbereich: II, Gewichtung in Prozent: 35*

Die zweite Teilaufgabe zielt auf eine historische Darstellung der Revolutionsentwicklung in Russland im Zeitraum zwischen 1917 und 1923 ab. Der Operator „erläutern" verlangt dabei von Ihnen, dass Sie Sachverhalte im Zusammenhang und mithilfe von Beispielen verdeutlichen. Gradmesser für die notwendige Detailliertheit ist einerseits der Quellentext, andererseits die Nachvollziehbarkeit und der Erklärungswert der ausgewählten Aspekte. Achten Sie auch bei dieser Teilaufgabe auf eine distanzierte Schreibhaltung ohne Wertungen und Kommentierungen.

Die Quelle ist im **Oktober 1923**, also etwa sechs Jahre nach den Ereignissen des Revolutionsjahres 1917, entstanden. Im Text ist zu erkennen, dass auch 1923 **wesentliche Probleme**, die 1917 zum Ende der Zarenherrschaft geführt haben, **noch nicht gelöst** sind (vgl. Z. 33 ff., 61 f.), auch wenn die bisherigen Erfolge der RKP betont werden (vgl. Z. 68 ff.). Im Folgenden soll ein Überblick über die **revolutionäre Entwicklung in Russland** von der Februarrevolution 1917 bis zum Oktober 1923 gegeben werden.

Ausgangslage

weiterhin ungelöste Probleme der Zarenherrschaft

Das zaristische Russland befand sich zu Beginn des Jahres 1917 seit fast dreieinhalb Jahren im **Ersten Weltkrieg** und war nach dem **desaströsen Kriegsverlauf** militärisch, wirtschaftlich, sozial und politisch vollständig erschöpft. Das vorwiegend **agrarisch geprägte Land** (auch Molotov schreibt vom „landwirtschaftlichen Russland", Z. 62 f.) war den Anforderungen eines **modernen industriellen Kriegs** in keiner Hinsicht gewachsen. Dies führte zu einer katastro-

revolutionäre Entwicklung

Kriegsmüdigkeit und Versorgungskrise

phalen Versorgungssituation der Bevölkerung, die am 23. Februar 1917 in einer „**Hungerrevolte**" ihrer Unzufriedenheit Ausdruck verlieh. Der Streik und die Demonstrationen von ca. 128 000 Arbeiterinnen und Arbeitern in Petrograd sowie die von Zar Nikolaus II. befohlene Niederschlagung der Proteste stellten den Ausgangspunkt für die **Februarrevolution** von 1917 dar. Die meisten Soldaten schlossen sich den Aufständischen an, sodass die **Regierung des Zaren** am 27. Februar 1917 geschlossen **zurücktrat**. Einen Tag später bildete sich am 28. Februar ein provisorisches **Duma-Komitee**, das nun die Befugnisse der Regierung übernahm. Parallel dazu entstand der **Petrograder Arbeiter- und Soldatenrat** (Sowjet), der ebenfalls die Regierungsgewalt beanspruchte („**Doppelherrschaft**"). Dem **Zaren** blieb in der Folge nichts anderes übrig, als **abzudanken** (2. März 1917). Aus dem Duma-Komitee wurde die **Provisorische Regierung**, die bis zur Wahl einer konstituierenden Versammlung die Regierungsgeschäfte übernehmen sollte. Die im **Sowjet** vorherrschenden Kräfte aus Menschewiki und Sozialrevolutionären tolerierten dabei die vornehmlich aus bürgerlichen Liberalen („Kadetten") bestehende Regierung, behielten sich aber eine **Kontrollfunktion** vor.

Februarrevolution

Entstehung der „Doppelherrschaft"

Zwar gelang es der Provisorischen Regierung rasch, eine **Neuordnung der inneren Verfassung** vorzunehmen, allerdings waren damit die drängendsten **Probleme noch nicht gelöst**. So schaffte es die zögerlich agierende Regierung nicht, die Grundversorgung mit Lebensmitteln durch geeignete Maßnahmen wie eine umfassende **Agrarreform** sicherzustellen. Aber auch die unterschiedliche **Haltung zum Krieg** stellte zwischen der Provisorischen Regierung und dem Sowjet ein gravierendes Problem dar. Während die Regierung den **Krieg** im Rahmen der Bündnistreue **fortführen** wollte, versuchte der Sowjet, die **Revolution auch in der Armee** voranzutreiben, was eine weitere militärische Schwächung bedeutet hätte.

Fortbestehen der Probleme durch Zögerlichkeit der Regierung

Uneinigkeit zwischen Regierung und Sowjet

Die **Bolschewiki**, die während der Februarrevolution keine wesentliche Rolle gespielt hatten, agitierten unter Führung des im April aus dem Exil zurückgekehrten **Lenin** zunehmend radikal gegen die Provisorische Regierung („**Aprilthesen**"). Dabei erhielten sie immer mehr Zulauf in der Bevölkerung. Um die Lage zu beruhigen, wurden in die Anfang Mai gebildete **1. Koalitionsregierung** auch gemäßigte Sozialisten und Sozialrevolutionäre aufgenommen. Es **gelang** aber auch dieser Regierung **nicht**, die Versorgungssituation entscheidend zu verbessern und das **Vertrauen von Bauern und Arbeiterschaft zu gewinnen**. Wie zentral es für jede russische Regierung war, diese Bevölkerungsgruppen für sich einzunehmen, zeigt auch Molotovs Schreiben (vgl. Z. 41 ff.). Die Situation erfuhr eine neue **revolutionäre Dynamik**, als der Kriegs- und Marineminister **Kerenski** im Juni 1917 versuchte, die militärische Lage Russlands

Agitation der Bolschewiki

Bildung der 1. Koalitionsregierung

durch eine **Großoffensive** zu verbessern. Nach anfänglichen Erfolgen **scheiterte** sie vollständig und das vorwiegend aus Bauern bestehende russische Heer löste sich zusehends auf. Auch Molotov erwähnt in seinem Schreiben die Rolle der „kriegsmüde gewordenen Bauern“ (Z. 15) für die Revolution in Russland. In der Folge kam es zum **bolschewistischen Juliaufstand**, der aber scheiterte und zur Verhaftung bolschewistischer Vertreter führte. **Lenin** floh daraufhin nach Finnland, von wo aus er weiter **Pläne für einen bewaffneten Umsturz** schmiedete. Als der abgesetzte General **Kornilow** im August 1917 mithilfe konservativer Militärkreise einen **Putschversuch** gegen die unter Kerenski gebildete 2. Koalitionsregierung unternahm, konnte dieser nur mithilfe des Petrograder Sowjets **niedergeschlagen** werden.

gescheiterte „Kerenski-Offensive“

Juliaufstand von Bolschewiki

Kornilow-Putsch gegen 2. Koalitionsregierung

Stimmengewinne für die Bolschewiki bei den Wahlen im September 1917 zeigten deren zunehmende Beliebtheit in der Bevölkerung. Dadurch ermutigt, beschloss das Zentralkomitee auf **Drängen Lenins** den **Sturz der Provisorischen Regierung**. Nachdem revolutionäre Soldaten unter Führung des Bolschewiken Trotzki am 24./25. Oktober 1917 **strategisch wichtige Orte in Petrograd besetzt** hatten, wurde am 26. Oktober der **Winterpalast eingenommen**. Die anwesenden Minister der Provisorischen Regierung wurden zumindest vorläufig verhaftet. Entscheidend für das Gelingen des Staatsstreichs der Bolschewiki war der aus Protest erfolgte **Auszug der Menschewiki und Sozialrevolutionäre aus dem Gesamtrussischen Sowjetkongress**, der nun unter der **Kontrolle der Bolschewiki** stand und die Gründung eines **Rats der Volkskommissare** bestätigte. Mit zwei **Dekreten** – Enteignung des adligen Grundbesitzes und Ende der russischen Kriegsbeteiligung – versuchten die neuen Machthaber, vor allem die eher den Sozialrevolutionären zuneigenden Bauern auf ihre Seite zu bringen. Auch in Moskau und anderen Großstädten Russlands wurde der **Machtwechsel** rasch und weitgehend **ohne größeren Widerstand** vollzogen.

steigende Beliebtheit der Bolschewiki

Oktoberrevolution

Rat der Volkskommissare als neues Machtzentrum

In der Folge nahm Lenin die Etablierung einer **Parteidiktatur der Bolschewiki** in Angriff. Im November 1917 fanden die noch von der Provisorischen Regierung veranlassten **Wahlen zur Konstituante** statt, bei der die **Bolschewiki keine Mehrheit** erhielten. Beim ersten Zusammentreten der **Nationalversammlung** im Januar 1918 wurde diese **von den Bolschewiki zwangsweise aufgelöst**, nachdem die Abgeordneten sich geweigert hatten, alle Macht den mittlerweile bolschewistisch dominierten Räten zu übertragen. Die folgenden Jahre (1918 bis etwa 1921/22) waren hauptsächlich geprägt durch das Chaos des **russischen Bürgerkriegs**. Nach dem Separatfrieden Russlands mit dem Deutschen Reich versuchte ein Sammelbecken heterogener Strömungen mit unterschiedlichen politischen Ambitionen („**Weiße**“), in verschiedenen Regionen Russlands die Herrschaft

Etablierung einer „Diktatur des Proletariats“

russischer Bürgerkrieg

der Bolschewiki (der „**Roten**") zu beenden. Dabei wurden die „Weißen" teilweise von den Mächten der Entente, den USA und Japan unterstützt. Die **Auseinandersetzungen** wurden von allen Seiten **mit äußerster Brutalität** geführt. Beispielhaft kann hier die **Niederschlagung des Aufstandes von Kronstadt** (1921) durch die bereits 1918 gegründete Rote Armee genannt werden.

Ende des Bürgerkriegs

Da die „Weißen" an den verschiedenen Fronten ihre militärischen Operationen untereinander nicht koordinierten und zudem keine breite Unterstützung in der russischen Bevölkerung fanden, gelang es der zahlenmäßig überlegenen **Roten Armee** bis etwa Ende 1922, den **Krieg siegreich zu beenden**. Allein dem **Kriegskommunismus** mit seiner willkürlichen Requirierung von Nahrungsmitteln und Ernteerträgen fielen in Verbindung mit Missernten Millionen von Menschen zum Opfer. Zugleich gelang es der **verstaatlichten Industrie** nicht, den wirtschaftlichen Niedergang aufzuhalten. Vor diesem Hintergrund rief Lenin bereits 1921 die **Neue Ökonomische Politik** (NÖP) aus, die eine Mischform aus kapitalistischer Marktwirtschaft und zentralistisch durch den Staat gelenkter Wirtschaft darstellte. Sie verbesserte zwar die Versorgungssituation, hatte aber auch **gravierende negative Auswirkungen**, von denen auch in Molotovs Rundschreiben die Rede ist (vgl. Z. 61).

Kriegskommunismus und Folgen

Kurswechsel: Neue Ökonomische Politik – Erfolge und neue Probleme

Machtkämpfe bei den Bolschewiki

Organisierte Kritik ließ die Partei zu diesem Zeitpunkt aber bereits nicht mehr zu (**Fraktionsverbot**), zumal Lenin aufgrund mehrerer Schlaganfälle seit Anfang 1923 nicht mehr in der Lage war, den politischen Kurs entscheidend zu beeinflussen. Vielmehr hatte sich an der Spitze ein **Triumvirat** (Stalin, Sinowjew, Kamenew) herausgebildet, das gemeinsam **gegen Trotzki** agierte. Letzterer vertrat die Theorie von der **Weltrevolution**, die auch in Molotovs Schreiben anklingt, wenn er eine Unterstützung der „deutschen proletarischen Revolution" (Z. 11) fordert. Aus den **parteiinternen Machtkämpfen** ging nach dem Tod Lenins (Januar 1924) allerdings **Stalin** als alleiniger Machthaber hervor. Er errichtete in der Folgezeit eine **terroristische Diktatur** und forcierte eine **Zwangsindustrialisierung sowie -kollektivierung** unter der Maxime des „**Sozialismus in einem Land**".

Tod Lenins und Aufstieg Stalins

3 **TIPP** *Anforderungsbereich: II, Gewichtung in Prozent: 25*

Die dritte Teilaufgabe fordert Sie dazu auf, Zusammenhänge zwischen Molotovs Ausführungen (M) und der Revolutionstheorie des Historischen Materialismus herzustellen. Da die Inhalte von M bereits in den ersten beiden Teilaufgaben herausgearbeitet wurden, müssen diese hier nicht mehr ausführlich behandelt werden. Vielmehr sollen Annahmen, die Molotovs Schreiben zugrunde liegen, zu einer Ihnen aus dem Unterricht bekannten Revolutionstheorie in Beziehung gesetzt werden. M sollte also Ausgangspunkt Ihrer Ausführungen sein, da der Text Aspekte liefert, die mithilfe der im Kernmodul erworbenen Hintergrundkenntnisse vertiefend erläutert werden können. Auch bei dieser Teilaufgabe müssen Sie auf fachsprachliche Angemessenheit achten und sich distanziert sowie wertfrei ausdrücken.

Zusammenhang zwischen Ideologie und Pragmatismus

Das **Rundschreiben** von Molotov stellt kein theoretisch fundiertes Dokument dar, sondern einen **praktisch orientierten politischen Weisungstext**. Gleichwohl liegen seinen Äußerungen **theoretische Annahmen** zugrunde, die der **marxistisch-leninistischen Revolutionsauffassung** entstammen. Diese sollen im Folgenden herausgearbeitet werden.

Darlegung des Historischen Materialismus auf Basis des Marxismus-Leninismus:

gesetzmäßige Entwicklung von Gesellschaften

Die Aussagen Molotovs basieren in zentralen Punkten auf den Theorien, die von **Karl Marx und Friedrich Engels** im 19. Jahrhundert zur Erklärung und Beschreibung gesellschaftlicher Prozesse begründet und **von Lenin später modifiziert** wurden. Demnach verläuft die **Entwicklung der Gesellschaft gesetzmäßig** (auch Molotov spricht davon, dass die Revolution in Deutschland „unabwendbar [sei], Z. 7), abhängig von den jeweiligen **Produktionsverhältnissen** und dem **Stand der Produktivkräfte**. Der zwischen diesen existierende Widerspruch führt laut der Theorie des Historischen Materialismus letztlich zum **Klassenkampf** zwischen herrschender und beherrschter Klasse sowie zur **revolutionären Umgestaltung** der Gesellschaft.

Klassenantagonismus und Klassenkampf

revolutionäre Übergänge

In diesem Sinne stellen die Produktionsverhältnisse wie etwa in der **antiken Sklavenhaltergesellschaft** oder der **mittelalterlichen Feudalgesellschaft** zunächst jeweils eine fortschrittliche Entwicklung dar, die aber dann aufgrund der **entstehenden Klassengegensätze** (**Antagonismen**) abgelöst worden sind. Die von der Bourgeoisie getragene **kapitalistische Produktionsweise** im letzten Stadium der Klassengesellschaft führt nach Marx und Engels zu ständigen **Überproduktionskrisen** und zur **Verelendung der Massen**. Darauf nimmt Molotov in seinem Schreiben Bezug, wenn er davon spricht, dass die zukünftigen Träger der Revolution in Deutschland „durch die Entwicklung des Kapitalismus an den Rand des ökonomischen Abgrunds gedräng[t]“ (Z. 16 f.) worden seien. Das **Proletariat**, das sich dadurch auszeichnet, dass es lediglich seine Arbeitskraft verkaufen kann, aber keine Produktionsmittel besitzt, wird des von ihm produzierten Mehrwertes beraubt. Dieser Gegensatz mündet letztlich in eine **soziale Revolution**, deren Ergebnis die klassenlose sozialistische bzw. **kommunistische Gesellschaft** ist. Denn mit der ökonomischen Basis verändert sich nach der Theorie des Marxismus auch der „**Überbau**“, der in letzter Instanz immer **durch die materielle Grundlage bestimmt** wird.

Ablösung des Kapitalismus durch klassenlose kommunistische Gesellschaft

Diese theoretischen Überlegungen implizieren, dass die am weitesten **fortgeschrittenen industriellen Gesellschaften** wie z. B. England, Frankreich oder Deutschland den **Kapitalismus als erste überwinden** würden. Dazu stand allerdings die **Revolution in Russland im Widerspruch**, da das zaristische Russland ein Agrarstaat war und kaum eine entwickelte Arbeiterklasse und nennenswerte Bourgeoisie besaß. Aus diesem Grund schreibt Molotov auch von der „Rolle, die in der Russischen Revolution die kriegsmüde gewordenen Bauern gespielt haben" (Z. 14 f.). Die **theoretische Legitimation für die Revolution** in Russland lieferte Lenin im Rahmen seiner **Imperialismustheorie**. Demnach stellt der **Imperialismus** die **letzte Stufe** des absterbenden Kapitalismus **vor dem Übergang zur kommunistischen Weltrevolution** dar. Molotov schreibt deshalb vom „Krieg, den uns die ausländischen Imperialisten aufzwingen" (Z. 29 f.) und gegen den sich die Sowjetunion und das nachrevolutionäre Deutschland gemeinsam verteidigen müssten, um auf diese Weise die Weltrevolution herbeizuführen (vgl. Z. 63 ff.). Lenin ging dabei von der **Möglichkeit unterschiedlicher Geschwindigkeiten** der imperialistischen Länder und **sprunghafter Entwicklungen** aus, sodass in Russland – dem schwächsten Glied in der imperialistischen Kette – auch nach einer verkürzten bürgerlichen Phase die Revolution stattfinden könne. Dabei war Lenin der Meinung, dass eine solche Revolution nicht aus der Masse des Proletariats heraus von „unten" durchgeführt werden könne. Vielmehr müsse die **Revolution durch** eine Partei von **Berufsrevolutionären (Kaderpartei) initiiert** und gelenkt werden. Dies würde zunächst in eine Phase der „**Diktatur des Proletariats**" münden, in der die kommunistische Partei die einzig legitime Vertretung der Arbeiterklasse darstelle. Dieser Überzeugung ist auch Molotov, wenn er zu „Einheit und strengste[r] Disziplin" (Z. 68) aufruft. Die Aufgabe der Berufsrevolutionäre ist es laut Lenin zudem, durch entsprechende **Agitation und Propaganda** das Heranreifen einer „**revolutionären Situation**" zu fördern. Dies wird auch bei Molotov deutlich, wenn er davon spricht, dass die KPD „die Mehrheit aktiver Schichten des Proletariats gewonnen" (Z. 8 f.) hat.

Widerspruch der Ereignisse in Russland zum Historischen Materialismus

Lenins Imperialismustheorie

Vorstellung von unterschiedlichen Entwicklungsgeschwindigkeiten

Initiierung und Steuerung der Revolution durch Kaderpartei

Dass die **Auffassungen Molotovs** durchaus von der Theorie abweichen und auch eine **pragmatisch-politische Dimension** haben, zeigt sich z. B. in seinen Äußerungen zur Agitations- und Propagandaarbeit. Hier betont er entgegen dem eigentlich internationalistischen Charakter der kommunistischen Ideologie das **nationale Eigeninteresse** der russischen Bauern und Arbeiter, die von einer Union mit einem revolutionären Deutschland erheblich profitieren würden (vgl. Z. 45 f., 56 ff.). Auch die **Verteidigung des „Eigentum[s] an Grund und Boden"** (Z. 50 f.) für die Landbevölkerung entspricht zwar den Gegebenheiten der NÖP im Jahre 1923, nicht aber der

Vergleich von Molotovs Ausführungen mit Theorie

kommunistischen Ideologie. Diese beinhaltet eine vollständige Vergesellschaftung der Produktionsmittel, die unter Stalin mit der Beendigung der NÖP ab 1928 dann auch durchgeführt wurde.

4 **TIPP** *Anforderungsbereich: III, Gewichtung in Prozent: 20*

Die vierte Teilaufgabe verlangt eine Beurteilung der Perspektive Molotovs bzw. der KPdSU auf die Situation Deutschlands im Jahr 1923. Dabei müssen Sie nicht nur die Ausgangslage 1923 berücksichtigen, sondern auch die weitere politische und wirtschaftliche Entwicklung der Weimarer Republik in den Blick nehmen. Es ist hier also sinnvoll, Molotovs Aussagen mit den politischen und ökonomischen Gegebenheiten im Jahr 1923 und in der Folgezeit abzugleichen, die Entwicklungsbedingungen der Weimarer Republik argumentativ einzubeziehen und abschließend zu einer Bewertung von M zu gelangen.

Hinführung zur Erörterung

Grundthese: bevorstehende Revolution in Deutschland

Molotov geht in seinem Zirkular von der **Grundthese einer unmittelbar bevorstehenden kommunistischen Revolution** unter Führung der KPD in Deutschland aus (vgl. Z. 6 ff.). Als Begründung gibt er neben dem erwarteten Niedergang des Kapitalismus die **Krisensituation in Deutschland** und damit verbunden den **ökonomischen Abstieg** vor allem des Kleinbürgertums an. Aus dieser Prognose schlussfolgert er, dass die künftige Räterepublik Deutschland in **Verbindung mit der Sowjetunion** den nahenden **Aggressionskrieg der kapitalistischen Länder** abwehren und zudem die rasche Entwicklung der russischen Industrie und Landwirtschaft zu beiderseitigem Vorteil gewährleisten könne (vgl. Z. 19 ff., 60 ff.). Dies wäre dann auch der Ausgangspunkt für eine erfolgreiche **Weltrevolution**.

Krisensituation in Deutschland

Sicher richtig an dieser Einschätzung ist, dass sich Deutschland im Jahr 1923 in einer **existenziellen Krisensituation** befand, die den Fortbestand der Weimarer Demokratie ernsthaft infrage stellte. Bereits zu Beginn des Jahres kam es aufgrund von Defiziten bei den Reparationsleistungen zur **Besetzung des Ruhrgebiets** durch französische und belgische Truppen. Der „**passive Widerstand**“, mit dem die Reichsregierung auf die Besetzung reagierte, heizte die ohnehin problematische finanzpolitische Lage weiter an, weil die Kosten der Streiks vor allem durch die Notenpresse gedeckt wurden. Dies führte im Sommer 1923 zu einer **Hyperinflation** und einer **Versorgungskrise**. Die Leidtragenden waren besonders die Arbeiterschaft und der Mittelstand. Weitgehend beigelegt wurde die Krise im September 1923 durch den **Abbruch des Ruhrkampfs** und eine **Währungsreform**. Infolge der Ruhrbesetzung erhielt der rheinische **Separatismus** Auftrieb, dessen Gruppierungen von Frankreich unterstützt wurden und eine Loslösung vom Reich forderten. Die geplante Gründung einer „**Rheinischen Republik**“ scheiterte zwar

Ruhrbesetzung

Inflation

Separatismus

am Widerstand der Bevölkerung, jedoch blieb der Separatismus bis zur Verbesserung der Wirtschaftslage eine Bedrohung für die Weimarer Republik.

gescheiterte Putschversuche von links und rechts

Umsturzpläne der KPD in Sachsen und Thüringen

Die bereits im Sommer 1923 vom Politbüro der KPdSU als „revolutionäre Situation" eingeschätzte Lage in Deutschland sollte analog zur Oktoberrevolution mit **sowjetischer Hilfe** zum Erfolg geführt werden. Die für den 9. November 1923 von der KPD **geplanten Aktionen** wurden durch die Aufstellung sogenannter **proletarischer Hundertschaften** und den **Eintritt von KPD-Parteimitgliedern in die SPD-Landesregierungen** in Sachsen und Thüringen vorbereitet. Als die Länder sich weigerten, die kommunistischen Minister zu entlassen sowie die bewaffneten Einheiten zu verbieten, verhängte Reichspräsident Ebert Ende Oktober bzw. Anfang November 1923 die **Reichsexekution gegen Sachsen und Thüringen**. Reichswehrtruppen, die bei Putschversuchen von rechts (z. B. Kapp-Lüttwitz-Putsch 1920) nicht zum Eingreifen bereit gewesen waren, lösten die „proletarischen Hundertschaften" gewaltsam auf. Die kommunistischen Minister wurden ihres Amts enthoben oder traten zurück. Bereits wenige Tage vorher hatte die KPD ohnedies die geplanten **Revolutionsabsichten aufgegeben**, da auf einer Konferenz von Arbeiterdelegierten die **Mehrheit gegen einen Umsturz** gestimmt hatte. Lediglich in **Hamburg** kam es zu **kommunistischen Gewaltaktionen**, die die Polizei aber innerhalb kurzer Zeit beendete. Das Signal zur **Revolution wurde nicht** – wie in Molotovs Schreiben erhofft – **von der breiten Masse der Arbeiterschaft unterstützt**.

Niederschlagung kommunistischer Aktionen in Hamburg

Hitler-Putsch

Ebenso scheiterte am 9. November 1923 ein **Putsch der rechtsradikalen NSDAP** unter der Führung Adolf Hitlers in München, der von der bayerischen Polizei **niedergeschlagen** wurde.

relative Stabilisierung

„Goldene Zwanziger"

Dawes-Plan

außenpolitische Erfolge

Mit der Beilegung dieser Krisen war der Höhepunkt der Bedrohung der Weimarer Demokratie Ende des Jahres 1923 überschritten. Die Folgejahre waren bis 1929 geprägt von einer **relativen Stabilisierung** („**Goldene Zwanziger**"). Bereits 1924 erfolgte eine **Neuregelung der Reparationsfrage** durch den **Dawes-Plan**, der zugleich auch eine wirtschaftliche Konsolidierung mithilfe amerikanischer Kredite bewirkte. Außenpolitisch gelang es mit dem **Vertrag von Locarno** 1925 und dem Eintritt in den **Völkerbund** 1926, eine Entspannung im Verhältnis zu Frankreich sowie eine **Rückkehr Deutschlands in den Kreis der Großmächte** herbeizuführen. Die Forderung einer „**Revision von Weimar**" und einer Beseitigung des „Weimarer Systems" blieb bei der **nationalistischen Rechten** aber weiterhin virulent.

Überschätzung des Einflusses der KPD

Im Ergebnis ist zu konstatieren, dass die Hoffnung der KPdSU und Molotovs in Bezug auf die **Möglichkeit einer deutschen „Oktoberrevolution" eine Fehleinschätzung** war. Der Einfluss der KPD auf die Arbeiterschaft war nicht so groß, wie Molotov es behauptet.

Die **Parteienlandschaft** war analog zu den sozialen Milieus **extrem zersplittert** und die **KPD** lag mit ihren Stimmanteilen deutlich **hinter der staatstragenden SPD** zurück. Das Kleinbürgertum neigte ohnedies eher den konservativen und rechtsnationalen Parteien zu. Anders als in Russland wurde die **Niederlage im Krieg** von großen Teilen der Bevölkerung **nicht den „alten Eliten" angelastet**, sondern im Rahmen der von Hindenburg lancierten **Dolchstoßlegende** gerade der Linken. Die **Reichswehr** bildete sich zunehmend als **„Staat im Staat"** heraus und war zwar bereit, **gegen kommunistische Putschversuche** vorzugehen, nicht aber gegen rechte. Eine Verbrüderung der Soldaten mit revolutionären Arbeitern, wie sie in Petrograd stattgefunden hatte, war unter diesen Umständen illusorisch. Wie schon beim Aufstand der Arbeiterschaft im Ruhrgebiet gegen den nationalistischen Kapp-Lüttwitz-Putsch 1920 konnte die **KPD 1923 keinen entscheidenden Einfluss auf die Werktätigen** gewinnen. Darüber hinaus war die **Handlungsfähigkeit Deutschlands** aufgrund der im Versailler Vertrag festgeschriebenen Verpflichtungen **begrenzt**. Bereits 1922 hatten die westlichen Mächte, vor allem Frankreich, den **Vertrag von Rapallo** hinsichtlich seiner Motive und Zielsetzungen beargwöhnt. Die **Besetzung des Ruhrgebiets** Anfang 1923 ist auch vor diesem Hintergrund zu sehen. Es war kaum zu erwarten, dass man einer kommunistischen Revolution und einer Union mit der Sowjetunion tatenlos zugesehen hätte, zumal dann auch die **Existenz Polens bedroht gewesen wäre**. Hiervon geht auch Molotov aus, wenn er die Kriegsgefahr betont (vgl. Z. 29 f.). Ein solcher Konflikt hätte aber – wie schon der russische Bürgerkrieg – zu einer **enormen wirtschaftlichen und politischen Destabilisierung** geführt und den erhofften deutschen Beitrag zur industriellen Entwicklung in der Sowjetunion unmöglich gemacht.

geringere Stimmanteile bei Wahlen

Diffamierung durch die Dolchstoßlegende

begrenzte Handlungsfähigkeit Deutschlands durch Versailler Vertrag und Misstrauen der anderen Mächte

Unwahrscheinlichkeit des von Molotov skizzierten Szenarios

Gezeigt hatte sich im Jahr 1923 auch, dass der **„Deutsche Oktober"** nicht nur am Dilettantismus der Akteure **scheiterte**. Vielmehr lag dessen Erfolglosigkeit vor allem daran, dass die **Mehrheit der Bevölkerung** zu diesem Zeitpunkt die **„Diktatur des Proletariats" ablehnte** und die parlamentarische Demokratie sich als handlungsfähig erwies. Die theoretische Annahme einer gesetzmäßigen revolutionären Entwicklung unter der Führung einer Kaderpartei traf auf Deutschland 1923 trotz der erheblichen Krisenbelastung nicht zu. Das **Ende der Weimarer Republik** im Zusammenhang mit der Weltwirtschaftskrise ab 1929 brachte dann auch nicht die KPD an die Macht, sondern die rechtsradikale **NSDAP**. Das Kernproblem der durch **Molotov** und die KPdSU vertretenen Sichtweise ist offensichtlich: Sie **negiert** aufgrund ihrer ideologisch begrenzten Engführung die grundsätzliche **Offenheit historischer Prozesse**.

Fazit

ideologische Überschätzung der revolutionären Dynamik

Wechselwirkungen und Anpassungsprozesse in der Geschichte
(Rahmenthema 2)
China und die imperialistischen Mächte
(Verbindliches Wahlmodul)

Der Erste Opiumkrieg und seine Bedeutung für China

Aufgabenstellung

1 Fassen Sie die Kernaussagen von M – nach einer kurzen Vorstellung des Textes – zusammen.

2 Vergleichen Sie vom Text ausgehend wesentliche Aspekte der inneren Entwicklung Chinas nach dem Ersten Opiumkrieg mit derjenigen Japans nach 1853.

3 Überprüfen Sie, ob und inwieweit die in M, Z. 26–34 vorgenommene Bewertung auf die Folgen der Niederlage im Ersten Weltkrieg für Deutschland übertragbar ist.

M Der Historiker Jürgen Osterhammel über die Folgen des Ersten Opiumkrieges (1989)

Der Opiumkrieg von 1840–42 ist lange Zeit als das wichtigste Ereignis in der Geschichte Chinas im 19. Jahrhundert gesehen worden, als epochaler Neubeginn, Ende einer uralten Selbstabkapselung, Anfang langandauernder Prozesse von Revolution und Modernisierung, entscheidender Schritt hin zum Ende des monarchischen Systems: als der eigentliche Eintritt Chinas in die Weltgeschichte des modernen Zeitalters. Westliche Imperialisten und chinesische Nationalisten sind sich in dieser Bewertung einig gewesen. Für die einen beginnt die Geschichte der außereuropäischen Gesellschaften, der „Völker ohne Geschichte“, ohnehin erst in jenem Augenblick, als sie der Zauberstab des Westens berührt. Für die anderen lösen sich an der Nahtstelle der militärischen Kapitulation des feudalen China vor dem kapitalistischen England zwei Gesellschaftsformationen ab. „Unter dem Druck der ausländischen kapitalistisch-imperialistischen Aggression,“ so heißt es in orthodoxer Sprache bei einem maßgebenden chinesischen Historiker, „wandelte sich die (feudale, J. O.) Gesellschaft Chinas zu einer halbkolonialen-halbfeudalen Gesellschaft.“

Solche Urteile bedürfen der Relativierung. Der Opiumkrieg war keine territoriale Invasion Chinas durch eine fremde Macht. Er ist deshalb mit den kolonialen Eroberungskriegen von der Art der britischen Eroberung Indiens zwischen 1757 und 1853 oder dem japanischen Feldzug in China zwischen 1937 und 1945 nicht zu vergleichen. Er war eine ins Kriegerische verlängerte größere Kanonenbootaktion, eine punktuelle

Anwendung von Flottengewalt mit dem Ziel, den angegriffenen Staat zum Abschluß von Verträgen zu zwingen, die er freiwillig nicht eingegangen wäre. Die unmittelbar offenkundigen Auswirkungen des Opiumkrieges waren wenig spektakulär; außer der Abtretung der kleinen Insel Hongkong hatte er keine Gebietsverluste für China zur Folge. Was sich änderte, war der institutionelle Rahmen, innerhalb dessen eine souverän bleibende chinesische Regierung ihre auswärtigen Beziehungen fortan gestaltete. Der Opiumkrieg führte nicht zum Zusammenbruch des politischen Systems in China, nicht einmal zu einer ernsten Krise an der Staatsspitze. Direkte Auswirkungen dramatischer Größenordnung auf Wirtschaft und Gesellschaft im Reich der Mitte hatte er nicht. Auch die kulturelle Schockwirkung blieb begrenzt. Das Ausmaß der Gefahr, in welche das Qing-Imperium durch die hereindrängenden Mächte des Westens zu geraten im Begriffe stand[,] und die Dringlichkeit einer gründlichen Analyse der eigenen Lage vor dem Hintergrund der internationalen Situation wurden vorerst nur wenigen unter den kulturell tonangebenden und politisch einflußreichen Beamten-Gelehrten bewußt.

Wandlungsprozesse auf allen Gebieten kamen nach dem Opiumkrieg in Gang, aber relativ langsam, vergleicht man sie etwa mit der viel rascheren und entschiedeneren Reaktion, die in Japan auf das Auftauchen der Schwarzen Schiffe des Commodore Matthew Perry 1853 in der Bucht von Edo folgte. Erst Chinas Niederlage im Krieg gegen Japan 1895 wurde von den Zeitgenossen weithin als nationale Katastrophe und Fanal für Veränderungen empfunden. Erst sie löste eine spürbare Beschleunigung des politischen und sozialen Wandels aus. Wenn 1895 das wichtigste Datum in der chinesischen Geschichte des 19. Jahrhunderts ist, so folgt 1842 immerhin an zweiter Stelle. Der Opiumkrieg leitete eine fünf Jahrzehnte währende Periode des Übergangs ein, die gekennzeichnet war durch eine allmähliche Öffnung des Landes für die Kräfte des Weltmarktes, durch ein langsames und geographisch begrenztes Vordringen der europäischen Mächte auf dem ostasiatischen Festland, durch Ansätze zu kapitalistischer Entwicklung an der maritimen Peripherie des Reiches, durch die schleichende Infiltration westlicher Ideen in kleine Kreise von Gebildeten und durch zaghafte, meist erfolglose Reformversuche eines ancien régime[1], das nach seinem Sieg über eine Kette großer Aufstandsbewegungen, welche die Dynastie zwischen 1850 und 1878 in beispielloser Weise bedrohten, das Schlimmste überstanden zu haben glaubte. Nicht vor den 1890er Jahren wurde die Aggression durch die fremden Mächte zu einem erstrangigen, vielleicht zu dem ausschlaggebenden Faktor in der Geschichte Chinas.

Der Opiumkrieg war also, betrachtet man seine tatsächlichen Auswirkungen, eine wichtige historische Wegmarke, aber kein Einschnitt von weltgeschichtlicher Tragweite.

Fundort: Jürgen Osterhammel: China und die Weltgesellschaft, vom 18. Jahrhundert bis in unsere Zeit, C.H. Beck'sche Verlagsbuchhandlung: München 1989, S. 125 f.

Anmerkung

1 ancien régime: französisch für „altes Regime, alte Ordnung, frühere Regierung"; bekannteste Verwendung des Begriffs für das absolutistische Frankreich vor der Französischen Revolution 1789.

TIPP **Erläuterungen und Bearbeitungshinweise**

Der Vorschlag bezieht sich auf das Rahmenthema 2 „Wechselwirkungen und Anpassungsprozesse in der Geschichte“ mit dem verbindlichen Wahlmodul 9 „China und die imperialistischen Mächte“. Er enthält die Dimensionen der Politik-, Wirtschafts- sowie Kultur- und Ideengeschichte. Die Perspektiven sind global und national, die strukturierenden Aspekte sind Kontinuität und Wandel, Gewalt und Gewaltfreiheit sowie Freiheit und Herrschaft. Der Übergriff erfolgt in der 3. Teilaufgabe auf das Rahmenthema 3 „Wurzeln unserer Identität“ mit Wahlmodul 6 „Zwischen Krise und Modernisierung – Die Gesellschaft der Weimarer Republik“.

Lösungsvorschlag

1 **TIPP** *Anforderungsbereich: I, Gewichtung in Prozent: 30*

Laut Aufgabenstellung müssen Sie zuerst M kurz vorstellen. Gehen Sie auf wichtige äußere Merkmale, den Charakter und das Thema des Textes ein. Der Operator „zusammenfassen“ verlangt anschließend die Reduktion von M auf wesentliche Aspekte. Der Gedankengang soll strukturiert, sprachlich distanziert und ohne Kommentare wiedergegeben werden. Da der Text einen recht klaren Aufbau aufweist (These – Gegenthese – Argumentation – Fazit), bietet es sich an, diese Struktur für die Lösung zu übernehmen. Verwenden Sie den Konjunktiv, gerade da M Urteile enthält, die Sie nicht als Ihre Leistung ausgeben dürfen.

Vorstellung von M

Verfasser, Ort / Datum der Veröffentlichung, Adressat, Charakter, Thema

Der vorliegende Ausschnitt M stammt von dem Historiker **Jürgen Osterhammel**, wurde 1989 von der Beck'schen Verlagsbuchhandlung in München veröffentlicht und richtet sich an ein **historisch interessiertes Publikum**. Der Text ist sachorientiert unter Verwendung von **Fachbegriffen** gestaltet und enthält Argumente, die zu einem abschließenden Urteil führen. Er ist Teil einer **wissenschaftlichen Darstellung** zur chinesischen Geschichte und beschäftigt sich mit der Frage, welche Bedeutung der **Erste Opiumkrieg** (1840–1842) für die Entwicklung des Kaiserreiches China hatte.

Inhalte von M

bisherige Deutungen des Opiumkrieges

Osterhammel verweist auf bisherige **Deutungen**, die dem Opiumkrieg eine fundamentale **außen- und innenpolitische Bedeutung** als „wichtigste[s] Ereignis“ (Z. 1) im China des 19. Jahrhunderts zuschreiben. Demnach habe das Kaiserreich in der Folge **signifikante Veränderungen** erlebt und sei in die **Moderne** geführt worden. Aus westlich-imperialistischer Sicht sei die Geschichte Chinas erst seit dieser Zeit **greifbar** gewesen. Die chinesisch-nationalistische Perspektive betone dagegen den **sozialen Wandlungsprozess** von einer feudalen zur „halbkolonialen-halbfeudalen Gesellschaft“ (Z. 14).

Diese Sichtweisen sind laut Osterhammel **einzuschränken** bzw. **differenzierter** zu betrachten. Er sieht in dem Vorgehen Großbritanniens keine koloniale Invasion, sondern nur eine **begrenzte militärische Operation**, die China gegen seinen Willen zu vertraglichen Regelungen zwingen sollte. Von den Folgen für die künftige Gestaltung der Außenpolitik Chinas abgesehen seien die **direkten Auswirkungen weniger bedeutsam** gewesen: China habe nur geringe territoriale Verluste erlitten und seine Souveränität und sein politisches Herrschaftssystem behalten. Zudem sei es weder in Wirtschaft und Gesellschaft noch im kulturellen Bewusstsein zum Umbruch gekommen. Nur wenige Beamte hätten die Problematik und die Gefahren des Vordringens westlicher Länder erkannt und analysiert.

Relativierung: geringe direkte Auswirkungen, Kontinuität des Bestehenden

Zwar räumt Osterhammel ein, dass die militärische Aktion Großbritanniens gewisse Veränderungen in China angestoßen habe, die sich aber im Vergleich zu den **Entwicklungen in Japan** nach der Bedrohung durch das US-amerikanische Geschwader des Commodore Perry deutlich langsamer und **weniger radikal** vollzogen hätten. Bis in die 1890er-Jahre habe China die schrittweise **Öffnung des chinesischen Marktes**, das begrenzte **Vordringen europäischer Mächte**, Ansätze **kapitalistischer Wirtschaft** in den Küstengebieten und die zaghafte **Aufnahme westlicher Ideen** durch Gelehrte erlebt. Zwar habe es **Reformversuche** gegeben, allerdings nur in **beschränktem Umfang**, zumal die Regierung überzeugt gewesen sei, nach der Niederschlagung der vielen Aufstände Stabilität herbeigeführt zu haben.

Vergleich China – Japan

Als **entscheidenden Katalysator** für die weitere Entwicklung Chinas sieht Osterhammel die **Niederlage gegen Japan** 1895, da diese eine **erhebliche Dynamisierung des politisch-sozialen Wandels** hervorgerufen habe. Erst in der Folge habe die Bedrohung durch ausländische Mächte eine zentrale Rolle gespielt. Daher, so Osterhammel, sei der Opiumkrieg zwar eine „**historische Wegmarke**" (Z. 55) gewesen, habe aber **keine weltgeschichtliche Bedeutung** gehabt.

entscheidendes Ereignis: chinesisch-japanischer Krieg

2 **TIPP** *Anforderungsbereich: II, Gewichtung in Prozent: 40*

Hier geht es um den Vergleich zwischen China und Japan, bei dem Sie „Gemeinsamkeiten, Ähnlichkeiten und Unterschiede […] kriterienorientiert" darlegen müssen; dementsprechend ist die folgende Lösung gegliedert. In Osterhammels Ausführungen zu China sind schon Aspekte zu finden, die Sie untersuchen können, z. B. politisches System, Wirtschaft und Gesellschaft. Die Aufgabe enthält eine zeitliche Einschränkung: Ausgangspunkt soll jeweils die Bedrohung durch westliche Mächte sein. Damit die unterschiedliche Entwicklung verständlich wird, sollten Sie aber auch die Ausgangslage in den Blick nehmen. Beschränken Sie sich insgesamt auf wesentliche Punkte und führen Sie passende Beispiele an.

Osterhammel vergleicht die **Reaktion Chinas** auf die Niederlage im Opiumkrieg mit der **Entwicklung Japans** nach der Bedrohung durch das Geschwader Commodore Perrys 1853 und kommt zu dem Ergebnis, dass letztere durch deutlich **schnellere und radikalere Veränderungen** geprägt gewesen sei (vgl. Z. 35–38). In China habe dagegen eine jahrzehntelange **Übergangsphase** eingesetzt, in der nur ansatzweise und letztlich erfolglos Reformversuche durchgeführt worden seien. Erst die als Katastrophe empfundene Niederlage gegen das erstarkte Japan habe erkennen lassen, dass ein **politisch-gesellschaftlicher Wandel dringend nötig** sei (vgl. Z. 35–41).

Einführung: Vergleich China und Japan in M

Betrachtet man die Ereignisse, die Osterhammel als Ausgangspunkt für die unterschiedliche Entwicklung in Japan und China ansetzt, so lassen sich **Gemeinsamkeiten** feststellen. Beide Staaten erlebten eine **Zwangsöffnung** durch imperialistische Mächte, die in den folgenden Jahrzehnten fortgesetzt wurde. Während der britische Sieg über China im **Ersten Opiumkrieg** 1842 den **Friedensvertrag von Nanking** und weitere **„ungleiche Verträge" mit europäischen Mächten** nach sich zog, war Japan nach Perrys Aktion gezwungen, 1854 den **Vertrag von Kanagawa** mit ähnlichen Bedingungen abzuschließen, der ebenfalls eine Kette „ungleicher Verträge" (u. a. mit Preußen, Großbritannien, Frankreich) zur Folge hatte. Beide Staaten mussten ausländischen Schiffen den Zugang zu ihren Häfen gestatten und akzeptieren, dass Europäer nicht chinesischer Hoheitsgewalt unterlagen (**Exterritorialität**). Auch mussten Handelsvorteile, die anderen Ländern gewährt wurden, rückwirkend auf frühere Verträge übertragen werden (**Meistbegünstigungsklausel**).

Vergleich

Gemeinsamkeit: Zwangsöffnung durch die imperialistischen Mächte

Zuvor war die gesellschaftliche, politische und wirtschaftliche Lage in China und Japan in mancher Hinsicht ähnlich, zum Teil aber auch sehr verschieden. In beiden Ländern war die **feudale Gesellschaft hierarchisch** gegliedert und **konfuzianisch** geprägt, wenn auch in unterschiedlicher Ausgestaltung. Die politische Macht war aber anders verteilt. Während im multiethnischen Großreich China seit über 2 000 Jahren ein nahezu allmächtiger **Kaiser** (seit 1644: Qing-Dynastie) **selbst herrschte**, übten im deutlich kleineren Japan seit dem 17. Jahrhundert **Shogune** (Herzöge) mit regionalen Fürsten (Daimyos) die Macht aus. Der **japanische Kaiser** war nur kultisch religiöses Oberhaupt. Mitte des 19. Jahrhunderts hatte Japan schon eine rund 200-jährige **innere und äußere Friedenszeit** hinter sich: Zwar hatte es auch mit regionalen Aufständen und Umweltkatastrophen zu kämpfen, allerdings weniger als China, das zudem an der Peripherie wiederholt feindlichen Angriffen ausgesetzt war.

Ähnlichkeiten und Unterschiede: Situation in China und Japan vor der Zwangsöffnung

Auch im Bereich der Wirtschaft zeigen sich Ähnlichkeiten und Unterschiede. Japan **schottete sich** weitgehend **von der Außenwelt** (vor allem vom Westen) **ab** und erlaubte nur Holland den Handel über eine künstliche Insel vor Nagasaki. Trotzdem rezipierte man

Informationen über westliche Technik und Wissenschaft. Um 1850 besaß Japan eine relativ weit entwickelte **frühindustrielle Wirtschaft**, die von den Daimyos in ihren Herrschaftsgebieten vorangetrieben wurde, und einen **überregionalen Handel** mit Zentren wie Osaka. In China war der Außenhandel zwar auch begrenzt (z. B. Beschränkung auf gewisse Häfen), jedoch waren chinesische Produkte (z. B. Porzellan, Tee) in Europa sehr gefragt. China erlebte unter den Qing zunächst eine **(agrar-)wirtschaftliche und kulturelle Blüte**, bekam jedoch um 1800 **wirtschaftliche Probleme**, u. a. wegen des enormen Bevölkerungswachstums, das die Landwirtschaft nicht mehr auffangen konnte. Verstärkt wurde die Krise durch den von England forcierten **illegalen Opiumhandel**, der dem Land viel Silber entzog und sich negativ auf Wirtschaft und Finanzen auswirkte.

Unterschied: Reaktion auf die Zwangsöffnung

– Japan: umfassende Reformen in Politik, Wirtschaft und Militär …

Die größten Unterschiede zeigen sich, wenn man die **Reaktion beider Staaten auf die Zwangsöffnung** durch imperialistische Mächte betrachtet. In Japan verlor das Shogunat nach 1853 an Reputation, da es nicht in der Lage schien, der Bedrohung durch die „Fremden" wirkungsvoll zu begegnen. 1868 wurde es nach inneren Auseinandersetzungen **zerschlagen**. Stattdessen wurde eine Regierung rund um **Kaiser Mutsuhito** (**Meiji** = „Erleuchtete Regierung") gebildet. Die Institution des Kaisers (**Tenno**) wurde im Rahmen einer konstitutionellen Monarchie zur symbolischen, kultisch verehrten Grundlage der verbindenden **nationalen Kokutai-Ideologie**. Vorrangiges Ziel war es, **Japan** umfassend zu **modernisieren** und zu stärken, um die „**ungleichen Verträge**" **revidieren** und selbst die Vormachtstellung im asiatischen Raum erreichen zu können. Es wurden **durchgreifende Reformen** auf den Weg gebracht: Es entstand ein starker Zentralstaat mit einer Verfassung, während die feudale Ständegesellschaft ein Ende fand. Neu eingeführt wurde die Wehr- und Schulpflicht. Auch trieb die Regierung die **Industrialisierung** voran, u. a. durch eine Währungs- und Grundsteuerreform, den Ausbau der **Infrastruktur** (z. B. Telegrafen, Eisenbahn) und staatliche Industrieprojekte, die später privatisiert wurden. Dabei orientierte man sich an **westlichen Vorbildern**, sandte Studenten an ausländische Universitäten und lud westliche Fachkräfte und Wissenschaftler ein. Die Verfassung und Armee wurden nach preußischem Vorbild strukturiert, die Flotte nach englischem, das Zivilrecht nach französischem.

– … mit außenpolitischem Erfolg

Die weitreichenden Reformen **modernisierten** Japan **politisch, militärisch und wirtschaftlich**. So erreichte man das Ziel, die Bestimmungen der „ungleichen Verträge" (z. B. Exterritorialität) aufzuheben und seine Autonomie wiederzuerlangen. Zudem schuf man die Grundlage für den **Aufstieg Japans zur Großmacht** im asiatischen Raum durch die Siege gegen China 1894/95 und Russland 1904/05.

In China wurden in den 1860er-/1870er-Jahren im Zuge der „**Selbststärkungsbewegung**" Reformen angestoßen, aber nicht annähernd so durchgreifend wie in Japan und ohne Erfolg. Die Regierung versuchte, **Modernisierungen nach westlichem Vorbild** in Wissenschaft, Technik und Militär (z. B. Bau von Werften, Rüstungsanlagen, Eisenbahnen und Dampfschiffen) durchzuführen, was aber u. a. an fehlendem Kapital scheiterte. Zudem wurden das politische System und der Absolutheitsanspruch des Kaisers nicht infrage gestellt. Viel weitreichender angelegt war die „**Reform der hundert Tage**" 1898 nach der **schmerzhaften Niederlage gegen Japan** 1894/95 (vgl. Z. 38–40). Neben der wirtschaftlichen Weiterentwicklung und Reorganisation der Verwaltung sah sie nun auch die **Modernisierung des politischen Systems** vor, **scheiterte** aber am Widerstand der konservativen Eliten und der Kaiserinwitwe Cixi. Zusätzlich geschwächt wurde China durch mehrere schwere innere Unruhen. Beispielhaft sei der **Taiping-Aufstand** (1850–1864) genannt. Aufgrund der hohen Steuern und sozialen Ungleichheit fand die religiös-politische Bewegung enormen Zulauf und richtete sich gegen die aus der Mandschurei stammenden Qing-Herrscher, die in Teilen der chinesischen Bevölkerung als Fremdherrscher betrachtet wurden. Die jahrelangen Kämpfe forderten **viele Opfer**, verursachten **immense Kosten** und schadeten der Stellung des Kaisertums.

– China: gescheiterte Reformen in einem unruhigen Land …

Anders als Japan konnte sich China **nicht von fremder Beeinflussung befreien**, im Gegenteil: Um 1900 fanden die militärischen Interventionen der europäischen Großmächte und der USA im „Boxerkrieg" ihren Höhepunkt, was das Kaisertum weiter schwächte und **Chinas Abhängigkeit noch verstärkte**. Modernisierungsimpulse vor allem an den Küsten wurden hauptsächlich durch die imperialistischen Mächte organisiert und finanziert. Die in Japan erfolgreiche Verbindung von Offenheit gegenüber westlichem Know-how und Bewahrung eigener Kultur konnte sich in China unter dem schwachen, bei den Han-Chinesen verhassten mandschurischen Kaisertum nicht entwickeln. Erst die Niederlage gegen Japan erzeugte ein tiefergehendes Bewusstsein für die Notwendigkeit umfassender Veränderung. Die dadurch losgetretene **Dynamik** stärkte aber nicht das Kaisertum, sondern führte China 1911/12 zur **Republik**.

– … bei zunehmender Beeinflussung durch die imperialistischen Mächte

3 **TIPP** *Anforderungsbereich: III, Gewichtung in Prozent: 30*

Abschließend müssen Sie „überprüfen", ob sich Osterhammels Einschätzung zur historischen Bedeutung des Opiumkrieges für China auf die Situation Deutschlands nach dem Ersten Weltkrieg übertragen lässt. Laut Operator gilt es zu untersuchen, ob einzelne „Inhalt[e], Sachverhalt[e], Vermutungen oder Hypothesen" sachlich richtig und stimmig sind. Beachten Sie, dass es in Ihrer Lösung nicht um China gehen soll, sondern um die Frage, ob die Bewertung aus M auf die Verhältnisse in Deutschland nach dem Ersten Weltkrieg übertragbar ist. Nutzen Sie im Text genannte Aspekte (z. B. „Zusammenbruch des politischen Systems“, „Auswirkungen [...] auf Wirtschaft und Gesellschaft“), um die Überprüfung zu strukturieren. Ein Vergleich mit der Situation in China nach dem Opiumkrieg ist nicht verlangt. Dennoch können Sie kurze Hinweise an relevanter Stelle einfließen lassen, um Ihr Urteil im Hinblick auf Deutschland zu stärken. Am Ende Ihrer Ausführungen sollte eine sachliche, differenzierte Beurteilung stehen.

Ausgangspunkt und Kriterien der Überprüfung

Osterhammel untersucht, inwiefern sich der **Opiumkrieg** auf die **gesellschaftlichen, wirtschaftlichen und politischen Verhältnisse** in China sowie die Bewusstseinslage der dortigen Elite in Politik und Kultur auswirkte. Der Historiker kommt zu dem Ergebnis, dass die Veränderungen eher marginal waren (vgl. Z. 26–34). Die von ihm einbezogenen Aspekte können Grundlage für eine Überprüfung der **Lage Deutschlands nach der Kriegsniederlage 1918** sein.

Überprüfung

„Zusammenbruch des politischen Systems“ und „ernste Krise an der Staatsspitze“?

Deutschland erlebte 1918 eine **folgenschwere Niederlage** in einem Konflikt, der weitaus gravierender war als der militärisch und geografisch begrenzte Opiumkrieg. Diese Entwicklung löste tatsächlich eine „**ernst[e] Krise an der Staatsspitze**“ (Z. 27) aus und führte zum „**Zusammenbruch des politischen Systems**“ (Z. 26).
Obwohl die Oberste Heeresleitung die Reichsregierung angesichts des drohenden Zusammenbruchs der Front im Herbst 1918 zu Waffenstillstandsverhandlungen drängte, bekamen die **Matrosen in Kiel und Wilhelmshaven** noch den Auftrag, zu einer selbstmörderischen Großoffensive auszulaufen – ein Befehl, dem sich die Soldaten **verweigerten**. Ihr Aufstand weitete sich rasch auf weitere Städte aus. Im ganzen Deutschen Reich übernahmen **Arbeiter- und Soldatenräte** die Macht. In München rief Kurt Eisner (USPD) den „Freistaat Bayern“ aus, sodass die erste deutsche **Monarchie** ihr **Ende** fand. Am **9. November 1918** erreichte die Revolution die Reichshauptstadt **Berlin**. Dort verkündete Reichskanzler Max von Baden eigenmächtig die **Abdankung des Kaisers**. Am gleichen Tag rief Philipp **Scheidemann** (MSPD) eine **demokratische Republik** aus und kam somit der Proklamation einer sozialistischen Räterepublik durch Karl **Liebknecht** (Spartakusbund) nur knapp zuvor. Der Zerfall des obrigkeitsstaatlichen Kaiserreiches in der Novemberrevolution 1918 führte zu einem (bisweilen sogar gewaltsam ausgetragenen) **Machtkampf** zwischen radikal linken und demokratisch orientierten Kräften, die zur Verhinderung einer sozialistischen Revolution ein Bündnis mit den **alten Eliten** vor allem im Militär („Ebert-Groener-Pakt“) eingingen. Im Dezember 1918 fiel auf dem ersten Reichskongress

der Arbeiter- und Soldatenräte die Entscheidung zugunsten der **verfassunggebenden Nationalversammlung**, die im Januar 1919 tatsächlich gewählt wurde. Friedrich **Ebert** von der MSPD wurde erster Reichspräsident, die erste Regierung bestand aus MSPD, DDP und Zentrum („Weimarer Koalition“). Im August trat die von der Nationalversammlung erarbeitete Weimarer Reichsverfassung in Kraft, die Deutschland als **föderative, parlamentarische Republik** konstituierte. Somit war der politische Umbruch **formal abgeschlossen:** Deutschland hatte einen **revolutionären Systemwechsel** erlebt – anders als China nach dem Opiumkrieg, wo die Monarchie noch bis 1911/12 erhalten blieb. Allerdings waren die **Errungenschaften** der Novemberrevolution **nicht gesichert**, was sich in der krisenhaften Anfangszeit (vor allem im „Krisenjahr“ 1923) und in der Endphase der Republik nach dem Ausbruch der Weltwirtschaftskrise zeigte. Insgesamt herrschte in breiten Teilen der Gesellschaft weiterhin ein **obrigkeitsstaatliches Denken** vor, besonders unter den **alten Eliten** des Kaiserreichs, die weiter entscheidende Positionen in Justiz, Verwaltung und Militär besetzten.

„Auswirkungen dramatischer Größenordnung auf [die] Wirtschaft“?

Der Erste Weltkrieg und die Bestimmungen des Versailler Vertrages hatten **erhebliche Auswirkungen auf die Wirtschaft**, die zunächst am Boden lag. Neben der Aufrechterhaltung der öffentlichen Ordnung hatte es für die Regierungen der frühen Republik Priorität, die katastrophale ökonomische Lage zu verbessern. Das **Wirtschaftssystem** an sich wurde jedoch **nicht revolutionär** im Sinne sozialistischer Vorstellungen verändert, sodass die Niederlage zumindest in dieser Hinsicht **keine „Auswirkungen dramatischer Größenordnung**“ (Z. 27 f.) hatte. Ein paar Veränderungen gab es jedoch schon: So wurden im „**Stinnes-Legien-Abkommen**“ zwischen Unternehmern und Gewerkschaften **arbeitsrechtliche und soziale Verbesserungen** wie die Einführung des Achtstundentages, die Bildung von Arbeiterausschüssen in größeren Betrieben und die gegenseitige Anerkennung als **gleichberechtigte Tarifpartner** zugestanden.

„Auswirkungen dramatischer Größenordnung auf [die] Gesellschaft“ und „kulturelle Schockwirkung“?

Im Hinblick auf die **Gesellschaft** kann man dagegen durchaus von „Auswirkungen **dramatischer Größenordnung**“ (Z. 27 f.), womöglich von einer „**kulturelle[n] Schockwirkung**“ (Z. 29) sprechen. Die Kriegsniederlage und der unter Zwang unterzeichnete Versailler Vertrag führten zu einem **kollektiven nationalen Bewusstseinsschock**, der eine öffentliche **Kultur der Niederlage** nach sich zog. Aufgrund der offiziellen Propaganda hatte man so sehr an einen „**Siegfrieden**“ geglaubt, dass der Zusammenbruch für die Bevölkerung völlig überraschend kam. Zudem ging man bis zuletzt von der Möglichkeit aus, einen Frieden auf der Basis der **14 Punkte** von US-Präsident Wilson zu erreichen. Die tatsächlichen Friedensbedingungen des **Versailler Vertrages** waren für die Weimarer Republik eine erhebliche äußere und innere **Belastung**. Zwar behielt Deutschland seine **Souveränität**, musste aber neben bedeutsamen **territorialen Verlusten** wesentliche Beschränkungen wie die **militärische Entmachtung**, die Zahlung von **Reparationen** und (mit seinen Verbündeten) die Zuweisung der **Alleinschuld am Kriegsausbruch** akzeptieren. In Europa verschoben sich die Machtgewichte erheblich.

„gründlich[e] Analyse der eigenen Lage"?

Eine „gründlich[e] **Analyse der eigenen Lage** vor dem Hintergrund der internationalen Situation" (Z. 31 f.) in Form einer **rationalen, tiefergehenden Auseinandersetzung** mit den Kriegsursachen und Gründen für die Niederlage fand im öffentlichen Bewusstsein kaum statt. Vielmehr verbreitete sich – von rechtsnationalen Kreisen losgetreten – die **Dolchstoßlegende:** Deutschland sei im „Felde **unbesiegt**" geblieben, allerdings durch revolutionäre und linke Kräfte („**Novemberverbrecher**") in der Heimat „**erdolcht**" worden. Auch wurde die durch den Versailler Vertrag zugesprochene Schuld am Weltkrieg vehement zurückgewiesen („Kriegsschuldlüge"). Ein entsprechendes **nationalistisches Bewusstsein** prägte das Denken nicht nur rechter Kreise, sondern weiter Bevölkerungsteile während der ganzen Weimarer Republik. Alle Parteien sahen die **Revision des „Schandfriedens"** als wesentliches Ziel an, das bis zum Ende der Republik außenpolitisch verfolgt werden sollte. Gerade unter Vertretern der **alten Eliten** des Kaiserreiches, die im Krieg eine wichtige Rolle gespielt hatten (v. a. hochrangige Militärs wie Paul von Hindenburg), fand oft keine (selbst-)kritische Auseinandersetzung mit der Vergangenheit statt.

Fazit: Kontinuität und Wandel in Deutschland

Insgesamt kann die Einschätzung Osterhammels in Bezug auf China **nur teilweise** auf die Entwicklung in Deutschland **übertragen** werden. In Deutschland fand mit der Novemberrevolution zumindest im Hinblick auf das politische System ein **radikaler Umbruch** statt. Zudem hatte der **Versailler Vertrag** gravierende Auswirkungen auf die deutsche machtpolitische und wirtschaftliche Stellung, was in der Bevölkerung als großer Schock erlebt wurde. Eine **tiefergehende Analyse** der Ursachen wurde vor allem durch die **Selbststilisierung als Opfer** verhindert, sodass es andererseits keine breite Veränderung des schon im Deutschen Kaiserreich vorhandenen nationalistischen Denkens gab. Darüber hinaus waren weitere **Kontinuitäten** zu beobachten, die gegen einen umfassenden, radikalen Wandel sprechen, z. B. die **traditionellen Eliten des Kaiserreiches**, die wesentliche Einflussmöglichkeiten behielten, und das **Wirtschaftssystem**, das **keine tiefgreifende Transformation** erlebte.

Wechselwirkungen und Anpassungsprozesse in der Geschichte
(Rahmenthema 2)
China und die imperialistischen Mächte
(Verbindliches Wahlmodul)

Chinas Weg in die Moderne

Aufgabenstellung

1 Geben Sie die Kernaussagen von M nach einer quellenkritischen Einführung wieder.

2 Erläutern Sie – ausgehend von M – wesentliche Aspekte der inneren und äußeren Entwicklung Chinas im 19. und frühen 20. Jahrhundert.

3 Charakterisieren Sie die innen- und außenpolitische Situation Deutschlands in der Frühphase der Weimarer Republik.

4 Überprüfen Sie Kang Youweis Sicht auf Deutschland und seine Erwartungen an eine deutsch-chinesische Kooperation (M).

M Beitrag Kang Youweis in der Tageszeitung „Dalu ribao" vom 07. 10. 1920 (Auszug)

Kurze Zeit nach der Ausrufung der Republik China am 1. Januar 1912 übernahm Yuan Shikai das Präsidentenamt. Er verbot Sun Yatsens Kuomintang und ließ sich, gestützt auf das Militär, zum Präsidenten auf Lebenszeit ernennen. Er verlor aber dessen Unterstützung, als er sich zum Kaiser von China ausrief. Nach seinem Sturz und Tod 1916 zerfiel China in mehrere von Gebietsfürsten (Warlords) regierte Herrschaftsbereiche. Zu dieser Zeit forderten Vertreter verschiedener Gesellschaftsschichten eine kulturelle Erneuerung Chinas, das 1917 aufseiten der Alliierten in den Weltkrieg eintrat. Eine große Protestbewegung gegen den Versailler Vertrag („Bewegung des vierten Mai") bildete sich aus Enttäuschung über die Übertragung der ehemaligen deutschen Sonderrechte in Shandong an Japan 1919. Die zunehmend desolate innere Situation mündete 1927 in einen Feldzug gegen die nördlichen Warlords und einen anschließenden Bürgerkrieg zwischen Kuomintang und Kommunistischer Partei. Kang Youwei, der nach dem Scheitern der von ihm maßgeblich beeinflussten „Hundert-Tage-Reform" ins Exil gegangen war und u. a. Europa bereist hatte, war 1913 nach China zurückgekehrt. Er setzte sich für die Errichtung einer konstitutionellen Monarchie und einen Reformkonfuzianismus ein und geriet in Gegensatz zu den revolutionären Kräften.

Durch die jahrelangen Unruhen hat unser Land große Einbuße erlitten. Das Reich verlässt sich jetzt nicht mehr auf sich selbst, sondern hofft auf den Völkerbund. Es ist eine Schande ohnegleichen, die unser ganzes Volk mit tiefstem Schmerz erfüllen muss und nie vergessen werden darf, dass unser Riesenreich mit seinen 400 Millionen Einwohnern hinter einem kleinen Staat wie Serbien zurücksteht und auf gleiche Höhe wie der Staat 4. Ranges Siam gestellt wird. Wenn wir nicht die größten Anstrengungen machen, um möglichst bald aus dieser Erniedrigung herauszukommen, verdienen wir es nicht, Menschen und Volk genannt zu werden. Die Anstrengungen aber, in denen wir es weit gebracht haben, bestehen lediglich darin, dass wir uns gegenseitig verwunden und abschlachten. Der Anstand ist verschwunden und die Gesetze sind beseitigt. Unser Zustand lässt sich mit einem Satz kennzeichnen: Da die Materie nicht verfeinert wird, ist eine Verfeinerung der Wissenschaften ausgeschlossen. Es bleibt nichts als eine wüste Öde. Unser in Unwissenheit erhaltenes Volk wird in eine Welt voll gegenseitigen Wettbewerbes gestellt. Wehe, muss das nicht zum Untergang führen?

Überdies sind bei dem Wettbewerb zwischen den Völkern streng moralische Grundsätze maßgebend; es ist unberechtigt, wenn ein weniger entwickeltes Volk ein höher entwickeltes unterdrücken will. Das riesige Indien mit seinem hochentwickelten Glauben an Güte und Demut ist der Sklave von England geworden, weil es die Verfeinerung der Materie unterlassen hat. Aber in China ist sogar der Anstand verschwunden, und so ist es in seinen gegenwärtigen beklagenswerten Zustand geraten.

Die Verfeinerung der Wissenschaften ist die Grundlage der Blüte eines Staates. Das ist zwar leicht zu sagen, und doch ist etwas sehr Schweres dabei. Deutschland ist zwar besiegt worden, aber Deutschland vermochte 5 Jahre lang ganz allein in einem furchtbaren Krieg sämtlichen Mächten der Erde energisch Widerstand zu leisten; es ist zwar schließlich besiegt worden, aber mit Ruhm besiegt worden. Das wissen ja alle. Wie konnte Deutschland aber eine derartige Leistung vollbringen? Weil seine Wissenschaft auf der höchsten Stufe steht, und weil es so viele fähige Deutsche gibt. Auch das weiß die ganze Menschheit. Deutschland hat einen entsetzlichen Zusammenbruch erlitten, leidet äußerste Not an allem, und doch stehen die andern Mächte, Deutschland missgünstig beobachtend, daneben, und zittern vor Angst, weil sie fürchten, dass das erloschene Feuer wieder aufflammt, und der Tag der Vergeltung nahe ist. Betrachtet Euch aber unser Riesenreich mit seinen 400 Millionen, in Ruhe dahinlebenden Einwohnern. Die Fremden behandeln es geringschätzig, fast so, als ob es gar nicht da wäre. Was für ein Gegensatz zu Deutschland! Das kann nur daran liegen, dass bei uns Materie und Wissenschaft nicht vervollkommnet ist.

Der heute „Völkerbund“[1] genannte Bund ist nichts als ein Bund von 5 Mächten. Kleine und schwache Nationen zu schützen, vermag er nicht. Das ist sehr traurig, sehr merkwürdig, aber auch sehr klar. Solange es die Welt noch nicht zu einem großen gemeinschaftlichen Staat gebracht hat, ist der einzelne Staat auf sich selbst angewiesen. Ein Staat aber kann nur dann mächtig und nur dann selbstständig werden, wenn er die Materie verfeinert und die Wissenschaften hochhält, damit die Ausbildung fähiger Leute möglich wird. Es gibt kein anderes Mittel.

Das mächtige England war noch im 16. Jahrhundert eine durchaus unzivilisierte, kleine und schwache Nation. Dann aber brach in Deutschland der dreißigjährige Religionskrieg[2] aus, der 18 Millionen Menschen das Leben kostete. Deutsche Adlige,

Großkaufleute, Gelehrte, Künstler hatten durch den Krieg ihre Heimstätte verloren. Diese Deutschen aber nahmen die Engländer in ihre Dienste und dasselbe machten die Engländer mit französischen Adligen, Großkaufleuten, Gelehrten und Künstlern nach der Revolution in Frankreich. Die Folge davon war, dass in England die Materie verfeinert wurde, die Wissenschaften aufblühten, eine Menge fähiger Leute dort lebten, und schließlich England in den letzten 100 Jahren die erste Macht auf der ganzen Erde ist, deren Flagge Sonne und Mond sowohl nach dem Untergang als nach dem Aufgang bescheinen.

Im 9. Jahr der Regierung Tongzhi[3] [1870/71] hat Deutschland Frankreich besiegt. Als sieben Jahre später in Philadelphia die große Ausstellung[4] stattfand, haben die Deutschen nur eine goldene Medaille bekommen, und die für eine Krupp-Kanone. Darüber waren die Deutschen tief beschämt. Unter großen Geldopfern sicherten sie sich in der folgenden Zeit die Dienste berühmter französischer Kunsthandwerker, Leute von hohen Fähigkeiten, vervollkommneten ihre Wissenschaften, verbesserten ihre Fabriken und wurden schließlich eine Macht, die sämtlichen Mächten auf der Erde Widerstand leisten konnte.

Japan hat bereits einen Handelsvertrag mit Deutschland abgeschlossen, und Deutschland hat einen Botschafter nach Japan[5] geschickt. Die Japaner fangen in weitgehendem Maße tüchtige Deutsche für sich ein. Aber wir, wir schrecken immer noch vor einem Vertrag mit Deutschland zurück. Was für ein Gegensatz zu Japan! Gerade ist der Bürgerkrieg im Norden[6] zu Ende, und es wird täglich über große Regierungsangelegenheiten verhandelt. Darf ich fragen, was eigentlich für das Reich von Bedeutung ist?

Die Hoffnung der Regierung und des Volkes richtet sich auf die Schaffung einer Grundlage eines blühenden Reiches. Unserem Reich kann aber nur dadurch geholfen werden, dass die Materie verfeinert und die Wissenschaft vervollkommnet wird. Heute ist Deutschland nach seiner großen Niederlage verarmt; deutsche Erzeugnisse, seit langem aufbewahrt, sind billig zu kaufen. Tüchtige Deutsche mit Fachkenntnissen und erstaunlichen Fähigkeiten irren herum, ohne ihr Brot verdienen zu können. Zu einem gegen früher 100-mal billigeren Preise können wir in großem Maßstab deutsche Erzeugnisse aufkaufen und tüchtige Deutsche anstellen. Diese Gelegenheit, die alle 1000 Jahre einmal kommt, dürfen wir nicht unbenutzt vorübergehen lassen. Ein weiter Blick ist uns Not. Aber den Leuten, welche uns regieren, fehlt der weite Blick [...]. [...] Sagt etwa jemand, wir fürchteten uns vor anderen Staaten und wagten nicht, mit Deutschland einen Vertrag [...] zu schließen? Wie kann aber ein Reich, das seine Selbstständigkeit hochhält, seine Politik nach dem Stirnrunzeln von Anderen richten? [...] Bolivien, Schweden, Norwegen, Polen, alle solche Staaten schicken Gesandte zu uns; nur die Beziehungen zu dem uns durch alle Freundschaft verbundenen, in wissenschaftlicher Beziehung an erster Stelle stehenden Deutschland bleiben abgebrochen, und darum kümmert man sich nicht. Was Deutschland uns bieten kann, kann für uns nur von großem Vorteil sein.

Meine Herren. Ich hoffe, dass Sie Augen und Ohren aufmachen und, mit weitem Blick in die Zukunft, den Abschluss eines Vertrages mit Deutschland unverzüglich ins Werk setzen werden. Meine Herren von der Presse. Sie müssen mit Lebhaftigkeit dafür eintreten, dass die Regierung schnell handelt.

(gez.) Kang Youwei

Fundort: Artikel des Reformers Kang Youwei aus der Dalu ribao vom 07. 10. 1920. Übersetzt von Traut, Peking. Anlage zum Pekingbericht K. No. 41, Borch, 08. 10. 1920. PAA, R85450. Der Text wurde vom Verfasser der Übungsaufgabe gekürzt und der reformierten Rechtschreibung angepasst.

Anmerkungen

1 Der Völkerbund nahm am 10. Januar 1920 als Instrument der internationalen Friedenssicherung seine Arbeit auf. In der Bundesversammlung waren alle Mitglieder vertreten, im Völkerbundrat gab es zu diesem Zeitpunkt vier ständige Mitglieder: Großbritannien, Frankreich, Japan und Italien. Die USA traten dem Völkerbund nicht bei.

2 Der Dreißigjährige Krieg (1618–1648) war ein politisch-religiöser Konflikt, an dem nahezu alle europäischen Mächte in wechselnden Bündnissen beteiligt waren. Er wurde vor allem auf dem Territorium des Heiligen Römischen Reiches deutscher Nation ausgetragen, verursachte enorme Verwüstungen und kostete unzählige Menschen das Leben. Der Krieg endete mit dem Doppelfrieden von Münster und Osnabrück 1648.

3 Tongzhi war 1861–1875 Kaiser von China. Das 9. Jahr seiner Regierung war 1870. Kang Youwei bezieht sich auf den Deutsch-Französischen Krieg 1870/71, der zur Proklamation des Deutschen Kaiserreiches am 18. Januar 1871 im Spiegelsaal von Versailles führte.

4 Gemeint ist die Weltausstellung in Philadelphia 1876. Zwar erhielten deutsche Unternehmen Goldmedaillen für Marzipanartikel und Bier, insgesamt waren die deutschen Produkte qualitativ aber nicht konkurrenzfähig.

5 Kang Youwei überzeichnet hier den positiven Charakter der deutsch-japanischen Beziehungen. Japan verfolgte aus Rücksicht gegenüber Großbritannien und Frankreich eher eine verhaltene Politik. Die deutsche Botschaft wurde erst im Dezember 1920 wieder eingerichtet.

6 Kang Youwei spielt hier wohl auf die sehr instabilen und wechselvollen Verhältnisse nach dem Machtverlust der Zentralregierung 1916 an. In der Folge übten Warlords, die sich untereinander bekämpften, in den verschiedenen Teilen des Reiches die Macht aus.

TIPP Erläuterungen und Bearbeitungshinweise

Der Vorschlag bezieht sich auf das Rahmenthema 2 „Wechselwirkungen und Anpassungsprozesse in der Geschichte“ und hier schwerpunktmäßig auf das Wahlmodul 9 „China und die imperialistischen Mächte“. Der Übergriff erfolgt in den Teilaufgaben 3 und 4 auf das Rahmenthema 3 „Wurzeln unserer Identität“ mit dem Wahlmodul 6 „Zwischen Krise und Modernisierung – Die Gesellschaft der Weimarer Republik“. Die Perspektiven sind global und national, die strukturierenden Aspekte sind Kontinuität und Wandel, Gewalt und Gewaltfreiheit sowie Freiheit und Herrschaft. Der Aufgabenvorschlag berührt die Dimensionen Politik-, Sozial-, Kultur- und Ideengeschichte.

Lösungsvorschlag

1 **TIPP** *Anforderungsbereich: I, Gewichtung in Prozent: 30*

Die Aufgabenstellung verlangt zunächst eine quellenkritische Einführung zu M. Dabei sind im Rahmen der äußeren Quellenkritik wesentliche Angaben zum Text wie Verfasser, Erscheinungsdatum und -ort, Adressat(en) und Quellencharakter aufzuführen. Die Wiedergabe zielt darauf ab, alle wesentlichen Aussagen von M eigenständig und sprachlich distanziert darzustellen. Achten Sie auf eine sachorientierte Sprache ohne perspektivische oder wörtliche Übernahmen, benutzen Sie den Konjunktiv und verzichten Sie auf Wertungen und Beurteilungen. Eine besondere Schwierigkeit des Textes ist, dass es sich um eine Übersetzung aus dem Chinesischen handelt. Teils enthält M Formulierungen, die im Deutschen nicht üblich sind und einem anderen kulturellen Hintergrund entstammen (z. B. Konfuzianismus). Hier hilft der inhaltliche Zusammenhang beim Verständnis. Insgesamt stehen methodische Kompetenzen in dieser Teilaufgabe im Vordergrund.

Quellenkritik
Verfasser, Quellenart, Adressaten, Erscheinungsort/-datum, Quellencharakter

Der in deutscher Übersetzung vorliegende **Artikel** des konfuzianisch geprägten Reformers und Mitinitiators der „Hundert-Tage-Reform" **Kang Youwei** stellt eine **Quelle** dar. Er richtet sich an die chinesische **Presse und Regierung** und damit auch an die ganze **chinesische Öffentlichkeit**. Der Text wurde am **7. Oktober 1920** in einer Zeitung publiziert, also rund zwei Jahre nach Ende des Ersten Weltkrieges und Monate nach Inkrafttreten des Versailler Vertrages. Er ist in einer **emotional-appellativen Sprache** verfasst und erhält so den Charakter einer **Mahnung** und eines **Aufrufes**.

Inhalt von M
internationale Erniedrigung Chinas

Kang Youwei beschreibt die **aktuelle Lage Chinas** als innen- und außenpolitisch äußerst **misslich**. Trotz seiner **immensen Größe** werde China international **erniedrigt** und schlechter behandelt als deutlich kleinere Staaten. Die Ursache hierfür sieht Kang Youwei vor allem darin, dass China keine nationalen Anstrengungen unternehme, sich aus dieser **Erniedrigung** zu befreien, sondern sich seit vielen Jahren durch **innere Konflikte und Unruhen** schwäche und seine rechtlichen und moralisch-ethischen Grundlagen verleugne. Vor allem aber beklagt Kang Youwei, dass China nicht versuche, die **Wissenschaften**, das **Bildungsniveau** und die **materielle Produktion** voranzutreiben und seine **Wettbewerbsfähigkeit** zu erhöhen.

Ursache: innere Schwäche durch Konflikte und Rückständigkeit

Beispiele: Indien, Deutschland, Großbritannien

Von dieser Einschätzung ausgehend führt er Beispiele an, die seine These belegen sollen. Zum einen bezieht er sich auf **Indien**, das zwar noch seine **moralische Überlegenheit** bewahrt habe, aber aufgrund seiner Rückständigkeit völlig von **Großbritannien** abhängig geworden sei. Ein Gegenbeispiel stelle **Deutschland** dar, das wegen seiner **hervorragenden wissenschaftlichen Standards**, der Anwerbung von Fachkräften und des **hohen Ausbildungsniveaus** jahrelang im

Weltkrieg einer Übermacht **militärisch standgehalten** habe und seinen Gegnern trotz der Niederlage weiter Furcht einflöße. Auch **England** habe gebildete, hoch qualifizierte Menschen für sich gewinnen können: aus Deutschland nach dem Dreißigjährigen Krieg und aus Frankreich nach der Französischen Revolution. So sei es in kurzer Zeit zur **Weltmacht** aufgestiegen.

Appell zu einem Vertrag mit Deutschland

Kang Youwei schlussfolgert, dass China die günstige Gelegenheit der Nachkriegswirren und wirtschaftlichen Krise in Deutschland für den **Abschluss eines Vertrages** unbedingt ausnutzen müsse, wie es **Japan** bereits vorgemacht habe: Nun könne China **deutsche Produkte, Fachleute und Know-how** bekommen, um Wissenschaft und Produktivität weiterzuentwickeln. Er sieht keine Notwendigkeit, dabei auf andere Nationen Rücksicht zu nehmen, und plädiert dafür, nur den eigenen Interessen zu folgen, zumal vonseiten des Völkerbunds keine Unterstützung zu erwarten sei. Abschließend appelliert er noch einmal eindringlich an Presse und Regierung, unmittelbar zu handeln, um die **Zukunftsfähigkeit Chinas herzustellen**.

2 **TIPP** *Anforderungsbereich: II, Gewichtung in Prozent: 30*

In der Teilaufgabe müssen Sie mit Bezug auf das Material relevante Entwicklungen der chinesischen Geschichte im 19. und frühen 20. Jahrhundert rekonstruieren. Da es hier vor allem um Transformationsprozesse bzw. Kontinuitäten geht, sollten aussagekräftige Ereignisse mit ihren Ursachen, Zusammenhängen und Auswirkungen exemplarisch dargestellt werden. Der Operator „erläutern" fordert entsprechend, Sachverhalte „in ihren komplexen Beziehungen" zu erklären und dabei Beispiele und/oder Theorien einzubeziehen. Gerade weil es sich um einen Aufgabenvorschlag auf erhöhtem Anforderungsniveau handelt, könnten Sie neben relevanten Beispielen theoretische Bezüge zum Kulturkontakt/-konflikt bzw. Erklärungsmodelle zu Transformationsprozessen anführen. Achten Sie auch bei dieser Aufgabe auf eine wertungsfreie, distanzierte, sachorientierte Sprache. Mithilfe einer passenden sprachlichen Gestaltung (Satzbau, sprachliche Verknüpfungen, Wortwahl) können Sie gedankliche Verbindungen, Abgrenzungen oder Gegensätze deutlich machen und Ihre Leserschaft durch den Text leiten.

Ausgangslage

Kang Youwei beklagt in seinem Aufruf die **untergeordnete Stellung Chinas** in der Welt und die **erniedrigende Behandlung** durch ausländische Mächte (vgl. Z. 2–8). Die von ihm kritisierte Schwäche ging auf Entwicklungen im 19. und frühen 20. Jahrhundert zurück.

Stellung und Kulturkontakte des Kaiserreichs China bis ins 18. Jahrhundert

Noch im 18. Jahrhundert galt das **Kaiserreich China** als **vorbildliches und wohlhabendes Land** mit effizienter Verwaltung und hoch entwickelter Wissenschaft, Bildung und Kultur. Anders als das weitgehend abgeschlossene **Japan** unterhielt China schon Beziehungen nach außen, die als **Kulturkontakte** (Bitterli) auch Denkweisen und

Konsumgewohnheiten in Europa beeinflussten („**Chinamanie**"). Durch die Britische Ostindien-Kompanie vertriebene chinesische Produkte wie **Porzellan, Seide und Tee** waren in Europa begehrt und galten als qualitativ hochwertig. Jedoch wurde der Handel von den Kaisern auf wenige Häfen begrenzt. Auch waren die Importe strikt reglementiert, was den Unmut der an China interessierten ausländischen Mächte hervorrief. Mit den Konflikten um dieses **Handelsungleichgewicht** eng verbunden war der allmähliche **Niedergang Chinas** im 19. Jahrhundert, der neben **inneren** auch **äußere Ursachen** hatte: Der Kulturkontakt zwischen China und den europäischen Mächten sowie den USA verwandelte sich in eine Kette von „**Kulturzusammenstößen**" (Bitterli).

Kulturzusammenstöße und Niedergang Chinas

Entwicklung im 19. und frühen 20. Jahrhundert

Erster Opiumkrieg und Vertrag von Nanking

Ausgangspunkt war der **Erste Opiumkrieg** (1839–1842). England war zu diesem Zeitpunkt die führende Handelsmacht der Welt (vgl. Z. 49–53) und unter anderem wegen der **gesteigerten Nachfrage nach Tee** am Handel mit China interessiert. Bezahlt wurden die chinesischen Produkte mit Silber, da China kaum Interesse am Austausch mit englischen Waren und Erfindungen hatte, die als unnütz angesehen wurden. Um den Silberfluss von England nach China umzukehren, exportierten britische Händler in zunehmendem Umfang **Opium** nach China. Der illegale, von Korruption begleitete Opiumhandel **schadete der chinesischen Wirtschaft** enorm und führte zu **Suchtproblemen**, weshalb die Qing-Regierung 1838/39 den Opiumhandel **verbot**, die englischen Opiumvorräte im Hafen von Kanton verbrennen ließ und gegen ausländische und chinesische Händler vorging. Großbritannien nahm die Maßnahmen als Vorwand für eine **militärische Intervention**, die 1842 mit der **Niederlage Chinas** im Ersten Opiumkrieg endete. Der **Vertrag von Nanking** und der Zusatzvertrag von Humen 1842/43 standen am Anfang einer Reihe „**ungleicher Verträge**", die für China neben begrenzten territorialen Verlusten (u. a. Hongkong) vor allem **nachteilige Handelsbedingungen**, eine gewisse Einschränkung seiner Souveränität und Sonderrechte für ausländische Staaten (Extraterritorialität) bedeuteten.

militärische Interventionen fremder Mächte

Der Vertrag von Nanking stellte eine Blaupause für nachfolgende Interventionen Englands, Frankreichs, Russlands, Deutschlands und Japans dar. Insbesondere die **Niederlage gegen Japan** 1894/95 war für China ein Schock: Einst war Japan ein von China abhängiger Tributstaat gewesen, hatte sich aber durch die **Meiji-Reformen** seit den 1860er-Jahren innerhalb kürzester Zeit zum **führenden Staat in Ostasien** entwickelt. Die aus verschiedenen Konflikten resultierenden „ungleichen Verträge", die China mit imperialistischen Mächten abschließen musste, bewirkten neben territorialen Verlusten eine **Schwächung der Zentralgewalt**, die nicht in der Lage war, der Aggression der „Fremden" wirkungsvoll zu begegnen und den Einfluss von Kaufleuten und Missionaren zu unterbinden. Auch nahm die

Schwächung der Zentralgewalt

wirtschaftliche Abhängigkeit von anderen Staaten erheblich zu, da diese die erweiterten Handelsmöglichkeiten zu ihrem Vorteil ausnutzten, sich **Kolonien und Pachtgebiete** sicherten und China nicht erst nach der Niederschlagung des gegen den ausländischen Einfluss gerichteten „**Boxeraufstandes**" („Boxerprotokoll" 1901) hohe Entschädigungssummen auferlegten. Dadurch wurden die Handlungsspielräume der chinesischen Zentralregierung für Reformen und wirtschaftlich-technische Innovation erheblich eingeschränkt.

wirtschaftliche Abhängigkeit

Die Qing-Regierung begegnete der Herausforderung nur sehr zögerlich. China war im 19. Jahrhundert ein **multiethnisches Riesenreich**, in dem die Bevölkerung auf über 400 Millionen Menschen angewachsen war (vgl. Z. 3–5). Das Land wurde nicht nur durch umweltbedingte agrarwirtschaftliche Probleme destabilisiert, sondern auch durch ständige **Aufstandsbewegungen** an der Peripherie. Ein einheitliches chinesisches Nationalbewusstsein war nicht vorhanden. Angesichts der **Schwäche der Qing**, die aus der Mandschurei stammten und bei den Han-Chinesen unbeliebt waren, verschärften sich die Konflikte erheblich (vgl. Z. 1, 8–10). Beispielhaft kann der **Taiping-Aufstand** (1851–1864) genannt werden, der das Kaiserreich militärisch und wirtschaftlich an die Belastungsgrenze brachte, nur mit Mühe niedergeschlagen werden konnte und Millionen Tote forderte. Es handelte sich um einen ursprünglich religiös und sozial motivierten Widerstand entwurzelter Bauern, arbeitsloser Matrosen und Hafenarbeiter, dem sich Angehörige verschiedener ethnischer Gruppen anschlossen und der sich unter dem charismatischen **Hong Xiuquan** rasch ausbreitete. Im Kampf gegen den Kaiser, der als „minderwertiger Usurpator" gesehen wurde, erhielt die Bewegung einen politischen Charakter. Wichtigste Folge des Aufstandes war eine verstärkte Machtverschiebung vom Zentrum in die **Peripherie**.

innere Konflikte im multiethnischen Großreich

Taiping-Aufstand

Zwar gab es anschließend eine Phase relativer **außen- und innenpolitischer Stabilisierung**, die zu mehreren **Reformversuchen** führte, doch war diese Zeit nicht von nachhaltiger Erneuerung geprägt. So versuchte China im Zuge der „**Selbststärkungsbewegung**", **westliches Know-how** (Technik, Bildung, Wissenschaft, Militär, Infrastruktur) zu erlernen, dabei aber grundsätzlich die von **konfuzianischen Prinzipien** geprägte chinesische Kultur zu bewahren. Besonders Kaiser Guangxu war an westlichen Lehren interessiert und erlaubte dem jungen **Kang Youwei** nach der Niederlage gegen Japan die Ausarbeitung umfassender Reformen. Die weitreichende „**Hundert-Tage-Reform**" betraf u. a. die Gesetzgebung und die Beamtenprüfung und sah die Schaffung einer modernen Verwaltung vor. Jedoch ließen einflussreiche konservative Beamte zusammen mit Kaiserinwitwe Cixi den Kaiser entmachten, einige Reformer hinrichten und alle Reformen **annullieren**. Kang Youwei gelang es mit Mühe, nach Japan zu fliehen.

„Selbststärkungsbewegung" und „Hundert-Tage-Reform"

Eine dauerhafte Stabilisierung bewirkte diese **Restauration** nicht, da grundsätzliche Probleme nicht gelöst wurden und der ausländische Einfluss nach wie vor groß war. Um 1900 bildete sich nach einer katastrophalen Dürre aus den sozial unterprivilegierten und an den Rand gedrängten Gruppen die „**Boxerbewegung**“, die den Aufstand gegen „die Fremden“, insbesondere Missionare und Christen wagte. Anfangs richtete sie sich auch gegen die Qing-Regierung, die die „Boxer“ jedoch bald heimlich unterstützte. Ein Blutbad in Beijing und ein Angriff auf das dortige Gesandtschaftsviertel dienten den ausländischen Mächten als Legitimation, mit einer **alliierten Armee gegen die „Boxer“** vorzugehen. Dabei wurden zahlreiche Massaker, gerade auch von deutschen Truppen, an der chinesischen Bevölkerung verübt.

„Boxeraufstand“

Die von der Qing-Regierung ausgerufene „**Neue Politik**“ stellte in der Folge den Versuch dar, durch umfassende Reformen nach westlichem Vorbild und den Entwurf einer Verfassung, die **traditionelle Herrschaft** unter Einbeziehung der neuen städtischen Eliten zu erhalten. Allerdings wandte sich die durch den Kontakt mit westlichen Lehren im Ausland sowie an neuen Schulen und Universitäten ausgebildete Intelligenz nun kritisch gegen die Kaiserherrschaft und diskutierte sogar die Schaffung einer Republik. Zu einer wichtigen Figur wurde **Sun Yatsen**, der 1905 in Tokio den „Chinesischen revolutionären **Schwurbund**“ gründete. Sun Yatsen war stark von **westlichen Einflüssen** geprägt, hatte in Honolulu und Hongkong Medizin studiert und war zum Christentum übergetreten. Nach einem gescheiterten Aufstand 1895 war er nach Japan geflohen und hatte auch in Europa für seine Ideen – **drei Volksdoktrinen:** Demokratie, Nationalismus und Volkswohlstand – geworben. Im Herbst 1911 brach mehr zufällig als geplant in Wuhan ein Aufstand gegen die Qing-Regierung aus; mehrere Provinzen erklärten ihre Unabhängigkeit. Schließlich wurde die **Republik** ausgerufen, die offiziell am 1. Januar 1912 begann. Sun Yatsen wurde zum **provisorischen Präsidenten** ernannt, übergab das Amt aber bald an den Militärführer Yuan Shikai, dessen Unterstützung die Revolutionäre gebraucht hatten. Die Quing-Regierung konnte der Entwicklung militärisch und ideologisch nichts entgegensetzen, sodass das seit über 2 000 Jahren bestehende **Kaisertum sein Ende** fand. Damit waren die **Transformationsprozesse Chinas** noch keineswegs beendet (vgl. Z. 1). 1914 löste Yuan Shikai das Parlament auf und regierte autoritär. Nach seinem Sturz und Tod 1916 stand China bis Ende der 1920er-Jahre de facto unter der Herrschaft von **Warlords**, die sich ständig gegenseitig bekämpften.

Reform und Revolution

Republik China

3 **TIPP** *Anforderungsbereich: II, Gewichtung in Prozent: 20*

Während es sich in Aufgabe 2 anbietet, die Entwicklung Chinas weitgehend chronologisch zu betrachten, sollen Sie hier die inneren und äußeren Zustände der Weimarer Republik in der Frühphase „charakterisieren", also „in ihren Eigenarten beschreiben": Zeigen Sie „typische Merkmale" auf und beziehen Sie sie auf übergeordnete Kriterien. Es ist zu überlegen, welche Sachverhalte, Ereignisse oder Entwicklungen charakteristisch und bedeutsam für die Republik waren. Beachten Sie, dass Sie sich auf die „Frühphase der Weimarer Republik" konzentrieren. Darunter versteht man in der Regel die krisenhaften Anfangsjahre 1918/19–1923. Hilfreich ist es, bei der Lösung schon die Teilaufgabe 4 im Blick zu haben, da Sie dort einen Zusammenhang zur Quelle aus dem Jahr 1920 herstellen und die Erwartungen Kang Youweis in Bezug auf Deutschland überprüfen müssen.

Die Frühphase der Weimarer Republik

Während der **Transformationsprozess in China** im 19. Jahrhundert in Zeitlupe verlief und erst nach den als schmählich empfundenen Niederlagen gegen Japan 1895 und im „Boxerkrieg" 1901 an Fahrt gewann, führte die **Niederlage des Deutschen Kaiserreiches im Ersten Weltkrieg** zu weitreichenden Veränderungen im Zeitraffer.

Entwicklung und Folgen der Novemberrevolution

Im September 1918 hatte die OHL eine Fortführung des Krieges für aussichtslos erachtet und Waffenstillstandsverhandlungen gefordert. Als dennoch Ende Oktober 1918 die Hochseeflotte zu ihrem ersten und letzten Einsatz auslaufen sollte, rebellierten die **Matrosen** in Kiel und Wilhelmshaven, was als Startschuss der **Novemberrevolution** gilt. Im gesamten Reich kam es in der Folge zur Bildung von Arbeiter- und Soldatenräten. In München rief Kurt Eisner den „**Freistaat Bayern**" aus und mit dem bayerischen König verlor der erste Monarch seinen Thron. Kurz darauf, am **9. November 1918**, fand die Monarchie auch auf Reichsebene ihr Ende: Reichskanzler **Prinz Max von Baden** verkündete eigenmächtig die **Abdankung Kaiser Wilhelms II.** und übergab das Reichskanzleramt an Friedrich Ebert von der MSPD. Am gleichen Tag verkündete **Philipp Scheidemann** (MSPD) die Republik, kurz vor den linken Kräften um Liebknecht. Im Streit um die **Ausgestaltung der neuen Staatsform** setzte sich die MSPD (parlamentarische Republik) gegen die USPD (sozialistische Räterepublik) durch. Die am 19. Januar 1919 gewählte **verfassunggebende Nationalversammlung** machte Ebert zum Reichspräsidenten, der das Kabinett Scheidemann einsetzte. Im Juni 1919 verabschiedete die Nationalversammlung die **Weimarer Verfassung**, die am **14. August 1919** in Kraft trat.

Umsturzversuche und „Krisenjahr 1923"

Dieser relativ **rasche Umbruch vom Kaiserreich zur demokratischen Republik** war jedoch keine reine Erfolgsgeschichte und darf nicht über die Krisen der Anfangsjahre hinwegtäuschen. **Bürgerkriegsähnliche Auseinandersetzungen** mit der **radikalen Rechten**

und Linken waren innere Zerreißproben, die nur zum Teil durch die Kooperation der Regierung mit den „**alten Eliten**" in Militär („Ebert-Groener-Pakt"), Justiz, Wirtschaft und Verwaltung entschärft wurden. Beispielhaft lassen sich der „**Spartakusaufstand**" im Januar 1919 und der **Kapp-Lüttwitz-Putsch** im März 1920 nennen. Während beim „Spartakusaufstand" linksextreme Kräfte versuchten, die **sozialistische Räterepublik** gewaltsam durchzusetzen, waren es beim Kapp-Lüttwitz-Putsch rechtsnationale Kräfte in **Reichswehr und Freikorps**, die die Reichsregierung für abgesetzt erklärten. Diese musste aus Berlin fliehen, da die dort stationierten Truppen nicht willens waren, gegen die Putschisten vorzugehen. Anders als der „Spartakusaufstand" wurde der Putsch nicht militärisch niedergeschlagen, sondern durch einen Generalstreik und die Weigerung der Bürokratie zur Zusammenarbeit gebrochen. In der Folge bildete sich im Ruhrgebiet die „**Rote Ruhrarmee**" aus bewaffneten, meist linken Arbeitern, die wiederum durch Reichswehr und Freikorps nach blutigen Kämpfen entwaffnet wurden. Die instabile Lage dauerte noch bis **1923**, dem „**Krisenjahr**" der Weimarer Republik, das durch den Einmarsch französischer und belgischer Truppen in das Ruhrgebiet, den anschließenden „**Ruhrkampf**", die **Hyperinflation** und den **Putschversuch der Nationalsozialisten** in München eine besondere Belastungsprobe darstellte.

Versailler Vertrag und außenpolitische Isolation

Verstärkt wurde die innere Krise durch die **desolate wirtschaftliche Lage** nach dem verlorenen Krieg und die von der Bevölkerung und allen Parteien als maßlos und ungerecht empfundenen **Friedensbedingungen des Versailler Vertrages** („Versailler Diktat"). Neben umfangreichen Gebietsabtretungen und den als zu hoch empfundenen **Reparationszahlungen** führte die festgehaltene Alleinschuld Deutschlands und seiner Verbündeten am Weltkrieg zu breiter **Empörung**. Da der Vertrag zudem eine weitgehende **Demilitarisierung** Deutschlands vorsah, waren die **außenpolitischen Handlungsspielräume** Deutschlands zukünftig begrenzt. Insbesondere Frankreich zielte auf eine dauerhafte Schwächung Deutschlands ab und drohte mehrfach mit der Besetzung des schwerindustriellen Zentrums im Rheinland und Ruhrgebiet. Dass Deutschland **international isoliert** war, zeigte sich auch daran, dass es dem **Völkerbund** bis 1926 nicht beitreten durfte. Dieser übernahm die Verwaltung der ehemaligen deutschen Kolonien, des Saargebietes und Oberschlesiens sowie die Aufsicht über Danzig. 1921 drohten die Alliierten Deutschland mit einem Einmarsch in das Ruhrgebiet, sollte es das „**Londoner Ultimatum**" nicht annehmen. Dieses enthielt u. a. einen konkreten Zahlungsplan für die **Reparationen** und die Durchführung der **Demilitarisierung**.

Der Versailler Vertrag stellte für die Weimarer Republik eine erhebliche innen- und außenpolitische Belastung dar. Der von Politik und Gesellschaft getragene „**Kampf gegen Versailles**" wurde vor allem von der radikalen Rechten zu ständiger, auch gewalttätiger Agitation gegen die Republik genutzt. Politiker, die sich für die Errichtung der Republik eingesetzt hatten und die Abwicklung des Krieges (Waffenstillstand, Friedensvertrag) übernehmen mussten, wurden u. a. als „**Novemberverbrecher**" verunglimpft. Der radikalen Linken ging die Novemberrevolution dagegen nicht weit genug. Als unsicherer Akteur erwies sich die **Reichswehr:** Einerseits unterstützte sie die Regierung im Kampf gegen linksradikale Umsturzversuche, andererseits weigerte sie sich, gegen rechtsradikale Bestrebungen vorzugehen. Die von der OHL beförderte **Dolchstoßlegende** trug dazu bei, staatstragende Politiker und Parteien zu diskreditieren. Angesichts der **wirtschaftlichen Notlage** und der **begrenzten außenpolitischen Möglichkeiten** sahen die republiktreuen Kräfte ihre Aufgabe zunächst vor allem darin, eine Konsolidierung herbeizuführen und die Ordnung aufrechtzuerhalten. Erst nach dem „**Krisenjahr**" **1923** setzte eine **Stabilisierung** von Politik und Wirtschaft ein.

Fazit: unruhige Anfangsjahre der Weimarer Republik

4 **TIPP** *Anforderungsbereich: III, Gewichtung in Prozent: 20*

Die Teilaufgabe verlangt zwei eng miteinander verbundene Arbeitsschritte. Zuerst geht es darum, das offen oder implizit geäußerte Deutschland-Bild Kang Youweis herauszuarbeiten. Hier wird vor allem auf Teilaufgabe 1 zurückgegriffen. Überlegen Sie sich auch, welche grundsätzlichen Leitgedanken hinter seinem Bild von Deutschland stehen könnten. Anschließend muss überprüft werden, inwieweit dieses Bild und die daraus gezogenen politischen Folgerungen historisch realistisch waren. Hier kann die Verbindung zu den Ergebnissen aus den Teilaufgaben 2 und 3 hergestellt werden. Der Operator „überprüfen" verlangt eine Untersuchung von „Inhalte[n], Sachverhalte[n], Vermutungen oder Hypothesen" auf „sachliche Richtigkeit" und „innere Logik". Konzentrieren Sie sich auf relevante Aspekte, die Sie argumentativ klar entwickeln und sprachlich sachorientiert ausarbeiten. Beachten Sie für die Entwicklung Chinas nach Gründung der Republik 1911/12 auch die einführenden Hinweise zur Quelle M.

Kang Youwei zeichnet ein grundsätzlich **positives Bild von Deutschland** und seinem vermeintlichen Potenzial. Zwar sieht er dessen derzeitige Lage als durchaus **katastrophal** an (vgl. Z. 28 f., 70–75), doch scheint er davon auszugehen, dass die Deutschen ihre internationale Machtstellung grundsätzlich wiederherstellen könnten (vgl. Z. 30 f.). Trotz der aktuellen Krise war Deutschland für ihn ein vorbildhaftes **Gegenbild zu China**, wodurch er den Chinesen, vor allem der Regierung, den Spiegel vorhält. So redet er mit Blick auf China

Kang Youweis Deutschland-Bild

Gegenbild zu China

von einer „**Schande** ohnegleichen“ (Z. 3), „**Erniedrigung**“ (Z. 7) und dem **Verlust des „Anstand[s]**“ (Z. 10). Dagegen betont er die **Widerstandsfähigkeit** der Deutschen, die im Krieg ruhmreich besiegt worden seien (vgl. Z. 23–25). Diese grundsätzliche Stärke sei auf die Bereitschaft der deutschen Politik zurückzuführen, **von anderen Nationen** zu **lernen**. Deutschland habe nach der Weltausstellung 1876 viel Geld investiert, um die Dienste „französischer Kunsthandwerker“ in Anspruch nehmen, die Wissenschaften „verfeinern“ und Fabriken ausbauen zu können (vgl. Z. 55–61).

dahinterstehende Grundgedanken

Kang Youweis Bild von Deutschland basiert auf **nationalistischen, macht- und interessenpolitischen Vorstellungen** des 19. und frühen 20. Jahrhunderts. Mit seinem Plädoyer für **bilaterale Vereinbarungen**, die nationale Interessen sichern sollten, setzt er sich von Bemühungen um eine internationale Friedensordnung ab, wie sie der Völkerbund darstellte (vgl. Z. 1 f., 36–40). Mithilfe eines Bündnisses mit Deutschland sollte ein **Transformationsprozess** besonders in den Bereichen Technik und Wissenschaft durch die Regierung initiiert werden. Auf soziale und politische Aspekte geht er nicht ein.

Anstoß eines Transformationsprozesses durch Bündnis mit Deutschland

Überprüfung

Transformationskrise und fehlende Geschlossenheit in Deutschland

In seinem Deutschland-Bild und seinen Erwartungen an ein deutsch-chinesisches Bündnis wird Kang Youwei der **Komplexität der politischen Lage** zur damaligen Zeit aber nur ansatzweise gerecht. Der Autor sieht Deutschland grundsätzlich als **einige, starke Nation**, die durch Know-how und hochwertige Produkte Chinas überfällige Transformation voranbringen könnte. Eine nationale Geschlossenheit war aber in der Frühphase der Weimarer Republik nicht gegeben. Zwar lagen die Niederlage im Ersten Weltkrieg, die für einen großen Schock gesorgt hatte, und die Novemberrevolution zum Zeitpunkt der Entstehung von M (1920) schon zwei Jahre zurück, allerdings waren die inneren **Auseinandersetzungen über Ausmaß und Charakter des Umbruchs** noch nicht abgeschlossen: Während der radikalen Linken der politische und sozial-ökonomische Wandel nicht weit genug ging, kämpfte die radikale Rechte für eine autoritäre Regierung. Die Ideen, die das republikanisch-parlamentarische Modell herausforderten, reichten von einer revolutionären Umgestaltung nach sowjetischem Vorbild bis hin zur Restauration der Monarchie. Dabei gingen die **massiven Interessenkonflikte** in der frühen Weimarer Republik mit Streiks, bürgerkriegsähnlichen Auseinandersetzungen und separatistischen Bestrebungen einher.

innen- und außenpolitische Schwäche Deutschlands

Neben diesen innenpolitisch-sozialen Verwerfungen stellte sich die **wirtschaftliche und außenpolitische Situation** des Deutschen Reiches ebenfalls als äußerst schwierig dar. Zumindest im Hinblick auf die Wirtschaft klingt Deutschlands **momentane Schwäche** in M an. So schreibt Kang Youwei, dass Deutschland „verarmt“ (Z. 71) sei und viele Fachkräfte ohne Anstellung seien (vgl. Z. 70–75) – eine große Chance für China. Tatsächlich hatte das Deutsche Reich **immense Schulden** aus der Kriegszeit und enorme **wirtschaftliche Probleme**, die sich bis 1923 noch zuspitzten. Zudem ließen die harten Bedingungen des **Versailler Vertrages**, die für starke Empörung in Deutschland sorgten und die ständige Gefahr einer alliierten Intervention mit sich brachten, **keine großen Handlungsspielräume** zu. Möglicherweise sieht Kang Youwei hier einen Ansatzpunkt für ein Bündnis mit dem **außenpolitisch isolierten Deutschland**, zumal in China ebenfalls gegen die Nachkriegsordnung („Bewegung des vierten Mai") protestiert wurde.

historische Belastung des deutsch-chinesischen Verhältnisses

Es ist aber historisch kaum vertretbar, dass der Autor die **Beziehungen zu Deutschland** als „uns durch alle **Freundschaft** verbunde[n]" (Z. 82) bezeichnet. Das Deutsche Kaiserreich war 1900 maßgeblich an der brutalen **Niederwerfung des „Boxeraufstandes"** beteiligt. Man betrachtete die chinesische Bevölkerung im Rahmen imperialistisch-rassistischer Vorstellungen als **minderwertig**, was sich z. B. in der „Hunnenrede" Wilhelms II. zeigte, und verfolgte eine Politik der **„ungleichen Verträge"** auf Kosten Chinas. Im Ersten Weltkrieg stand China aufseiten der Alliierten und somit gegen Deutschland.

deutsches Interesse an einem Bündnis mit China?

Abgesehen von den historischen Belastungen ist fraglich, ob auf deutscher Seite **Interesse an einem deutsch-chinesischen Vertrag** bestand. In Deutschland besaßen die Aufrechterhaltung der inneren Ordnung, die Revision von Versailles und die wirtschaftliche Konsolidierung absolute Priorität. Die **politisch-wirtschaftlich desolate Lage Chinas**, auf die in M mehrfach angespielt wird, stellte wohl kaum einen Anreiz dar, bilaterale Beziehungen im von Kang Youwei gewünschten Ausmaß zu gestalten. Auch hatte Deutschland – wie in M übertrieben dargestellt – bereits gewisse Beziehungen zu Chinas Konkurrenten Japan aufgenommen (vgl. Z. 62–64) und war womöglich nicht daran interessiert, durch Kontakte zu beiden Staaten in deren Konflikte hineingezogen zu werden.

Fazit

Insgesamt kann festgehalten werden, dass Kang Youwei aus seiner nationalen chinesischen Perspektive heraus den **stark begrenzten Spielraum Deutschlands** nach dem verlorenen Krieg **nicht hinreichend** berücksichtigt. Die Hoffnung auf eine weitreichende Kooperation mit Deutschland und einen raschen Aufstieg Chinas durch deutsches Know-how erscheint auch insofern illusorisch, da die Situation in China – wie Kang Youwei selbst schreibt – **äußerst labil** war, kaum Sicherheit bot und Chinas Attraktivität als Partner schmälerte. Völlig auszuschließen war ein deutsches Interesse an der Aufnahme von Beziehungen zu diesem Zeitpunkt aber nicht.

Wechselwirkungen und Anpassungsprozesse in der Geschichte
(Rahmenthema 2)
China und die imperialistischen Mächte
(Verbindliches Wahlmodul)

Der deutsche Imperialismus in China

Aufgabenstellung

1 Fassen Sie nach einer quellenkritischen Einleitung die Grundlinien der deutschen Chinapolitik am Ende des 19. Jahrhunderts aus der Quelle M 1 zusammen.

2 Ordnen Sie die Quellen M 1 und M 2 in den historischen Zusammenhang der Beziehungen Chinas zu den imperialistischen Staaten ein.

3 Vergleichen Sie M 1 und M 2 hinsichtlich der jeweiligen Perspektiven und der deutlich werdenden Grundauffassungen.

4 Beurteilen Sie im Vergleich mit der Situation von M 1, ob mit der Außenpolitik Stresemanns in den Jahren 1923–1929 eine grundsätzliche Neuausrichtung in der deutschen Außenpolitik eingetreten ist.

M 1 Aufzeichnung des Staatssekretärs im Auswärtigen Amt des deutschen Kaiserreichs, Bernhard von Bülow, für den Chef des Ostasiatischen Kreuzergeschwaders, Prinz Heinrich von Preußen, vom 14. März 1899

Ganz geheim Berlin, 14. März 1899

Die ostasiatische Frage in ihrer gegenwärtigen Gestalt beruht auf der militärischen Schwäche des Chinesischen Reiches und der Unfähigkeit seiner Zentralregierung, welche dieses reiche Ländergebiet oder doch einzelne Stücke desselben allen stärker organisierten Staaten als leichte und lohnende Beute erscheinen lassen. Der Machtzuwachs, welchen sich einzelne europäische Staaten durch territoriale Erwerbungen in China holen könnten, würde aber unausbleiblich auf das bestehende europäische Gleichgewicht eine fühlbare Rückwirkung ausüben. Deshalb sehen sich mehr oder weniger alle zivilisierten Nationen daran interessiert, den Zersetzungsprozeß des Chinesischen Reiches aus nächster Nähe zu beobachten, um einzugreifen, sobald es ihre Interessen zu erheischen scheinen. Nachdem schon früher Rußland von Norden, England vom Süden her in das Chinesische Reich eingedrungen waren, hat sich später Frankreich in

Tonking auf Kosten Chinas ein eigenes Kolonialreich geschaffen; Japan hat sich vorläufig mit der Absprengung Formosas begnügen müssen. Deutschland kontrolliert von Kiautschou aus die Provinz Schantung, und eben ist auch Italien im Begriff vermittelst der Gründung einer Station in der Sanmunbucht, sich die wirtschaftliche Ausbeutung der Provinz Tschekiang zu sichern. Die Vereinigten Staaten von Amerika haben ihr steigendes Interesse an den chinesischen Dingen bis jetzt nur durch lebhaftere Beteiligung an dem Wettbewerb um chinesische Anleihen und Eisenbahnen betätigt. Die von Japan her drohende Gefahr einer Aufrollung der chinesischen Frage ist durch die Intervention der drei Mächte nach dem Frieden von Schimonoseki[1] zunächst noch beschworen worden. Im Interesse des Weltfriedens, aber auch weil unsere Position in Ostasien sich stetig verbessert, vor allem aus marinetechnischen Gründen muß uns vorläufig daran liegen, daß der Prozeß der weiteren Aufteilung Chinas noch hinausgeschoben wird. Wir werden kommerziell immer stärker, da unser ostasiatischer Handel schon jetzt in stärkerer Progression zunimmt als z. B. derjenige Englands, und die Lücken unserer infolge der Umtriebe einer verblendeten Opposition in der Entwicklung zurückgebliebenen maritimen Rüstung werden mit jedem Jahre mehr ausgefüllt.

Durch diese Sachlage ist die Grundrichtung für unsere gegenwärtige Politik in Ostasien bestimmt. Wir suchen, soweit es sich mit unserer Würde verträgt und ohne Einbuße an unserer Stellung möglich ist, Konflikte zu vermeiden und bei Konflikten zwischen dritten Mächten uns wenigstens freie Hand zu bewahren. Dies gilt namentlich von dem großen englisch-russischen Interessengegensatz. [...]

Neben dieser mehr negativen Seite unserer Politik darf natürlich auch die positive Seite nicht vernachlässigt werden, die Befestigung unseres wirtschaftlichen Einflusses in China. Hier fällt die Hauptaufgabe den deutschen Kaufleuten, überhaupt dem deutschen Privatkapital und den deutschen Missionaren zu. Voran steht die Nutzbarmachung unserer Eisenbahn- und Bergwerkskonzessionen in Schantung. Der deutschen Kriegsmacht, repräsentiert durch das in den chinesischen Gewässern versammelte Kreuzergeschwader und durch die Garnison in Tsingtau, fällt die wichtige Aufgabe zu, der Tätigkeit des deutschen Schantung-Syndikats, welches mit den Vorarbeiten zum Eisenbahnbau bereits beschäftigt ist, den Rücken zu decken, um den chinesischen Mandarinen und der chinesischen Bevölkerung, die offenbar nur für präsente Machtentfaltung empfänglich sind, den Druck der deutschen Waffen beständig vor Augen zu halten.

Ebenso dürften wir nicht aufhören, den deutschen Missionaren als den Pionieren der deutschen Kultur sowohl im Interesse des deutschen Ansehens als auch aus Gründen der inneren deutschen Politik gegen Vergewaltigung festen Schutz fort und fort angedeihen zu lassen. Fremdenfeindliche Bewegungen im Süden der Provinz Schantung, die bis nahe an die deutsche 50-Kilometer-Zone in Schantung heranreichen, nötigen uns, der dort wirkenden katholischen Mission des Bischofs Anzer unsere besondere Fürsorge zuzuwenden, wenn auch seit dem Überfall auf Pater Stenz glücklicherweise neue Gewalttaten gegen unsere Landsleute nicht gemeldet sind. Die Ausbrüche der chinesischen Sekten scheinen sich bisher nur gegen die einheimischen Christen gerichtet zu haben. Diese unterstehen als chinesische Untertanen nicht direkt unserm Schutz. Wir können aber insofern indirekt für sie eintreten, als durch Angriffe auf sie die Tätigkeit der Missionare gestört wird, die China vertragsmäßig verpflichtet ist, frei gewähren zu lassen.

Auszug aus: Aufzeichnung Bülows für den Chef des Ostasiatischen Kreuzergeschwaders, Prinz Heinrich von Preußen, in: Michael Behnen (Hg.): Quellen zur deutschen Außenpolitik im Zeitalter des Imperialismus 1890–1911 (Ausgewählte Quellen zur deutschen Geschichte der Neuzeit. Freiherr vom Stein-Gedächtnisausgabe), Wissenschaftliche Buchgesellschaft: Darmstadt 1977, S. 202–205.

Anmerkung

1 Die Intervention von Shimonoseki 1895 war eine gemeinsame diplomatische Mission Russlands, Deutschlands und Frankreichs in Tokio. Die drei Mächte versuchten damals, Japan zur Rückgabe der Halbinsel Liaodong, die es nach dem Chinesisch-Japanischen Krieg 1894/95 (Frieden von Shimonoseki) erhalten hatte, an China zu zwingen.

M2 Ein Mitglied der I-ho-tuan[1] teilt der englischen Zeitung „Daily Express" (um 1900) mit:

Die westliche Zivilisation ist in unseren Augen [...] wie ein Ding von gestern. Die chinesische Zivilisation dagegen ist ungezählte Jahrtausende alt [...]. Und nun kommt ihr, aus eurer westlichen Welt, zu uns mit dem, was ihr eure „neuen Ideen" nennt. Ihr bringt uns eure Religion – ein Kind von neunzehnhundert Jahren; ihr fordert uns auf, Eisenbahnen zu bauen [...]. Ihr wollt Fabriken bauen und dadurch unsere schönen Künste und Gewerbe verdrängen [...]. Gegen alles das erheben wir Einspruch. Wir wollen allein gelassen werden, wir wollen die Freiheit haben, unser schönes Land und die Früchte unsrer alten Erfahrung zu genießen. Wenn wir euch bitten wegzugehen, so weigert ihr euch und bedroht uns gar, wenn wir euch nicht unsere Häfen, unser Land, unsere Städte geben. Daher sind wir Mitglieder der Gesellschaft der sogenannten „Boxer" nach reiflicher Überlegung zu der Erkenntnis gekommen, daß die einzige Möglichkeit euch los zu werden, darin liegt, daß wir euch töten.

Auszug aus: Interview des „Daily Express" mit einem Mitglied der „Boxerbewegung", zitiert in: Wolfgang Keller u. a.: China im Unterricht. Modelle und Materialien zur Fächerkooperation im gesellschaftswissenschaftlichen Aufgabenfeld, Verlag Ploetz: Freiburg/Würzburg 1980, S. 58.

Anmerkung

1 Für die chinesische Bezeichnung der „Boxerbewegung" findet man in der Fachliteratur verschiedene Schreibweisen. So ist die Fassung „Yihetuan" („in Rechtschaffenheit vereinte Milizen") verbreitet. In der folgenden Lösung wird die Schreibweise aus der Materialvorlage verwendet.

TIPP **Erläuterungen und Bearbeitungshinweise**

Die Aufgabe bezieht sich schwerpunktmäßig auf das Rahmenthema 2 „Wechselwirkungen und Anpassungsprozesse in der Geschichte" mit dem verbindlichen Wahlmodul 9 „China und die imperialistischen Mächte". Übergriffe erfolgen auf das Rahmenthema 3 „Wurzeln unserer Identität" mit dem Wahlmodul 6 „Zwischen Krise und Modernisierung – Die Gesellschaft der Weimarer Republik".

Lösungsvorschlag

1 **TIPP** *Anforderungsbereich: I, Gewichtung in Prozent: 25*

Nach einer quellenkritischen Einleitung zu M 1, in der Sie wesentliche Informationen zum Material wie z. B. den Anlass, den Autor, die Adressaten, den Ort und Zeitpunkt der Entstehung, die Quellengattung, das Publikationsdatum, die Hauptaussage, den Quellenwert und die Intention des Verfassers bestimmen, geben Sie wesentliche Aspekte des Textes klar strukturiert, vollständig, aber inhaltlich reduziert sowie sprachlich eigenständig, distanziert und unkommentiert wieder. Die Aufgabe hat einen reproduktiven Charakter.

Vorstellung von M 1
Autor, Adressat, Quellenart, Entstehungszeitpunkt/-ort, Hauptaussage, Quellenwert, Intention

Im vorliegenden Auszug aus einer sehr **vertraulichen, geheimen Aufzeichnung**, die am **14. März 1899** in Berlin entstanden ist, legt der Staatssekretär im Auswärtigen Amt des Deutschen Kaiserreichs, **Bernhard von Bülow**, die **Grundlinien der deutschen Chinapolitik** dar. Bülows damalige Position als Chef des Außenministeriums war vergleichbar mit dem Amt eines heutigen Außenministers. In M 1 wendet er sich an den Chef des Ostasiatischen Kreuzergeschwaders, Prinz **Heinrich von Preußen**, um diesem die von Deutschland angestrebte **kontrollierte Expansion im chinesischen Raum** zu verdeutlichen. Zeitlich fällt die Quelle in eine Phase, in der die imperialistischen Staaten ihren Einfluss in China zunehmend ausbauten, um ihre jeweiligen machtpolitischen und wirtschaftlichen Ansprüche zu erfüllen. Diesem Vorgehen hatte sich 1898 auch das Deutsche Reich angeschlossen. Die für den **internen Gebrauch** bestimmte Aufzeichnung hat einen **hohen Quellenwert**, da sie Einblick in die Intentionen und Vorgehensweisen der imperialistischen deutschen Außenpolitik um 1900 gibt.

zentrale Aussagen zur deutschen Chinapolitik
noch Zurückhaltung, bis eigene Position gestärkt ist

Grundlinie deutscher Chinapolitik ist es laut Bülow, im **imperialistischen Wettlauf** um Einflussgebiete im politisch und militärisch schwachen China die eigene **Interessensphäre kontrolliert auszubauen**. Aktuell hält er eine **abwartende Haltung** des Kaiserreichs noch für ratsam, bis man die Position Deutschlands durch den Ausbau von Marine und Handel weiter gestärkt habe. Daraus ergebe sich auch eine **Zurückhaltung in Auseinandersetzungen** zwischen den Großmächten (z. B. im Konflikt Großbritanniens und Russlands in der Region), um den allgemeinen Frieden nicht durch Streitigkeiten in China zu gefährden.

trotzdem: aktive Rolle in China

Doch befürwortet Bülow durchaus eine **aktivere Rolle deutscher Außenpolitik** in China. Diese sollte einerseits durch die **Stärkung des wirtschaftlichen Einflusses** durch deutsche Kaufleute und Investoren erfüllt werden, z. B. im Berg- und Eisenbahnbau in Shantung. Andererseits sollte die **deutsche Kultur** insbesondere durch die – grundsätzlich mit Gefahren verbundene – **Missionstätigkeit** expandieren. Beide Aktivitäten sollten Bülow zufolge **militärisch abgesichert** werden.

2 **TIPP** *Anforderungsbereich: II, Gewichtung in Prozent: 25*

Die Einordnung setzt umfassende Kenntnisse über die Inhalte des Rahmenthemas 2 zu den Beziehungen zwischen China und den imperialistischen Mächten im 19. Jahrhundert voraus. Greifen Sie die für Ihre Lösung wichtigen Aspekte der Textquellen M 1 und M 2 heraus, ordnen Sie diese sinnvoll strukturiert in den historischen Hintergrund ein und bringen Sie zusätzliche Informationen ein, sodass die Leser*innen Ihrer Lösung die in beiden Materialien angedeuteten Aspekte der Beziehungsgeschichte zwischen China und den imperialistischen Staaten besser verstehen können. Die textbezogene Anwendung und Verknüpfung von Wissen fällt in den AFB II.

Chinas Beziehungen zu den imperialistischen Mächten

Auseinandersetzung mit Großbritannien um Handelsprivilegien

Im 19. Jahrhundert erschien das Kaiserreich **China** den imperialistischen Mächten zunehmend als „**leichte und lohnende Beute**" (M 1, Z. 5). Ausgangspunkt für die immer stärkere imperialistische Durchdringung war der **Erste Opiumkrieg** zwischen Großbritannien und China 1839–1842, in dem England **alte Handelsbeschränkungen beseitigen** und Handelsprivilegien erringen wollte. Seit 1759 war **Kanton** der einzige Anlaufhafen für britische Schiffe. 1793 hatte der chinesische Kaiser die im Rahmen der **Macartney-Mission** aufgestellten britischen Forderungen u. a. nach **Handelsliberalisierung** und einem **englischen Handelsplatz** auf chinesischem Boden mit eigener Exekutive und Judikative noch zurückweisen können.
Das zentrale Problem der Engländer – ein immer größer werdendes **Handelsdefizit** – blieb somit ungelöst: In Großbritannien herrschte ein hoher Bedarf an **Tee, Seide und Porzellan aus China**, die chinesische Seite zeigte allerdings kein Interesse an britischen Handelsgütern. Daher erfolgte die Bezahlung fast ausschließlich mit **Silber**. Um das massive Handelsdefizit auszugleichen und Silber zurückzuerlangen, intensivierten britische Händler im Verbund mit chinesischen Kaufleuten den **Opiumschmuggel** nach China. Zu Beginn des 19. Jahrhunderts und vor allem zwischen 1820 und 1835 stieg der illegale Opiumexport nach China enorm. Das führte zu Millionen von **Drogenabhängigen** im Land und hatte gravierende wirtschaftliche Folgen: So stieg durch den **Silberabfluss** die **Inflation** in China. Selbst Staatsbeamte konnten nicht mehr voll entlohnt werden.
Daher ging der kaiserliche Kommissar **Lin Zexu** 1838/39 entschieden gegen die Rauschgifthändler vor und ließ Opium beschlagnahmen und vernichten sowie Verantwortliche verhaften. Dies war der Auslöser des **Ersten Opiumkriegs**, in dem die militärisch-technisch

völlig überforderten Chinesen einer relativ kleinen Anzahl britischer Soldaten unterlagen. Im **Vertrag von Nanking** erwirkte Großbritannien 1842 die Öffnung von fünf Vertragshäfen und das Recht zu freiem Handel.

zunehmende wirtschaftliche Durchdringung durch die imperialistischen Mächte

Folgeverträge – ebenfalls „**ungleiche Verträge**" genannt – mit anderen imperialistischen Mächten (z. B. 1844 USA und Frankreich, 1861 Preußen stellvertretend für den Deutschen Zollverein, vgl. M 1, Z. 8 f.) zementierten die **erzwungene Öffnung Chinas**. Die neuen Handelsbedingungen wirkten sich für das Kaiserreich nachteilig aus, außerdem büßte es die **staatliche Souveränität** in Hafenstädten ein (Exterritorialität). Die Zahl der Vertragshäfen stieg bis zum Ende des 19. Jahrhunderts auf 39. Imperialistische Mächte weiteten ihren Einfluss immer stärker aus, so auch seit 1898 das **Deutsche Reich** in der Provinz **Schantung** (vgl. M 1, Z. 14 f.). Die **Vereinigten Staaten von Amerika** setzten seit 1899 auf die **Open-Door-Policy** und einen gleichberechtigten Freihandel in China (vgl. M 1, Z. 17–19). Darüber hinaus expandierten **Russland** (vgl. M 1, Z. 11 f.) und **Japan** (vgl. M 1, Z. 13 f.) um 1900 in den chinesischen Machtbereich. Diese zwei Mächte standen in Konkurrenz zueinander, weil sie **Korea** zu ihren Interessensphären zählten. Als Japan 1894 im **Japanisch-Chinesischen Krieg** die strategisch wichtige chinesische Hafenstadt Porth Arthur erobert und unter der Zivilbevölkerung ein Massaker angerichtet hatte, intervenierte Russland in den folgenden Friedensverhandlungen, sodass Japan den Hafen nicht zugesprochen bekam.

steigende kulturelle Einflussnahme der imperialistischen Mächte

Aufgrund dieser imperialistischen Durchdringung befand sich China zum Zeitpunkt von Bülows Aufzeichnung in einem **Zustand großer Schwäche** (vgl. M 1, Z. 2–5). Aber nicht nur politisch-wirtschaftlich, sondern auch **kulturell** nahmen ausländische Mächte immer größeren Einfluss. So wurde die **christliche Mission** in den „ungleichen Verträgen" gesichert. Sie brachte zwar durchaus Vorteile für die chinesische Bevölkerung durch den **Ausbau der sozial-karitativen Infrastruktur** (z. B. Schulen und Krankenhäuser), verschärfte aber den **kulturellen Gegensatz** zwischen Chinesen und Europäern, sodass sich Übergriffe auf Missionare häuften (vgl. M 1, Z. 45–57).

chinesischer Widerstand

Gegen die zunehmende ausländische Fremdbestimmung entwickelten sich in China mehrere Formen der **Gegenreaktion**. Die in M 2 genannte nationalistische Bewegung der **I-ho-tuan**, auch abwertend „**Boxerbewegung**" genannt, setzte auf eine gewaltsame Vertreibung der Ausländer (vgl. M 2, Z. 11 f.), auf die Bekämpfung des Christentums (vgl. M 2, Z. 4) und auf einen chinesischen **Patriotismus** (vgl. M 2, Z. 1 f., 7 f.). Ihre Mitglieder – vor allem Bauern und durch die wirtschaftlichen Auswirkungen des Imperialismus geschädigte Kleinhandwerker (vgl. M 2, Z. 5 f.) – erwirkten zeitweise die Gunst des Kaiserhauses. Ihre Truppen rückten 1900 nach **Peking** vor. Nach der Belagerung des Gesandtschaftsviertels und der Ermordung des deutschen Gesandten Clemens von Ketteler erklärte Kaiserinwitwe Cixi den imperialistischen Mächten den **Krieg**. Auch diese militärische Auseinandersetzung, nun gegen eine Allianz aus acht westlich-imperialistischen Staaten, **verlor China**. Im „Boxerkrieg" gingen gerade **deutsche Truppen äußerst gewalttätig** vor, was sich in Bülows Aufzeichnungen bereits andeutet (vgl. M 1, Z. 38–44).

3 **TIPP** *Anforderungsbereich: II, Gewichtung in Prozent: 25*

Beim Operator „vergleichen" sind „Gemeinsamkeiten, Ähnlichkeiten und Unterschiede von Sachverhalten kriterienorientiert dar[zu]legen". Stellen Sie kurz die Perspektiven aus M 1 und M 2 in wesentlichen Grundzügen einander gegenüber und konkretisieren Sie die gegensätzlichen Positionen dann durch den Vergleich bestimmter Grundauffassungen: Benennen Sie Kriterien, die hierfür infrage kommen (z. B. Selbstbild, Einstellung zum Christentum), und beurteilen Sie jeweils, ob eine Gemeinsamkeit, eine Ähnlichkeit oder ein Unterschied vorliegt. Diese textbezogene Anwendung und Verknüpfung von Wissen fällt in den AFB II.

Vorstellung der beiden Perspektiven aus M 1 und M 2

Die zwei Perspektiven vermitteln eine **deutsche** (M 1) und eine **chinesische** (M 2) Sicht auf die **Entwicklungen in China um 1900**. Sie verdeutlichen die **steigende Spannung** zwischen den **imperialistischen Mächten** mit ihren wachsenden **territorialen Ansprüchen** auf der einen Seite und Teilen der **chinesischen Bevölkerung**, in denen ein erwachender **Nationalismus** zu beobachten war, auf der anderen Seite. Während Bülow die chinesische Kultur offenbar nicht als zivilisiert wahrnimmt (vgl. M 1, Z. 8–10), betont das I-ho-tuan-Mitglied die **Überlegenheit der alten chinesischen Kultur** gegenüber der „jungen" westlichen Zivilisation (vgl. M 2, Z. 1 f., 6–8).

Vergleich der Grundauffassungen

grundsätzliches Selbstbild

– umfassender Überlegenheitsanspruch der industrialisierten Länder …

Dieser wesentliche Unterschied in der Bewertung der chinesischen Kultur kommt in vollkommen **gegensätzlichen Grundauffassungen** zum Tragen: Bülow geht wie selbstverständlich von der unter Imperialisten vertretenen Überzeugung aus, dass die **industrialisierten Länder** weniger entwickelten Staaten und Völkern militärisch-technisch und kulturell überlegen seien. Die Überzeugung, dass die eigene Zivilisation andere dominiere, war nicht selten gepaart mit **Rassismus und Sozialdarwinismus**. Aus diesen Denkmustern leiteten die industrialisierten Staaten das Recht ab, **fremde Gebiete zu erobern** und imperialistisch zu durchdringen.

– … vs. chinesisches Überlegenheitsgefühl wegen alter Hochkultur

Diametral anders ist die Auffassung des I-ho-tuan-Mitglieds: China sei eine **uralte Hochkultur**, die der Technik, Industrialisierung und ganzen **„westliche[n] Zivilisation"** (M 2, Z. 1) **nicht bedürfe**. Hier spiegelt sich das chinesische Weltbild des **„Reichs der Mitte"** wider: Der chinesische Kaiser habe das **Mandat des Himmels**, das ihn dazu ermächtige, über China und darüber hinaus zu herrschen. Je weiter man sich von **China als kulturellem Zentrum** entferne, desto unzivilisierter und barbarischer seien die Menschen. Andere Staaten und Völker könnten sich – so die chinesische Vorstellung – durch Tributzahlungen der chinesischen Überlegenheit beugen. Wer dies nicht tue, kennzeichne sich selbst als Barbar. Dieses Selbstverständnis war gegen Ende des 19. Jahrhunderts noch weit verbreitet.

Rolle der Religion: Propagierung vs. Ablehnung des Christentums

Während Bülow den **christlichen Missionaren** eine wichtige Rolle für die Ausbreitung deutschen Ansehens und deutscher Kultur zuweist und deren Schutz propagiert (vgl. M 1, Z. 45–52), lehnt der Chinese die vergleichsweise junge christliche Religion ab (vgl. M 2, Z. 3 f.). Hier zeigt sich die grundlegend unterschiedliche Wahrnehmung der beiden Kulturen speziell **auf religiöser Ebene:** Für Bülow stellt das **Christentum** offenbar die **Speerspitze deutscher kultureller Hegemonie** in China dar, die die machtpolitisch-wirtschaftliche Durchdringung begleiten solle. Das Mitglied der „Boxer" sieht die stark vom Christentum geprägte westliche Kultur als der chinesischen Zivilisation unterlegen an. Hier bezieht es sich vermutlich auch auf die Jahrhunderte ältere **Lehre des Konfuzius**, auf dessen Wertvorstellungen das chinesische Selbstverständnis beruhte.

wirtschaftliche Interessenunterschiede

Während Bülow die **wirtschaftliche Expansion in einem fremden Land** durch Kaufleute, Investoren sowie mit militärischen Mitteln vorantreiben will (vgl. M 1, Z. 36–44), betont das Mitglied der I-ho-tuan nicht in erster Linie die allgemeine Ausbeutung Chinas, sondern verweist besonders auf die **Zerstörung der chinesischen Künste und des Kleingewerbes** (vgl. M 2, Z. 5 f.). Insgesamt werden unterschiedliche wirtschaftliche Interessen und Ziele beider Seiten deutlich, die den Blick auf die Gegenwart prägen.

Fazit

Die **divergenten Perspektiven** aus M 1 und M 2 sind jeweils durch gewisse **Grundauffassungen** bestimmt. Bülow redet einer für westliche Protagonisten typischen **imperialistischen Position** das Wort: Es geht um den **Wettlauf** der westlichen Mächte um Einfluss in der Welt, die vermeintliche **kulturelle Überlegenheit** der imperialistischen Staaten und die Ausweitung ihrer politisch-wirtschaftlichen Interessen speziell in China. Die Äußerungen des I-ho-tuan-Mitglieds stehen hingegen stellvertretend für die **patriotischen Ziele** einer wachsenden **Gruppe fremdenfeindlicher Chinesen**, die die Ausländer vertreiben und das Christentum bekämpfen wollte, da sie ihre **Kultur** und **wirtschaftliche Existenzgrundlage bedroht** sah. Dass es vor diesem Hintergrund tatsächlich zu kriegerischen Auseinandersetzungen kam („**Boxerkrieg**"), verwundert deshalb nicht.

4 **TIPP** *Anforderungsbereich: III, Gewichtung in Prozent: 25*

Eine Beurteilung verlangt ein Sachurteil, das sich auf relevante Kriterien stützt. Untersuchen Sie hier die sachbezogene Triftigkeit folgender Fragestellung: Stellte die Außenpolitik Stresemanns 1923–1929 eine grundsätzliche Neuausrichtung deutscher Außenpolitik im Gegensatz zum nationalistisch-imperialen Vorgehen des Kaiserreichs um 1900 (siehe M 1) dar? Benennen Sie zu Beginn Ihrer Ausführungen, was genau beurteilt werden soll, und überlegen Sie anschließend, wo/inwiefern es Kontinuitäten bzw. Brüche gibt. Diese Aufgabe gehört in den AFB III. Wie Ihr Urteil ausfällt, ist offen: Es sind andere Lösungen als der vorgestellte Vorschlag möglich. Wichtig ist in jedem Fall, dass Sie Ihr Ergebnis mit Argumenten gut begründen.

Beurteilung: Neuausrichtung der Außenpolitik unter Stresemann?

neue Grundvoraussetzungen (Machtmittel)

Wenn man die **deutsche Außenpolitik ab 1884/85** in den **Imperialismus der Großmächte** einordnet und darunter eine nationalistische, interventionistische Expansionspolitik versteht, die nationale und kontinentale Grenzen überschreitet, Krieg riskiert und Frieden diktiert (vgl. z. B. Jürgen Osterhammel), so fällt auf, dass die **Außenpolitik Gustav Stresemanns** (DVP) **zwischen 1923 und 1929** diesen Prämissen gar nicht mehr entsprechen konnte: Dazu **fehlten** Deutschland nach der Niederlage im Ersten Weltkrieg und den enormen Einschränkungen des **Friedensvertrages von Versailles** allein schon die **militärischen Mittel**. Fortan war man stark von den Siegermächten des Ersten Weltkriegs abhängig. Durch den Verlust der Kolonien war die Außenpolitik auch nicht mehr weltgeschichtlich-global orientiert, sondern richtete ihr **Augenmerk auf Europa**. Ob dies aber bedeutet, dass sich dahinter eine **grundsätzliche konzeptionelle Neuausrichtung** verbarg, verlangt eine genauere Betrachtung der Außenpolitik Stresemanns. Diese wird in der geschichtswissenschaftlichen Forschung von manchen als **Verständigungspolitik**, von anderen als **nationale Machtpolitik** bewertet.

grundsätzliche konzeptionelle Ausrichtung

– zwar immer noch Verfolgung nationaler Ziele, …

Unstrittig ist, dass Stresemann als Außenminister ehrgeizige **nationale Ziele** verfolgte, auch wenn es sich aufgrund der oben genannten Grundvoraussetzungen um andere handelte als in M 1: die **Revision des Versailler Vertrages**, dessen Bestimmungen (u. a. der Verlust der Kolonien und der Flotte) in Deutschland für Empörung gesorgt hatten, das Ende der außenpolitischen Isolation, die Rückgewinnung der eigenen Handlungsfähigkeit und den **Wiederaufstieg Deutschlands zur europäischen Großmacht**. Hier spielt das immer noch vorhandene **Selbstverständnis** hinein, dass das Deutsche Reich eine wichtige Rolle in der Welt einzunehmen habe.

– … aber neue Methode: Ausgleich statt Konfrontation

Eine erneute Rivalität bis hin zu einer militärischen Konfrontation der Großmächte war aber nicht gewünscht; vielmehr suchte Stresemann den **Ausgleich**. Zu diesem Zweck verfolgte er – anders als weitere nationalliberale bis konservative Politiker seiner Zeit – die

Verständigung mit dem langjährigen Rivalen und vermeintlichen „Erbfeind“ **Frankreich**. Dies war tatsächlich ein **neuer Aspekt** deutscher Außenpolitik. In den **Verträgen von Locarno** von 1925, die unter maßgeblicher Beteiligung von Stresemann und seinem französischen Amtskollegen Aristide Briand ausgearbeitet worden waren, kam das Deutsche Reich **französischen Sicherheitsbedürfnissen** entgegen und erkannte die **Westgrenze** sowie die Entmilitarisierung des Rheinlands an. Die Frage nach einer Revision der **Ostgrenze**, die mit den Gebietsabtretungen an Polen verbunden war, ließ Stresemann dagegen offen. Im Berliner Vertrag von 1926 näherte sich Deutschland der Sowjetunion an, die infolge des Ersten Weltkrieges ebenfalls territoriale Streitigkeiten mit Polen hatte.
Deutschland erreichte durch die Verständigung mit Frankreich 1926 die **Aufnahme in den Völkerbund** und konnte fortan wieder auf Augenhöhe mit den anderen Großmächten verhandeln. Auf diesem Wege hoffte Stresemann, **friedlich** und mit französischer Unterstützung verschiedene **Bestimmungen** des Versailler Vertrages **rückgängig** zu machen. So ging es in der Frage der Ostgrenze um die Wiedergewinnung Danzigs, des „polnischen Korridors“ in Westpreußen und der verlorenen Gebiete in Oberschlesien.

Fazit

Stresemanns Außenpolitik war grundsätzlich von dem **Gedanken** bestimmt, Deutschland zu **stärken** und seine **Macht auszubauen**. Hier findet sich eine klare **Gemeinsamkeit** mit der Ausrichtung deutscher Außenpolitik um 1900, wie sie Bülow in M 1 formuliert. Der Weg dahin war jedoch unterschiedlich: Dem **gewaltbereiten**, durch ein deutliches Überlegenheitsgefühl geprägten **Imperialismus Bülows** (vgl. M 1, Z. 38–44) stand wegen fehlender militärischer Möglichkeiten nach 1919 zunächst ein **friedlicher Weg der Verständigung** gegenüber: Als „Vernunftrepublikaner“ bezog Stresemann zwischen 1923 und seinem Tod 1929 die Realität in seine Politik ein. Daher lässt sich in erster Linie von einer **grundlegenden Neuausrichtung** im Hinblick auf die **außenpolitischen Methoden** sprechen.
Wie viele Deutsche hegte Stresemann die Hoffnung, dass Deutschland auf lange Sicht wieder zu einer **Großmacht in Europa** werden würde. In diesem Sinne war er durchaus ein **Repräsentant seiner Zeit:** Er verwarf das Alte nicht vollständig, sondern verbarg es vorläufig, um Deutschlands außenpolitische Isolation zu beenden und dann langfristig weitergehende Ziele erreichen zu können. Ähnlich reagierten auch andere **Vertreter der alten Eliten**, die die Weimarer Republik überwiegend ablehnten. In ihren Kreisen und in der ganzen Bevölkerung stieß daher die **aggressive imperiale Ausrichtung der Nationalsozialisten** auf immer mehr Zustimmung, vor allem infolge der ersten außenpolitischen Erfolge der Nationalsozialisten nach der Machtübernahme 1933.

Niedersachsen Geschichte
Grundlegendes Anforderungsniveau ▪ Übungsaufgabe 6

Wurzeln unserer Identität
(Rahmenthema 3)
Zwischen Krise und Modernisierung – Die Gesellschaft der Weimarer Republik
(Verbindliches Wahlmodul)

Die Präsidialregierung und die Rettung der Demokratie

Aufgabenstellung

1 Fassen Sie M 1 nach einer quellenkritischen Vorstellung zusammen.

2 Analysieren Sie, inwiefern die in M 2 angekündigten Maßnahmen und die Schaffung einer Präsidialregierung darauf abzielten, die in der Denkschrift (M 1) dargestellten Probleme zu vermindern bzw. zu lösen.

3 Beurteilen Sie, ob die Aufgabe, eine funktionstüchtige Demokratie zu erhalten, von einem präsidialen Regierungssystem nach US-amerikanischem Vorbild besser hätte gelöst werden können als von einem Präsidialkabinett.

INFO Das Wahlmodul 4 „Amerikanische Unabhängigkeit – ‚American Revolution'" der dritten Teilaufgabe ist nicht mehr prüfungsrelevant! Die Musterlösung dazu kann Ihnen aber einen Anhaltspunkt geben, wie eine historische Beurteilung (auch zu einer anderen Fragestellung) strukturiert und ausgeführt werden kann. Außerdem enthält sie nützliche Aspekte zur Weimarer Reichsverfassung und zur Funktionsweise der Präsidialkabinette.

M 1 Denkschrift eines Referenten[1] des preußischen Innenministeriums, Mai 1930 (Auszug)

Das rasche und stetige Anwachsen der nationalsozialistischen Bewegung hat mit in erster Linie seine Ursache in der katastrophalen Verschlechterung der wirtschaftlichen Lage weitester Kreise der Bevölkerung. Mehr und mehr verbreitet sich die Auffassung, dass nur eine grundlegende Veränderung der politischen und wirtschaftlichen Basis dieser Entwicklung Einhalt bieten könne […].

Es ist bezeichnend, dass gerade die unter der herrschenden wirtschaftlichen Not am meisten leidenden Bevölkerungskreise, der durch die Not der Landwirtschaft auf der einen Seite, durch die teuren Kredite und das Übergewicht der Großbetriebe auf der anderen Seite allmählich verelendende Mittelstand in den kleineren Städten, die kleinen Handel- und Gewerbetreibenden, ferner die von der Arbeitslosigkeit betroffenen oder bedrohten Angestellten und schließlich die bei dieser Wirtschaftslage jeder Aussicht auf späteren Broterwerb baren Kreise des akademischen Nachwuchses, die Studenten und Hochschüler, das Gros der nationalsozialistischen Anhängerschaft bilden. Dazu kommt neuerdings auch eine nicht unerhebliche Zahl von unteren und mittleren Beamten [...]. Im Gegensatz zum Arbeiter, der in dieser Lage eher den Parolen des Kommunismus zuneigt, wollen jene Kreise sich mit allen Mitteln vor dem Absinken in das „Proletariat" retten und sehen ihr Heil daher in dem anderen, „nichtmarxistischen" Radikalismus, wie er sich im Nationalsozialismus verkörpert.

Einen nicht zu unterschätzenden Auftrieb erhält der Nationalsozialismus, besonders auf dem flachen Lande, durch seine Kampfansage gegen Auswüchse der sog[enannten] Großstadtkultur in Theater, Kino und Presse, von denen auch viele ernsthafte Kreise eine gefährliche Bedrohung wertvoller Kulturgüter befürchten.

Schließlich findet der Nationalsozialismus bei der Bekämpfung des parlamentarischen Systems einen Bundesgenossen in der sich gerade in den letzten Jahren verbreitenden Idee von der politischen Unfruchtbarkeit von Parteien und Parlamenten [...]. Insbesondere wirken sich diese Erscheinungen auf jugendliche Personen aus, die vermöge geringerer Schulung und Erfahrung nur die Nachteile sehen und daher nur zu leicht für andere Gedankengänge gewonnen werden. Es kann daher nicht verwundern, dass die große Masse der nationalsozialistischen Parteigänger Personen zwischen 15 und 30 Jahren umfasst, die ihrerseits der Bewegung eine ganz besondere Stoßkraft und Initiative geben und ihren Fanatismus erklären. Unterstützt wird diese Entwicklung teilweise durch die Einstellung der alten Parteien, die es nicht immer verstanden haben, den seelischen Regungen auch der jüngeren Generation Rechnung zu tragen.

[...] Dazu kommt mit als wichtigster Faktor Art und Umfang der Parteipropaganda. Durch eine planmäßig und geschickt aufgezogene Werbung in Wort und Schrift und eine Versammlungstätigkeit, die an Rührigkeit auch nicht entfernt von irgendeiner anderen Partei oder Bewegung erreicht wird, werden die für die Propaganda ausersehenen Bezirke mit einem förmlichen Netz dieser Einwirkungsmittel überzogen und bearbeitet.

Aus: Niedersächsisches Staatsarchiv Hannover, Hann. 80 Hann. II Nr. 777, zitiert in: Herbert Michaelis, Ernst Schraepler (Hrsg./Bearb.) unter Mitwirkung von Günter Scheel: Ursachen und Folgen. Vom Deutschen Zusammenbruch 1918 und 1945 bis zur staatlichen Neuordnung Deutschlands in der Gegenwart. Eine Urkunden- und Dokumentensammlung zur Zeitgeschichte, Bd. 8, Die Weimarer Republik. Das Ende des parlamentarischen Systems. Brüning – Papen – Schleicher. 1930–1933, Sonderausgabe für die Staats- und Kommunalbehörden sowie für Schulen und Bibliotheken, Dokumenten-Verlag Dr. Herbert Wendler & Co.: Berlin [1963], S. 328 f. (mit leichten Anpassungen an die neue Rechtschreibung)

Anmerkung

1 Ein Referent in einem Ministerium war ein höherer Beamter mit wissenschaftlichem Studium, der in einem bestimmten Sachgebiet höherwertige Aufgaben übernahm und z. B. Denkschriften, in diesem Fall für das preußische Innenministerium, verfasste.

M 2 Regierungserklärung des Reichskanzlers Heinrich Brüning im Reichstag am 1. April 1930 (Auszug)

Am 31. März 1930 ernannte Reichspräsident Paul von Hindenburg Heinrich Brüning zum Reichskanzler. Am Tag darauf gab Brüning vor dem Reichstag eine Regierungserklärung ab, die hier in wesentlichen Auszügen vorliegt.

Das neue Reichskabinett ist entsprechend dem mir vom Herrn Reichspräsidenten erteilten Auftrag an keine Koalition gebunden. [...] Das Kabinett ist gebildet mit dem Zweck, die nach allgemeiner Auffassung für das Reich lebensnotwendigen Aufgaben in kürzester Frist zu lösen. Es wird der letzte Versuch sein, die Lösung mit diesem Reichstag durchzuführen. [...] Einen Aufschub der lebensnotwendigen Arbeiten kann niemand verantworten. Die Stunde fordert schnelles Handeln. [...]

Die Reichsregierung fühlt sich stark genug, mit den Mitteln, welche das Grundgesetz unserer staatlichen Ordnung, die Weimarer Verfassung, der deutschen Republik zur Verfügung stellt, allen gefahrvollen Bedrohungen entgegenzuwirken. (Lebhafte Rufe: Bravo! in der Mitte. – Zurufe von den Kommunisten: Artikel 48!) [...]

Alle infolge der langwierigen Verhandlungen über den Young-Plan noch nicht erledigten finanziellen und wirtschaftlichen Maßregeln müssen sofort durchgeführt werden. Sanierung der **Finanz- und Kassenlage**, Unterstützung der Länder und Gemeinden in ihrer schwierigen finanziellen Lage ist das dringendste. Ohne eine schnelle Ordnung der Kassen- und Finanzlage fehlt die Gewähr der dringend notwendigen Entlastung der Wirtschaft und der Milderung der Arbeitslosigkeit. [...]

Die Reichsregierung wird an diesen Vorschlägen und an ihrer schnellsten Durchführung unter allen Umständen festhalten. Sie ist gewillt und in der Lage, alle verfassungsmäßigen Mittel hierfür einzusetzen. Das Werk des versöhnenden Ausgleichs zwischen den einzelnen Berufsständen und Schichten der Bevölkerung verträgt keinen Verzug. Diesem Gedanken muß auch der Reichstag in seiner Stellungnahme zur neuen Reichsregierung Rechnung tragen. Parteipolitische Erwägungen müssen in dieser Stunde in den Hintergrund treten. [...] Sachliche Einstellung zu diesem Programm des Kabinetts allein sichert die Zukunft des deutschen Volkes. [...]

Fundort: Reichstagsprotokolle, 1928/30, 5, S. 4728–4730.

TIPP **Erläuterungen und Bearbeitungshinweise**

Die Aufgabenstellung bezieht sich vor allem auf das dritte Kurshalbjahr mit dem Rahmenthema „Wurzeln unserer Identität“, Pflichtmodul 6 „Zwischen Krise und Modernisierung – Die Gesellschaft der Weimarer Republik“. Inhaltlicher Schwerpunkt ist der Teilaspekt „Abstiegsängste und politische Radikalisierung (u. a. Folgen der Weltwirtschaftskrise, Aufstieg der NSDAP)“. Die dritte Teilaufgabe mit ihrem Bezug zum Rahmenthema 1 „Krisen, Umbrüche und Revolutionen“ und dem Wahlmodul 4 „Amerikanische Unabhängigkeit – ‚American Revolution‘“ ist für das Abitur 2025 thematisch nur noch teilweise relevant (siehe Info-Kasten bei der Aufgabenstellung).

Lösungsvorschlag

1 **TIPP** *Anforderungsbereich: I, Gewichtung in Prozent: 30*

Die Aufgabenstellung verlangt eine Inhaltsangabe (siehe S. X–XII) von M 1. Einleitend informieren Sie Ihre Leserschaft über den Autor, die Art der Quelle, Zeit und Ort ihrer Entstehung/Publikation, ihr Thema und die Schreibabsicht des Verfassers; auch weisen Sie kurz auf den historischen Kontext hin. Diese Angaben helfen Ihnen, sich auf Aufgabe und Zielrichtung Ihres Fachaufsatzes zu fokussieren. Das Attribut „quellenkritisch“ verlangt, dass Sie eine distanzierte Haltung zum Autor sowie zu seinen Aussagen und seiner Position einnehmen. Der Operator „zusammenfassen“ bedeutet, dass Sie „Sachverhalte auf wesentliche Aspekte reduzieren und sprachlich distanziert, unkommentiert und strukturiert wiedergeben“ sollen. Das heißt: Sie müssen über die Inhalte des Materials gedanklich und sprachlich eigenständig berichten. Ihre Darstellung sollten Sie in mehrere Sinnabschnitte (Absätze) gliedern, was die Einträge in der Randspalte verdeutlichen. Verwenden Sie den Konjunktiv bzw. entsprechende Ersatzformen und übertragen Sie veraltete Begriffe in die (Fach-)Sprache der Gegenwart.

Einleitung

wirtschaftlich-soziale und politische Problemlage

Der Ausbruch der **Weltwirtschaftskrise** Ende **1929** verschlechterte die wirtschaftliche Lage in Preußen wie im gesamten Reichsgebiet erheblich, die Zahl der Arbeitslosen stieg steil an. Viele in Not Geratene und vom Abstieg Bedrohte vergrößerten sprunghaft die Anhängerschaft Adolf Hitlers und seiner NSDAP. Ebendiese Entwicklung

Bestimmung des Materials

wurde offensichtlich im **preußischen Innenministerium** in **Berlin** genau und kritisch beobachtet, wie die **Denkschrift** M 1 eines nicht namentlich bekannten **Referenten** vom **Mai 1930** belegt.

Inhalt

zentrale Ursache des Aufschwungs der NSDAP

Der Autor sieht eine **Hauptursache des Aufschwungs der NSDAP** in der sich gravierend **verschlechternden wirtschaftlichen Lage** großer Bevölkerungsteile. Immer stärker greife die Ansicht um sich, dass diese desaströse Entwicklung nur durch einen **grundlegenden politisch-wirtschaftlichen Umbruch** gestoppt werden könne.

Vor diesem Hintergrund rekrutiere sich die **neue Anhängerschaft der NSDAP** vor allem aus Handwerkern und Inhabern von Kleinbetrieben, die der Konkurrenz großer Unternehmer nicht gewachsen seien, arbeitslosen Angestellten sowie vermehrt unteren und mittleren Beamten, dazu Studenten und Hochschulabsolventen, die wegen der wirtschaftlichen Misere geringe Berufseinstiegschancen hätten. Um sich vor dem **Absinken in die soziale Unterschicht** zu bewahren, würden sie Zuflucht im **nationalistischen Radikalismus** suchen. Hingegen würde sich die **Arbeiterschaft** eher der **kommunistischen Ideologie** zuwenden.

soziale Zusammensetzung und Motive der neuen NSDAP-Wähler

Insgesamt seien gerade solche Teile der Bevölkerung anfällig für den Nationalsozialismus, die **antikommunistisch** orientiert seien und sich vom Fortschritt bedroht fühlen sowie zu **radikalen Positionen** neigen und in **nationalistischen Ideen** Halt suchen würden. Besonders auf dem Land gebe es viele, die ihr traditionelles Werteverständnis durch die **moderne Kultur in den Metropolen**, geprägt von Theatern, Kinos und vielfältigen Presseerzeugnissen, in Gefahr sähen. Unter den Unterstützern der Nationalsozialisten seien zudem diejenigen, die den **demokratischen Parlamentarismus ablehnten** und Parteien und Parlamente für **untauglich** hielten, die akuten Probleme zu lösen. Laut M 1 wurden die Dynamik, mit der die NSDAP expandiert, und der **Fanatismus** der Partei durch das **jugendliche Alter ihrer Anhängerschaft** verstärkt; der Großteil sei zwischen 15 und 30 Jahre alt. Merkmale dieser jungen Parteigänger seien ihre hohe persönliche Einsatzbereitschaft, politische Unerfahrenheit und Zukunftsängste.

ideologische Orientierung und Alter der NSDAP-Wählerschaft

Auftrieb bekomme die NS-Bewegung auch durch eine sehr **effektive Propaganda:** Die Partei konzentriere sich auf ausgewählte Wohnbezirke, deren Bewohner sie intensiv, systematisch und umfassend mithilfe von Druckerzeugnissen und Versammlungen „bearbeiten" würde. Zudem trügen die **alten Parteien** eine Mitschuld am Aufstieg der NSDAP, da sie gerade auf junge Menschen **zu wenig Anziehungskraft ausüben** und sie kaum ansprechen würden.

Unterstützung durch effektive Propaganda sowie Defizite der alten Parteien

Insgesamt beschreibt die Denkschrift in der noch **frühen Phase der Weltwirtschaftskrise** die politischen Folgen, die die wirtschaftlich prekäre Lage hatte: Laut M 1 verloren viele Bürger und besonders junge Menschen den Glauben und die Hoffnung, dass demokratische Institutionen und Parteien die Probleme lösen könnten, und drifteten in den **von der NSDAP vertretenen Rechtsradikalismus** ab.

Fazit

2 **TIPP** *Anforderungsbereich: II, Gewichtung in Prozent: 40*

Einleitend sollten Sie M 2 kurz bestimmen, den Zusammenhang zu M 1 herstellen und die Problemfrage formulieren. Auf diese Weise geben Sie Ihrer Leserschaft und sich selbst die Bearbeitungsrichtung vor; das hilft Ihnen, zielorientiert zu arbeiten. Verzichten Sie aber auf eine Inhaltswiedergabe von M 2. Der Operator „analysieren" fordert allgemein, „Materialien, Sachverhalte oder Räume [zu] beschreiben, kriterienorientiert oder aspektgeleitet [zu] erschließen und strukturiert dar[zu]stellen". Ihre Analyse baut auf den in M 1 dargestellten Problemen auf, über die Sie in Teilaufgabe 1 informiert haben. Ziehen Sie Schlussfolgerungen, ob a) die in M 2 versprochenen Maßnahmen und b) die durch die Präsidialregierung geänderten Machtverhältnisse zur Lösung bzw. Linderung der Krise beitragen konnten. Ihre Ergebnisse müssen Sie möglichst präzise und differenziert 1. formulieren, 2. erläutern bzw. erklären, 3. durch Zitate aus den Quellen und historische Fakten belegen und 4. in einem Fazit zusammenfassen.

Einleitung
Quellenbestimmung, Problemerfassung, Zielrichtung der Analyse

Die **Denkschrift vom Mai 1930** (M1) beschreibt wirtschaftliche, soziale und politische Verwerfungen, die seit Beginn der Weltwirtschaftskrise vorangeschritten waren und wirksamer Lösungskonzepte dringend bedurft hätten. Kurz zuvor, am **1. April 1930**, hatte der gerade erst von Reichspräsident Paul von Hindenburg ernannte Reichskanzler, der Zentrumspolitiker **Heinrich Brüning**, seine erste **Regierungserklärung** (M 2) abgegeben und den Anspruch erhoben, mit seinem Programm im Rahmen einer Präsidialregierung die wirtschaftliche und politische Notlage zu überwinden. Konnte er mit seinem Vorhaben die anstehenden Probleme lösen?

Analyse
Schaffung einer Präsidialregierung und Aushebelung des Parlamentarismus

Eingangs stellt Brüning fest, dass sein Kabinett „entsprechend dem mir vom Herrn Reichspräsidenten erteilten Auftrag **an keine Koalition gebunden**" (M 2, Z. 1 f.) sei. Sein Regierungsanspruch beruhte nicht auf einer parlamentarischen Mehrheit, sondern auf den besonderen **Machtbefugnissen des Reichspräsidenten**, v. a. dem Recht, Notverordnungen mit Gesetzeskraft zu erlassen (Art. 48 Abs. 2) und den Reichstag aufzulösen, was nach spätestens 60 Tagen zu Neuwahlen führen musste (Art. 25). Um die **aktuelle Krise zu lösen**, sei die Reichsregierung „gewillt und in der Lage, alle verfassungsmäßigen Mittel [...] einzusetzen" (M 2, Z. 18 f.). Dabei konnte Art. 25 als **Drohung gegenüber den demokratischen Parteien** angewandt werden, Misstrauensvoten zu unterlassen und Entscheidungen des Präsidialkabinetts – wenn auch widerwillig – zu unterstützen. Angesichts der schlimmen Notlage großer Bevölkerungsteile waren bei Neuwahlen nämlich Stimmengewinne für Kommunisten und v. a. Nationalsozialisten zu erwarten. In diesem Sinne ist Brünings Aussage zu deuten, es werde „der letzte Versuch sein, die **Lösung mit diesem Reichstag durchzuführen**" (M 2, Z. 4 f.).

Vor diesem Hintergrund wirkten die Vertreter der demokratischen Parteien, v. a. der oppositionellen SPD mit ihrer Tolerierungspolitik, in der Folge oft wie **willensschwache Politiker**, die nichts gegen die harten Sparmaßnahmen der Regierung unternahmen. Dieses Verhalten verstärkte in der Bevölkerung das Gefühl, dass sich die republiktreuen Kräfte nicht wirksam gegen die wirtschaftliche Not stemmen konnten. Dieser Eindruck passt zur „sich gerade in den letzten Jahren verbreitenden Idee von der **politischen Unfruchtbarkeit von Parteien und Parlamenten**" (M 1, Z. 24 f.), wie der Ministeriumsreferent kurz darauf in M 1 vermerken sollte.
Brünings Machtposition als Kanzler eines Präsidialkabinetts wirkte sich **verheerend auf Demokratie und Parlamentarismus** aus, was im Interesse **autoritär gesinnter, rechtsorientierter Kräfte** gelegen haben dürfte; dazu gehörten v. a. Reichspräsident **Hindenburg** und seine Kamarilla sowie Personen mit großem Einfluss auf die öffentliche Meinung wie DNVP-Chef und Medienmogul Alfred **Hugenberg**. Die Denkschrift verdeutlicht, dass es auch in der Bevölkerung viele Befürworter dieser antiparlamentarischen Richtung gab (vgl. M 1, Z. 17 f., 23–25), denen die Konstruktion des Präsidialkabinetts zugesagt haben dürfte. Politisch hat die Ausschaltung des Parlamentarismus Hitler wesentlich den Weg in die NS-Diktatur geebnet.

Brünings Deflationspolitik gegen die Wirtschaftskrise

In seiner Regierungserklärung versprach Brüning, die „**lebensnotwendigen** Aufgaben in kürzester Frist zu **lösen**" (M 2, Z. 3 f.). Nicht nur mit der Aussage „Einen **Aufschub** der lebensnotwendigen Arbeiten kann **niemand verantworten**" (M 2, Z. 5 f.) fordert er eine Handlungsvollmacht, ohne zu konkretisieren, in welche Richtung und zu wessen Lasten dies gehen sollte. Da die wirtschaftlich-soziale Krise zu tiefgreifend war, als dass rasche Abhilfe kurzfristig möglich gewesen wäre, könnte man kritisch anmerken, dass es v. a. um einen vom Reichspräsidenten gedeckten Machtanspruch ging.
In der Bevölkerung dürften Brünings Aussagen durchaus Hoffnung geweckt haben. Die **Nichterfüllung des Versprechens**, die allgemeine Notlage schnell abzuwenden, musste daher die **Politikverdrossenheit** vieler Menschen auf lange Sicht verstärken. Auch das hat mit zum Untergang der Weimarer Demokratie beigetragen. Brünings Ankündigungen mögen die in der Denkschrift beschriebenen Ängste vieler Bürger psychologisch kurzfristig gemildert haben, mittel- und längerfristig aber haben sie die Misere verschärft.
In Brünings Ankündigungen zur **Wirtschafts- und Finanzpolitik** hat die „Sanierung der **Finanz- und Kassenlage**" (M 2, Z. 13) Priorität, wie auch die Hervorhebung durch Fettdruck unterstreicht. Ein solches Ziel schließt weitere Verschuldung aus, also mussten Einnahmen erhöht und Ausgaben gesenkt werden. Da durch die Wirtschaftskrise die Staatseinnahmen sanken und Brüning die „dringend notwendig[e] Entlastung der Wirtschaft" (M 2, Z. 15 f.) versprach,

so blieben im Wesentlichen die **Erhöhung verschiedener Steuern** sowie die **Kürzung staatlicher Ausgaben – mit schwerwiegenden Folgen:** Der Staat vergab weniger Aufträge an die Wirtschaft, was zu weiteren Entlassungen führte und zur rasant steigenden Arbeitslosigkeit beitrug. Rentenzahlungen, Arbeitslosenhilfe und andere **Sozialleistungen** sowie die Löhne im öffentlichen Dienst wurden **gekürzt**. Insgesamt sorgten Regierung und Reichsbank dafür, dass weniger Geld im Umlauf war und Löhne sowie Preise fielen (**Deflation**). Zu den großen Verlierern von Brünings Maßnahmen gehörten zahlreiche Arbeitnehmer, aber auch viele Unternehmen, da sie für ihre Waren keine Abnehmer mehr fanden oder wegen der Kapitalknappheit von den Banken keine Kredite mehr erhielten.
Brünings Sparpolitik sollte den **Staatsbankrott verhindern**; allerdings verschlechterte sie die Leistung der deutschen Wirtschaft und die allgemeine Krise. Die in M 2 angekündigten Pläne und die anschließend als Notverordnungen verabschiedeten Maßnahmen **verschärften die Notlage** besonders der Mittel- und Unterschichten, da diese stark unter Lohnkürzungen und Arbeitslosigkeit litten. Viele sanken in bittere Armut herab und mussten ein Leben am Existenzminimum führen. Zahlreiche Menschen fühlten sich **vom Staat verlassen**. All das verstärkte die in M 1 beschriebene soziale Notlage und war wesentlicher Grund für den **Zulauf**, den die **NSDAP** aus den in wachsende Not geratenen Bevölkerungsteilen erhielt.

Brünings Sparpolitik und die Reparationslasten

1930 trat der **Young-Plan** in Kraft, der Deutschlands Zahlungsverpflichtungen an die alliierten Siegermächte des Ersten Weltkriegs final regeln sollte. Gegen diesen **Reparationsplan** hatten die DNVP und, auf besonders populistisch-aggressive Weise, die NSDAP einen **Volksentscheid** herbeigeführt, der aber wegen zu geringer Beteiligung erfolglos blieb. Dennoch konnten die Nationalsozialisten einen erheblichen **Propagandaerfolg** in der Öffentlichkeit verbuchen.
In M 2 forderte Brüning: „Alle infolge der langwierigen Verhandlungen über den Young-Plan noch nicht erledigten finanziellen und wirtschaftlichen Maßregeln müssen sofort durchgeführt werden." (M 2, Z. 11–13) Aus Sicht des Reichskanzlers gab es zur **Erfüllung der alliierten Vorgaben** keine Alternative und er wollte durch Vertragstreue ein Entgegenkommen der Siegermächte erreichen, was aber eine Entlastung der Bevölkerung erschwerte. Dass Deutschland von den Reparationen befreit wurde, lag an der durch Brünings Sparpolitik verschlimmerten wirtschaftlichen, finanziellen und sozialen Notl im Deutschen Reich: Im **Hoover-Moratorium** wurden 1931 alle Zahlungsverpflichtungen infolge des Ersten Weltkrieges auf Initiative von US-Präsident Hoover zunächst für ein Jahr außer Kraft gesetzt und 1932 auf der **Konferenz von Lausanne** ganz aufgehoben. Dieser außenpolitische Erfolg war aber **teuer erkauft** durch das Massenelend und den in M 1 aufgezeigten Aufstieg der NSDAP.

Als Brüning im Frühjahr 1930 Reichskanzler wurde, war die **wirtschaftliche, soziale und politische Lage** sehr **angespannt**, was die kurze Zeit später entstandene Denkschrift aus dem preußischen Innenministerium verdeutlicht. **Brünings rabiate Sparpolitik**, die am Parlament vorbei mit Notverordnungen durchgesetzt wurde, war in der Bevölkerung **unbeliebt**, ließ die demokratischen Institutionen schwach aussehen und verstärkte den Eindruck, die Republik sei unfähig, schwere Krisen zu lösen. Von dieser negativen Stimmung **profitierten** die **Nationalsozialisten** mit ihrer aggressiv-populistischen Propaganda, was der Autor von M 1 im Mai 1930 genau beschrieb.

Fazit

3 **TIPP** *Anforderungsbereich: III, Gewichtung in Prozent: 30*

Einleitend sollten Sie das zu beurteilende Problem kurz erläutern und den Untersuchungsgegenstand eingrenzen: Beschränken Sie sich auf Organe und Kompetenzen, die mit Blick auf die Fragestellung relevant sind. Der Operator „beurteilen" bedeutet, „den Stellenwert von Sachverhalten oder Prozessen in einem Zusammenhang [zu] bestimmen, um kriterienorientiert zu einem begründeten Sachurteil zu gelangen". Gehen Sie wie folgt vor: 1. Stellen Sie vorbereitend wesentliche Schwachstellen in der Konstruktion eines Präsidialkabinetts, die die Stabilität der Weimarer Demokratie gefährdeten, zusammen. 2. Erschließen Sie aus Ihren Kenntnissen zur US-Verfassung, ob es ähnliche Aspekte in den Regularien für den US-Präsidenten gibt. Beurteilen Sie jeweils die Risiken. 3. Stellen Sie in der schriftlichen Ausarbeitung Ihre Schlussfolgerungen (= Beurteilungen = Teilergebnisse) dar, indem Sie diese formulieren und erläutern. Ihre Teilergebnisse sollten Sie in einem begründeten Fazit zusammenfassen. Ein Verfassungsvergleich ist durchaus anspruchsvoll. Lassen Sie sich nicht entmutigen und nutzen Sie die folgende Lösung dazu, die beiden politischen Systeme und ihre Unterschiede zu wiederholen bzw. noch genauer zu verstehen.

In der **Spätphase der Weimarer Republik** hat die Konstruktion der vom Reichspräsidenten gestützten **Präsidialkabinette erhebliche Risiken** für den Bestand der Demokratie offenbart. Sind derartige Schwachstellen, die der Weimarer Demokratie letztendlich massiv geschadet haben, auch im präsidialen Regierungssystem nach US-amerikanischem Vorbild aufzufinden? Ausgangspunkt der Untersuchung sind die betroffenen Institutionen der Weimarer Republik: Die Beurteilung soll sich auf verfassungsrechtliche Befugnisse der **Exekutive**, besonders des **Reichspräsidenten**, beschränken, die die Voraussetzung für letztlich folgenreiche Eingriffe in die Kompetenzen der **Legislative** schufen. Bei der Weimarer Gesetzgebung soll der Blick auf den **Reichstag** gerichtet werden, nicht auf den Reichsrat, der hier eine nachgeordnete Rolle spielt.

Einleitung
Erläuterung der Problemstellung, Eingrenzung des Untersuchungsfeldes

Mit der Ernennung Brünings zum Reichskanzler am 31. März 1930 **verschoben** sich in der Weimarer Republik die **Kräfteverhältnisse** zwischen den Gewalten **zugunsten der Exekutive**, die in der Weimarer Republik – anders als in den Vereinigten Staaten – **zweigeteilt** war: in den Reichspräsidenten und in den Reichskanzler mit seinem Kabinett. Der Reichspräsident konnte nach Art. 48 Abs. 2 „**Notverordnungen**" mit Gesetzeskraft erlassen, wodurch er **Kompetenzen der Legislative** übernahm. Dieser Artikel war ursprünglich, als die Weimarer Verfassung 1919 verabschiedet wurde, dazu gedacht, die Stabilität der Demokratie in einem außerordentlichen Ausnahmezustand zu bewahren, und sollte z. B. angewandt werden, um die Einheit des Reiches zu retten oder den Zusammenbruch von Staatsorganen zu verhindern. Mit Brüning ernannte Hindenburg nun einen Reichskanzler, der nur von seinem Wohlwollen und seiner Unterstützung und nicht mehr von einer Mehrheit des Reichstags getragen wurde. Ein solches **Präsidialkabinett** wurde zum Herrschaftsinstrument zur Durchsetzung einer **autoritären, rechtsorientierten Politik** und ermöglichte es dem Reichspräsidenten im Zusammenspiel mit dem Reichskanzler, an dem von ihm ungeliebten Parlament vorbeizuregieren. Was eigentlich zur Sicherung der Republik gedacht war, wirkte sich in der Endphase von Weimar **zerstörerisch und verhängnisvoll** auf die Stabilität und das Funktionieren der Demokratie aus.

Beurteilung
Gewaltenteilung zwischen Exekutive und Legislative im Bereich der Gesetzgebung (Art. 48)

Blickt man vergleichend auf die **1787** in den **USA** erlassene **Verfassung**, so zeigt sich, dass der US-Präsident nicht über solche Befugnisse verfügt. Die **gesetzgebende Gewalt** ist klar dem **Kongress** zugewiesen. Exekutive und Legislative sind so **ausbalanciert**, dass sie sich **gegenseitig kontrollieren** und einander nicht übergehen können („checks and balances"). Der US-Präsident ist zwar befugt, gegen Gesetzesvorschläge des Kongresses ein **suspensives** (= aufschiebendes) **Veto** einzulegen; dies kann der Kongress aber nach erneuter Beratung mit Zweidrittelmehrheit aufheben, woraufhin das Gesetz sofort in Kraft tritt. Eine Übernahme legislativer Gewalt, wie sie laut Art. 48 Abs. 2 der Weimarer Verfassung dem Reichspräsidenten zumindest zeitweise zustand, ist nicht möglich.

Auflösung des Parlaments (Art. 25)

Zwar durfte der Reichstag als gesetzgebende Gewalt Notverordnungen des Reichspräsidenten außer Kraft setzen, jedoch verfügte der Reichspräsident nach Art. 25 über die Kompetenz, das **Parlament aufzulösen**. Somit bestand die Möglichkeit, eine drohende Aufhebung von Notverordnungen und Misstrauensvoten gegen die Reichsregierung zu verhindern. Tatsächlich griff Hindenburg in der Endphase von Weimar mehrfach auf dieses Verfahren zurück.

Das **Ungleichgewicht zwischen Reichspräsident und Parlament** wurde durch die Folgen der Reichstagsauflösung noch **verschärft**. Da nach Art. 25 der Weimarer Verfassung Neuwahlen innerhalb von

60 Tagen erfolgen mussten und der Reichstag sich erst danach neu konstituieren konnte, gab es etwa zwei Monate lang eine unkontrollierte Machtkonzentration aufseiten der exekutiven Gewalt, die eine **diktatorische Dimension** hatte. Dies war in der Endphase von Weimar wiederholt der Fall und wirkte sich auch kurz nach der Ernennung Hitlers zum Reichskanzler am 30. Januar 1933 katastrophal aus: Nachdem Hindenburg den Reichstag aufgelöst hatte, nutzte Hitler die Zeit bis zu den Neuwahlen am 5. März 1933, um wesentliche Grundlagen für die NS-Diktatur zu legen, politische Gegner brutal zu bekämpfen und die Bevölkerung massiv einzuschüchtern. Dabei griff er auch auf Notverordnungen des Reichspräsidenten zurück. Ein wichtiges Beispiel ist die „**Reichstagsbrandverordnung**" vom **28. Februar 1933**, durch die zentrale Grundrechte der Bürger außer Kraft gesetzt wurden.
Weder **Repräsentantenhaus** noch **Senat**, die beiden Kammern des Kongresses, können in den USA vom Präsidenten aufgelöst werden, wie es der Reichspräsident mit dem Reichstag tun konnte. Die **Legislative** ist also vor derartigen **Übergriffen der Exekutive** geschützt. Dadurch werden auch Zwischenphasen mit diktatorischer Machtkonzentration wie in der Endphase von Weimar verhindert. Eine vergleichbare Absicherung hat der Weimarer Demokratie gefehlt, was letztlich – neben weiteren Gründen – zu ihrem Untergang beitrug.

Fazit

Bei der Gegenüberstellung der Kompetenzen eines vom Reichspräsidenten gestützten Präsidialkabinetts und den Befugnissen des US-Präsidenten stellt sich heraus, dass die **Teilung der Gewalten** in den USA konsequenter und stabiler ausbalanciert ist, was die **Entstehung diktatorischer Herrschaftsstrukturen** systematisch **verhindern** soll. In der Weimarer Verfassung **hebeln Art. 25 und 48 diese Balance aus**, indem sie dem Reichspräsidenten als Teil der Exekutive außerordentliche Machtkompetenzen sowie legislative Rechte einräumen. Dies war ursprünglich dazu gedacht, in schwersten Krisen den **Staat zu stabilisieren**, wurde am Ende aber dazu genutzt, die **Demokratie auszuhebeln und sogar zu zerstören**.

Wurzeln unserer Identität
(Rahmenthema 3)
Zwischen Krise und Modernisierung – Die Gesellschaft der Weimarer Republik
(Verbindliches Wahlmodul)

Die erste deutsche Demokratie – Bestandteil einer gegenwärtigen Erinnerungskultur?

Aufgabenstellung

1 Fassen Sie die Kernaussagen von M 1 nach einer kurzen Vorstellung des Materials zusammen.

2 Erläutern Sie, inwieweit die in M 1 benannten strukturellen Probleme der Revolutionsphase im Jahr 1923 besonders zum Tragen kamen.

3 Analysieren Sie M 2 im Hinblick auf Gestaltung und Funktion.

4 Der Historiker Justus H. Ulbricht fordert in einem Beitrag zur „Republikanischen Erinnerungskultur" eine „demokratische Erinnerungskultur" für die Gegenwart und Zukunft, bei der es darum gehe, die Geschichte der ersten deutschen Demokratie „kritisch zu befragen".
Erörtern Sie, inwieweit das Osnabrücker Denkmal (M 2) ein Beitrag zu einer solchen „demokratischen Erinnerungskultur" sein könnte. Berücksichtigen Sie dabei auch Ihre bisherigen Ergebnisse sowie theoretische Aspekte zur Erinnerungskultur.

Justus H. Ulbricht: Republikanische Erinnerungskultur. Leerstellen im kollektiven Gedächtnis zwischen 1918 und 2018, unter: https://www.slpb.de/fileadmin/media/Themen/Geschichte/1918-1933/00_Ulbricht_Republikanische_Erinnerungskultur.pdf, S. 11 (letzter Aufruf: 18. 07. 22).

INFO Das Rahmenthema 4 „Geschichts- und Erinnerungskultur" und die verpflichtenden theoretischen Inhalte des dortigen Kernmoduls der dritten und vierten Teilaufgabe sind nicht mehr prüfungsrelevant! Die Musterlösung dazu kann Ihnen aber einen Anhaltspunkt geben, wie die Analyse eines Denkmals sowie eine historische Erörterung (auch zu einer anderen Fragestellung) strukturiert und ausgeführt werden kann.

M1 Die Historikerin Ursula Büttner über die Revolutionsphase der Weimarer Republik

Unklar ist nach wie vor, ob das in den Räten zweifellos vorhandene demokratische Potential genügend Rückhalt für eine radikale Demokratisierungspolitik bot. Die Räte der ersten Phase der Revolution verstanden sich überwiegend genau wie die führenden SPD-Politiker als Nothelfer in einer Übergangszeit und mehr als Konkursverwalter des alten denn als Gründer eines neuen Staates. Sie hatten für die grundlegenden Veränderungen zudem nur wenige Wochen Zeit. In den Räten der zweiten Phase kam vor allem sozialer Protest, aber nicht der Wille zu politischer Neugestaltung zum Ausdruck. Von der Sozialisierung erhofften sich viele, die nach ihr riefen, die unmittelbare Verbesserung ihrer bedrückten Lage. Damit war jedoch nicht zu rechnen. Ob bescheidene Ansätze zur Sozialisierung in Teilbereichen der Wirtschaft, die in der Nachkriegskrise allenfalls möglich waren, dennoch genügt hätten, um die Radikalisierung von Teilen der Arbeiterschaft zu verhindern, ist wissenschaftlich nicht zu klären.

Auch auf die Frage, mit wieviel Widerstand von seiten des Bürgertums und der ländlichen Produzenten bei einer weniger auf Integration und Ausgleich bedachten Politik zu rechnen war, gibt es bisher keine zuverlässige Antwort. [...] Anzeichen wie die Übergriffe heimkehrender Truppen gegen die Räte, wie die Übernahme von Kampfformen der Arbeiterbewegung, etwa der Demonstration, des Streiks und des Boykotts, wie die bewußte Instrumentalisierung des Antisemitismus für die Massenagitation oder wie die brutale Abrechnung der Freikorps mit politischen Gegnern, sprechen für die Entschlossenheit des Bürgertums, sich mit allen Mitteln zu behaupten. In Städten und Regionen, in denen die Linken zur Mitarbeit bereite bürgerliche Kräfte rigoros ausschalteten, hatten rechte und rechtsradikale Organisationen den Nutzen. Die Zusage, eine von allen Schichten des Volkes gewählte Nationalversammlung alsbald über die politische Zukunft entscheiden zu lassen, entsprach den alten Grundsätzen der SPD. Sie war aber auch in der aktuellen Situation sinnvoll, um das Bürgertum und die Landbevölkerung zu beruhigen und die Eskalation gesellschaftlicher Konflikte zum Bürgerkrieg zu verhindern.

Zu den Grenzen, die der Rat der Volksbeauftragten zu beachten hatte, gehörte die außenpolitische, wirtschaftliche und finanzielle Abhängigkeit des Deutschen Reichs von den Siegern. Wie sie im diplomatischen Verkehr immer wieder zu verstehen gaben [...], waren sie entschlossen, ein bolschewistisches Regime in Mitteleuropa zu verhindern. Dieses Ziel deckte sich allerdings mit den Wünschen der großen Mehrheit der Deutschen. Eine wirkliche Einschränkung der politischen Optionen ergab sich nicht aus der Rücksicht auf die Alliierten.

Schwerer wiegt deshalb das Argument, daß die Notsituation nach dem verlorenen Krieg zu größter Vorsicht bei Eingriffen in den mühsam funktionierenden Staats- und Wirtschaftsapparat zwang. Angesichts der Schwere der anstehenden Aufgaben und der Abhängigkeit eines Großteils der Bevölkerung in der arbeitsteiligen Industriegesellschaft von staatlichen Leistungen war die Furcht der verantwortlichen Politiker vor dem „Chaos" sehr berechtigt. Sie brauchten in dieser Situation die sachliche Mitarbeit der bürgerlichen Fachleute. Richard Löwenthal[1] hat die Frage aufgeworfen, ob ein Austausch der Eliten, wie er in klassischen Revolutionsmodellen gefordert wird, in modernen Gesellschaften überhaupt noch möglich ist. Dieser Gedanke spricht dafür, bei der näheren Charakterisierung der deutschen Revolution Zurückhaltung zu üben. Bezeichnungen wie „unvollendete", „steckengebliebene", „gebremste Revolution" beziehen sich auf die Norm einer Revolution in vorindustriellen Gesellschaften und werden den Bedingungen in Deutschland im Jahr 1918 vielleicht nicht gerecht.

Dies gilt dann auch für die Kritik an der SPD-Führung, der in der „revisionistischen"[2] Forschung seit dem Ende der sechziger Jahre mehr oder weniger hart Versagen vorgeworfen wird: Versagen aus übergroßer Vorsicht, legalistischer Bedenklichkeit oder einem Mangel an Machtwillen. Solche Einstellungen spielten sicher eine Rolle; aber die persönlichen Faktoren sollten gegenüber den strukturellen Bedingungen nicht überschätzt werden. [...] Neuerdings hat Conan Fischer[3] der deutschen Revolution und der SPD als ihrer wesentlichen Trägerin sogar ein ausgesprochen gutes Zeugnis ausgestellt und die Chancen für die Stabilisierung des neuen Staates im Zusammenwirken mit kooperationsbereiten Teilen der militärischen, bürokratischen und wirtschaftlichen Elite betont; erst im weiteren Verlauf, vor allem in der schweren politischen und ökonomischen Krise des Sommers 1923, seien viele verheißungsvolle Ansätze wieder vernichtet worden.

Die Revolution hatte weitreichende Veränderungen zur Folge: die endgültige Beseitigung der Monarchien in allen deutschen Einzelstaaten und die politische Gleichberechtigung aller Bevölkerungsschichten. Vielen Angehörigen der früher privilegierten Kreise erschienen sie als unerträglich. Hinter den Erwartungen der meisten Arbeiter blieben sie dagegen zurück. Die Verteilung der gesellschaftlichen Macht änderte sich zu wenig, um der Demokratie eine sichere Grundlage zu geben. Aber konnte und mußte die solide Fundierung der Weimarer Republik in den wenigen Monaten vor dem Zusammentritt der Nationalversammlung unter Ausschaltung großer Teile des Volkes geschehen? Oder wurden später Chancen vertan, die in der Revolution möglich erscheinende Zusammenarbeit mit reformbereiten bürgerlichen Kräften zur Demokratisierung der Gesellschaft zu nutzen?

Fundort: Ursula Büttner: Weimar. Die überforderte Republik 1918–1933, Leistung und Versagen in Staat, Gesellschaft, Wirtschaft und Kultur; Klett-Cotta: Stuttgart 2008, S. 62–64.

Anmerkungen

1 Richard Löwenthal (1908–1991), deutscher Politikwissenschaftler.
2 „revisionistisch": hier: Neu- bzw. Umdeutung historischer Ereignisse oder Entwicklungen durch die Geschichtswissenschaft.
3 Conan James Fischer, britischer Historiker.

M2 „Ebert-Erzberger-Rathenau-Denkmal" in Osnabrück

Das ursprüngliche Denkmal wurde 1928 nach einem Entwurf des Osnabrücker Architekten Justus Haarmann errichtet. Auftraggeber war das „Reichsbanner Schwarz-Rot-Gold", ein 1924 gegründeter Wehrverband der Parteien der „Weimarer Koalition", der sich den Schutz der Weimarer Demokratie zur Aufgabe gemacht hatte. Die Grundsteinlegung am 1. Juli 1928 und die Einweihung am 29. Juli 1928 erfolgten unter massiven Protesten rechtsnationaler, rechtskonservativer und nationalsozialistischer Kräfte. Der Magistrat von Osnabrück blieb der Veranstaltung fern und lehnte zudem die Pflege des Denkmals durch die Stadt ab. Am 15. Mai 1933 wurde das Denkmal durch die SA auch wegen seiner als „entartet" angesehenen Gestaltung abgerissen. 1983 wurde das Denkmal auf einen einstimmig durch den Rat der Stadt Osnabrück angenommenen Antrag der CDU rekonstruiert und zwar am Originalplatz von 1928 – ein Standort (nahe des heutigen Erich-Maria-Remarque-Rings), an dem das Monument laut Haarmann mitten im Leben stehe und gleichzeitig auch geschützt sei. Es besteht aus verschiedenen Materialien wie Beton, Naturstein, Klinker und Marmor. Vor dem Denkmal ist eine Tafel mit wesentlichen Informationen angebracht.

Fotos: Klaus Eilert.

Hinweis: Farbabbildungen der beiden Fotografien zum Download finden Sie unter: https://www.stark-verlag.de/mystark (Zugangscode vgl. Umschlaginnenseite).

TIPP **Erläuterungen und Bearbeitungshinweise**

Die Aufgabe bezieht sich schwerpunktmäßig auf das Rahmenthema 3 „Wurzeln unserer Identität“ mit dem verpflichtenden Wahlmodul 6 „Zwischen Krise und Modernisierung – Die Gesellschaft der Weimarer Republik“. Die Perspektive ist „national“, strukturierende Aspekte sind „Individuum und Gesellschaft“ und „Kontinuität und Wandel“. Zudem liegt der Fokus auf der Politik- und Sozialgeschichte. Der Semesterübergriff in den Teilaufgaben 3 und 4 auf das Rahmenthema 4 „Geschichts- und Erinnerungskultur“ und die verpflichtenden theoretischen Inhalte des dortigen Kernmoduls sind für das Abitur 2025 thematisch nicht mehr relevant (siehe Info-Kasten bei der Aufgabenstellung).

Lösungsvorschlag

1 **TIPP** *Anforderungsbereich: I, Gewichtung in Prozent: 20*

Die erste Teilaufgabe verwendet den Operator „zusammenfassen“. Beachten Sie unbedingt, dass es nicht um eine ausführliche Wiedergabe des gesamten Textes, sondern um eine Reduktion auf die wesentlichen Aspekte von M 1 geht. Dabei ist erforderlich, dass die verwendete Sprache sachlich distanziert bleibt, Ihre Lösung eine klare Struktur aufweist und keine Kommentierungen und Wertungen enthält. Besonderes Augenmerk sollte auf die verbindlichen Regelungen für die indirekte Wiedergabe von Texten (z. B. die Verwendung des Konjunktivs) gelegt werden. Die „kurze Vorstellung des Materials“ muss formale Merkmale wie Autor, Adressaten, Quellenart, Erscheinungsjahr/-ort sowie einen Hinweis auf den formalen und sprachlichen Charakter des Textes enthalten.

Vorstellung von M 1
Autorin, Adressat, Quellenart, Erscheinungsjahr/-ort, Charakter

Der Text **M 1** der **Historikerin Ursula Büttner** stammt aus einer Gesamtdarstellung der Weimarer Republik mit dem Titel „**Die überforderte Republik 1918–1933**“ und wurde im Jahr **2008** veröffentlicht. Er ist **sachorientiert und fachsprachlich** verfasst und setzt sich mit verschiedenen Forschungspositionen auseinander. M 1 kann somit als **wissenschaftlicher Fachtext** charakterisiert werden, der sich an ein **thematisch interessiertes Publikum** wendet.

Inhalt von M 1
Thema

Der Auszug beinhaltet eine **zusammenfassende Beurteilung der Revolution von 1918/19**, die zur Gründung der Weimarer Republik geführt hat. Dabei erläutert Büttner **strukturelle Probleme**, aber auch **Errungenschaften** dieser Zeit.

Haltung der Räte und SPD-Politiker

Ausgehend von der Leitfrage, ob in der Revolution eine „**radikale Demokratisierungspolitik**“ (Z. 2) denkbar gewesen wäre, thematisiert die Autorin zunächst die **Haltung der Räte und der führenden**

SPD-Politiker. Aufgrund der akuten Notsituation habe damals die **Bewältigung und Verbesserung der allgemeinen Zustände** Vorrang vor der langfristigen Neugestaltung von Staat und Gesellschaft gehabt. Im weiteren Verlauf der Revolution hätten sich die Räte als wichtige Vertreter der Arbeiterschaft dann mehr auf **soziale Fragen** und die **Forderung nach Sozialisierung** als auf einen umfassenden politischen Neuanfang konzentriert.

gesellschaftliche Zerklüftung

In der Frage nach einer deutlicheren Demokratisierung geht Büttner auf verschiedene **gesellschaftliche Schichten und Gruppen** ein. Sie verweist auf eine **extreme gesellschaftliche Zerklüftung** und deutliche Interessengegensätze, u. a. zwischen **(radikalen) Arbeitern** auf der einen, den Agrariern und dem privilegierten **Bürgertum** auf der anderen Seite. Letzteres habe zum Teil **entschlossen** und auch – wie die rechten Freikorps – **gewaltsam** gegen tiefgreifendere Veränderungen und gegen die Räte agitiert. Vor diesem Hintergrund sei die **politische Neugestaltung über eine gewählte Nationalversammlung** notwendig gewesen, um unterschiedlichen Positionen eine Stimme zu geben und die Lage nicht eskalieren zu lassen.

außenpolitische und wirtschaftliche Bedingungen

Büttner berücksichtigt zudem die **außenpolitische und wirtschaftlich-finanzielle Abhängigkeit Deutschlands** von den alliierten Siegermächten, gewichtet diese aber mit Blick auf die konkrete politische Neugestaltung weniger schwer.

notwendige Zusammenarbeit mit alten Eliten

Angesichts der **politischen, sozialen und ökonomischen Herausforderungen** nach dem verlorenen Krieg kommt die Historikerin zu dem Ergebnis, dass ein behutsames Vorgehen, die Unterstützung des Bürgertums und die Zusammenarbeit der verantwortlichen Politiker mit den **traditionellen Eliten in Militär, Wirtschaft und Verwaltung** notwendig gewesen seien. Auf diese Weise habe man die vielen Probleme lösen und einen Bürgerkrieg verhindern wollen.

Rolle der SPD

In diesem Zusammenhang **weist** sie auch die in der älteren Forschung erhobene **Kritik an der SPD zurück**, diese hätte die eigentlich nötige radikale Veränderung der gesellschaftlichen Verhältnisse versäumt. Stattdessen führt sie eine neuere, positivere Forschungsmeinung zur Kooperation der SPD mit den alten Eliten an.

Büttners Fazit zur Revolution: Leistungen und Grenzen

Abschließend betont Büttner bedeutsame **Errungenschaften der Revolutionsphase:** die **Abschaffung der Monarchien** und die **politische Gleichberechtigung** der gesamten Bevölkerung. Die Revolution habe aber auch auf allen Seiten **Unzufriedenheit** hervorgerufen und der Weimarer Demokratie viel Unsicherheit hinterlassen. Allerdings, so merkt sie kritisch an, sei es fraglich, ob ohne das ganze Volk und in der Kürze der Zeit überhaupt eine solide Grundlage hätte geschaffen werden können oder ob man die Chance auf eine weitergehende Demokratisierung nicht eher später vertan habe.

2 **TIPP** *Anforderungsbereich: II, Gewichtung in Prozent: 30*

Hier wird der Operator „erläutern“ verwendet. Er verlangt, dass auf der Grundlage eigenen Wissens historische Sachverhalte erklärt und in ihren komplexen Beziehungen verdeutlicht werden. Beachten Sie den Bezug zur Teilaufgabe 1: Es geht nicht darum, alle Kenntnisse über das „Krisenjahr 1923“ detailliert zu reproduzieren. Vielmehr sollten Aspekte mit explizitem Bezug auf die in M 1 genannten Probleme in ihrem wechselseitigen Zusammenhang erläutert werden. Daher ist es sinnvoll, diese Punkte eingangs noch einmal gebündelt aufzuführen. Zu beachten ist ferner, dass der Begriff „strukturelle Probleme“ nicht auf das Verhalten einzelner Personen abzielt, sondern auf dahinterstehende umfassendere Konflikte.

Probleme der Revolutionsphase

Büttner benennt in M 1 **zentrale Probleme der Revolutionsphase**, die letztlich eine tiefergehende demokratische Neuorientierung nach der Kriegsniederlage und dem Ende der Monarchie erschwert hätten.

Notlage der Bevölkerung

So habe die Notwendigkeit, rasch eine Verbesserung der **sozialen Notlage der Bevölkerung** herbeizuführen und chaotische Zustände zu verhindern, zur Zusammenarbeit der verantwortlichen Politiker mit den **alten Eliten** in Politik, Wirtschaft und Gesellschaft geführt (vgl. Z. 1–5, 35–41).

Zusammenarbeit mit alten Eliten

Rolle des Bürgertums sowie radikaler rechter und linker Kräfte

Das **Bürgertum** hätte eine weiterreichende Demokratisierung und Sozialisierung vermutlich nicht mitgetragen. Es sei teilweise sogar bereit gewesen, den Status quo **gewaltsam** zu verteidigen, was sich z. B. in den Übergriffen von Kriegsheimkehrern auf Räte und der **Agitation rechtsradikaler Organisationen** gezeigt habe (vgl. Z. 13–20). Die **Linke** hingegen sei gegen reformwillige Bürgerliche vorgegangen, was die Situation verschärft und dem rechten Lager genutzt habe (vgl. Z. 20–22). Eine weitere, wenn auch in dieser Zeit weniger gravierende Belastung sieht Büttner in der außenpolitischen und wirtschaftlich-finanziellen Abhängigkeit des Reichs nach der Kriegsniederlage (vgl. Z. 28–34).

Abhängigkeit von den Alliierten

Vorbehalte und Enttäuschung

Letztendlich habe die Revolution unterschiedliche Reaktionen in der Bevölkerung ausgelöst: **Vorbehalte** bis hin zu **offener Ablehnung** bei denjenigen, die keine Neuerungen wünschten, darunter viele bürgerliche Vertreter; **Enttäuschung** bei denjenigen, denen die Veränderungen nicht weit genug gegangen waren, v. a. bei linken Kräften und in weiten Teilen der Arbeiterschaft (vgl. Z. 62–64).

Krisenjahr 1923

Einordnung in den Kontext der Weimarer Republik

Die in M 1 genannten **strukturellen Probleme** sollten im Verlauf der Republik wiederholt zum Tragen kommen, nicht nur im Jahr 1923, das gemeinhin als **„Krisenjahr“ der Weimarer Demokratie** bezeichnet wird. So kam es schon vor 1923 (v. a. Kapp-Lüttwitz-Putsch 1920, Aufstandsversuche der KPD in Mitteldeutschland, Hamburg und im Ruhrgebiet 1921, politische Attentate) und auch danach in den vermeintlich „Goldenen Zwanzigern“ zu zahlreichen Konflikten. Allerdings verdichteten sich – neben der Endphase und dem Scheitern der Weimarer Republik – gerade im **Jahr 1923** die in M 1 benannten Probleme zu einer **existenzbedrohenden Krise**.

Besetzung des Ruhrgebiets und „Ruhrkampf"

Ausgangspunkt war die **Besetzung des Ruhrgebiets** durch französische und belgische Truppen im Januar 1923, nachdem Deutschland mit den **Reparationslieferungen** in Rückstand geraten war. Hier kam Deutschlands Abhängigkeit von den Alliierten zum Tragen. Die „Politik der produktiven Pfänder" löste in der deutschen Bevölkerung **breite Entrüstung** aus. Die Regierung Cuno rief den **passiven Widerstand** aus: Man verweigerte die Leistung weiterer Reparationen und jedwede Zusammenarbeit mit den Besatzungskräften. Der Konflikt verschärfte sich durch Anschläge und Sabotageakte **rechtsradikaler nationalistischer Gruppen**; die Besatzer antworteten mit harten Repressionen.

Hyperinflation

Der „Ruhrkampf" belastete die durch die Kriegsfinanzierung und die Folgen der Niederlage bereits **desaströse wirtschaftlich-finanzielle Lage** des Reichs erheblich, da die Kosten für den passiven Widerstand vom Staat getragen wurden. Im Sommer 1923 entwickelte sich die Inflation zur **Hyperinflation**, was zu **breiter Verarmung** führte. Vom Verfall der Währung waren v. a. Angehörige der Mittelschichten betroffen, die ihr Geld in der Hoffnung auf hohe Renditen in Kriegsanleihen angelegt hatten und/oder als Empfänger von Lohn und Rente vom Geldwert abhängig waren. Gewinner der Krise waren dagegen Besitzer von Sachwerten sowie Schuldner, darunter der Staat, der durch die Kriegskredite enorme Schulden hatte. Insgesamt verstärkte sich die **Alltagsnot der Bevölkerung**; der Mangel an lebensnotwendigen Konsumgütern nahm dramatische Ausmaße an. Letztlich **verschärfte** die wirtschaftliche Lage die **Ablehnung des Weimarer Systems**, die in Teilen der Bevölkerung ohnehin von Anfang an vorhanden war.

rechtskonservative Entwicklung in Bayern und Hitler-Putsch in München

Profiteure dieser Entwicklung waren die **Kräfte am rechten und linken Rand des politischen Spektrums**, die im Herbst 1923 **Umsturzversuche** wagten und aus der wirtschaftlichen eine gesamtgesellschaftliche Krise machten. Ein Schauplatz war **Bayern:** Aus Protest gegen den Abbruch des kostspieligen „Ruhrkampfes" durch die Reichsregierung Stresemann machte die bayerische Regierung den rechtskonservativen **Gustav Ritter von Kahr** (BVP) zum Generalstaatskommissar mit quasi-diktatorischen Befugnissen. Zusammen mit Reichswehrkommissar Otto von Lossow und dem Chef der Landespolizei Hans von Seißer plante Kahr einen „Marsch auf Berlin" und die Errichtung einer „nationalen Diktatur". Im Konflikt mit Bayern rief Reichspräsident Friedrich Ebert (SPD) den Ausnahmezustand für das Reich aus, konnte aber für ein gezieltes Vorgehen gegen Bayern nicht auf die Reichswehr unter General Hans von Seeckt zurückgreifen („Truppe schießt nicht auf Truppe").

Der Führer der NSDAP, **Adolf Hitler**, versuchte die chaotische Lage für seine Pläne zu nutzen: Am 8. November 1923 rief er mit dem als „Sieger von Tannenberg" gefeierten **Erich Ludendorff** im Münchner Bürgerbräukeller die **„nationale Revolution"** aus und erklärte die bayerische und die Reichsregierung für abgesetzt. Tags darauf wurde der **„Marsch auf Berlin"** von der bayerischen Landespolizei aufgehalten und der Putsch brach zusammen. Hitler und Ludendorff wurden verhaftet, die NSDAP wurde vorübergehend verboten.

kommunistische Bestrebungen in Sachsen und Thüringen

Auf der linken Seite des politischen Spektrums entstanden im Oktober 1923 in **Sachsen und Thüringen** „Arbeiterregierungen" aus SPD und KPD, die paramilitärische Verbände (**„Proletarische Hundertschaften"**) aufstellten. Die KPD wurde maßgeblich durch die Komintern in Moskau beeinflusst und hielt trotz aller bislang gescheiterten Versuche an dem Ziel eines **gewaltsamen Umsturzes** fest. Allerdings gelang es der KPD auch dieses Mal nicht, die Revolution loszutreten. Im Fall von Sachsen verlangte die Reichsregierung die Auflösung der „proletarischen Hundertschaften" und die Entlassung der kommunistischen Kabinettsmitglieder. Als sich die Landesregierung weigerte, wurde sie nach Art. 48 der Verfassung durch Verordnung des Reichspräsidenten abgesetzt; außerdem marschierte die Reichswehr in Sachsen ein (Reichsexekution). In Thüringen beendete die SPD daraufhin freiwillig die Zusammenarbeit mit der KPD.

Separatismus im Rheinland und in der Pfalz

Zu diesen Belastungen kamen **Unabhängigkeitsbestrebungen im Rheinland und in der bayerischen Pfalz** hinzu. Mit französischer Unterstützung gründeten die Separatisten **autonome Republiken**, die Anfang 1924 gewaltsam aufgelöst wurden.

Fazit

Zwar gelang es bis Ende 1923, die **wesentlichen Krisenherde einzudämmen** und die **wirtschaftliche Lage** durch die Einführung einer neuen Währung zu **stabilisieren**. Doch waren die **strukturellen Probleme** der Republik, die wesentlich mit der Kriegsniederlage und der Revolutionsphase zusammenhingen, in den vorangegangenen Monaten deutlich geworden. Viele Konfliktherde hatten noch nach 1923 Bestand: Die **Gegnerschaft der nationalistischen Rechten und der radikalen Linken** gegen das parlamentarische System blieb virulent, die Reparationsfrage war nicht gelöst, die wirtschaftlichen Belastungen waren nach wie vor hoch. Zudem hatte sich mit der **Reichswehr** ein wesentlicher Teil der **alten Eliten** als unsicherer Akteur und nicht als verlässliche Stütze der Verfassung erwiesen.

3 **TIPP** *Anforderungsbereich: II, Gewichtung in Prozent: 30*

Diese Teilaufgabe verlangt eine Analyse des Denkmals M 2 unter den Aspekten Gestaltung und Funktion. Zuerst gilt es, das Denkmal anhand zweier Fotografien ohne jegliche Bewertung zu beschreiben. Im nächsten Schritt soll die Bedeutung der Gestaltung erfasst und die Funktion des Monuments im historischen Kontext bestimmt werden. Natürlich kann nicht von Ihnen erwartet werden, dass Sie das Denkmal und seine Geschichte kennen. Deshalb ist es wichtig, die Hinweise im Informationstext aufmerksam zu lesen und sinnvoll in die Ausführungen einzubinden. Beachten Sie zudem, dass es sich bei M 2 um eine Rekonstruktion von 1983 handelt, die wie das Original von 1928 im öffentlichen Raum aufgestellt wurde. Somit hat das Denkmal eigentlich eine doppelte Funktion: nämlich die Funktion, die das Monument 1928 hatte, und die Funktion, die ihm mit Blick auf die Wiedererrichtung 1983 sowie in der Erinnerungskultur der Gegenwart zugewiesen werden kann. Da die Geschichte der Bundesrepublik in den 1970er-/1980er-Jahren nicht Teil des Prüfungsstoffs für das Abitur 2024 ist, können keine Details erwartet werden. Dennoch ist es möglich, ein paar Gedanken einzubringen, falls Sie hierzu Wissen haben. Falls nicht, konzentrieren Sie sich ganz allgemein auf die heutige Funktion des Denkmals. Insgesamt ist in dieser Teilaufgabe noch keine Beurteilung bzw. Bewertung verlangt; dies ist erst in Teilaufgabe 4 der Fall.

Analyse von M 2
kurze Vorstellung

Bei **M 2** handelt es sich um ein **Denkmal**, das ursprünglich **1928** nach einem Entwurf des Architekten **Justus Haarmann** gebaut und 1933 durch die Nationalsozialisten **zerstört** worden ist. Konkret zeigen die zwei Fotografien das **1983** am **Originalstandort** rekonstruierte Denkmal, das offensichtlich an einer belebten Straße aufgestellt wurde, aber durch die umgebende Bepflanzung ein geschützter Ort zu sein scheint.

Beschreibung des Denkmals

Das Denkmal besteht aus **unterschiedlichen Materialien**, ist **geometrisch-abstrakt** gestaltet und setzt sich aus mehreren Teilen zusammen. Über drei Stufen gelangt man auf eine Plattform, über die sich ein **gemauerter, säulenartiger Baukörper** erhebt. Darin eingelassen ist eine schwarze Tafel, die in senkrechten Großbuchstaben die drei Namen **Rathenau, Ebert und Erzberger** enthält. Darüber befinden sich eine viereckige **Betonplatte**, die wie ein Dach über dem darunter liegenden Teil des Denkmals hinausragt, sowie eine weitere, an der Vorderseite wie ein Bogen abgerundete Platte, die die Grundlage für einen zweiten gemauerten Abschnitt bildet. In der Seitenansicht zeigt sich, dass die beiden gemauerten Bestandteile auf der Rückseite nach unten hin abfallen und immer breiter werden.

Deutung

Der schlichte, abstrakte, aber dennoch eindrucksvolle Charakter des 1928 errichteten Denkmals erinnert an den **innovativen Bauhaus-Stil der 1920er-Jahre**, der für den künstlerisch-kulturellen Aufbruch in Deutschland stand. Die Betonung des Handwerklichen

(z. B. durch die gemauerten Teile) und die in der Seitenansicht deutlich werdende aufstrebende Gestaltung des Denkmals stehen für einen **dynamischen Arbeitsprozess** und im übertragenen Sinn für die **Weimarer Republik**. Es wird angedeutet, dass die Entwicklung der Demokratie **nicht abgeschlossen** ist und dass auf den bereits fertiggestellten Abschnitten aufgebaut werden kann, ja dass zur Vollendung des Werks sogar weitergearbeitet werden muss.
Das **schützende Dach** und die **Tafel mit den drei Namen** dagegen mahnen, die Republik nicht nur auszubauen, sondern sie auch vor Gefährdungen zu schützen. Dies wird besonders klar, wenn man sich näher mit den verewigten Personen beschäftigt: Die prominenten Politiker der Weimarer Zeit, die bis heute als **Symbolfiguren der ersten parlamentarischen Demokratie** gelten, waren Republikgegnern ein Dorn im Auge und wurden als „Novemberverbrecher" mit Gewalt und Hass konfrontiert. **Friedrich Ebert** (SPD) war als erster Reichspräsident bis zu seinem Tod 1925 ständiges Ziel von „Schmutzkampagnen" durch rechte Nationalisten sowie Kommunisten. **Matthias Erzberger** (Zentrum), der 1918 den Waffenstillstand unterzeichnet hatte, wurde von rechtsnationalen Kreisen verunglimpft und im August 1921 von rechtsradikalen Attentätern getötet. Ebenfalls ermordet wurde **Walther Rathenau** (DDP), der als Reichsaußenminister 1922 den Vertrag von Rapallo mit der Sowjetunion ausgehandelt hatte und sowohl als deutscher Jude als auch als angeblicher „Erfüllungspolitiker" zahlreichen Angriffen der Presse ausgesetzt war. Die drei Männer stehen nicht nur beispielhaft für all diejenigen, die sich tatkräftig und z. T. unter Lebensgefahr für die Republik eingesetzt haben, sondern repräsentieren auch die republiktreuen Parteien der „**Weimarer Koalition**" und das „**Reichsbanner Schwarz-Rot-Gold**", den Auftraggeber des Denkmals. Interessant ist, dass die Politiker nur namentlich genannt und nicht bildlich dargestellt sind. Dies deutet darauf hin, dass es um einen **übergeordneten, zeitlosen Wert** gehen soll: die **Demokratie**.

Funktion im historischen Kontext

Original von 1928

Insofern ist das Denkmal nicht bloß als Erinnerung an wichtige Politiker zu betrachten, sondern betrifft die Weimarer Republik insgesamt. Dies wird auch deutlich, wenn man den **historischen Kontext** einbezieht. Das Original-Monument wurde **1928** errichtet, in einer Zeit, die oft als „**Goldene Zwanziger**" bezeichnet wird. Angesichts der stürmischen Anfangszeit der Republik handelte es sich um eine **Phase relativer Ruhe**, in der sich aber durchaus innenpolitische, wirtschaftliche und gesellschaftliche Probleme zeigten. So gab es trotz **außenpolitischer Erfolge in der Reparationsfrage** (v. a. Dawes-Plan von 1924) noch immer viele Arbeitslose, zudem **verringerte** sich das **Wirtschaftswachstum**. Innenpolitisch kam nach den Reichstagswahlen 1928 eine stabile Regierung nur noch durch eine **Große Koalition aus fünf Parteien** unter Hermann Müller

(SPD) zustande. Die **Gegner der Demokratie aus dem links- und rechtsradikalen Spektrum** agitierten weiter gegen die Republik. Gerade rechte Kreise sahen die durch das Denkmal geehrten Staatsmänner als „**Novemberverbrecher**" und den Weimarer Staat als „**Judenrepublik**" an und störten auch die Einweihungsfeier des Denkmals am 29. Juli 1928 massiv. 1928 hatte das Denkmal also zum einen eine **mahnende Funktion**, da es an die Hetze, die Morde und die Opfer extremistischer Gewalt der Frühphase der Republik **erinnerte**. Zum anderen war es aber auch ein **symbolischer Appell**, die Demokratie und das Vermächtnis der genannten Politiker zu bewahren und weiter auszubauen.

Da es sich bei dem Denkmal um eine **1983** errichtete **Rekonstruktion des Originals von 1928** handelt, ist seine Funktion auch im Kontext der **offiziellen Erinnerungskultur der Bundesrepublik** zu verorten. Im Sinne einer kollektiven **demokratischen Traditions- und Identitätsbildung** appelliert es an die Bürger, sich weiter für die **Bewahrung und den Ausbau der bundesdeutschen Demokratie** einzusetzen, zu deren wesentlichen Fundamenten die Weimarer Republik gehört. Angesichts der links- und rechtsterroristischen Gewalttaten der 1970er- und frühen 1980er-Jahre (Anschläge der Roten Armee Fraktion, Bombenattentat auf das Oktoberfest in München 1980) war möglicherweise auch die **Erinnerung an politische Gewalt** ein wesentlicher Grund für die Rekonstruktion des Denkmals. Bis in die heutige Gegenwart ist das Monument also ein **zeitloses Mahnmal für Demokratie und Gewaltlosigkeit**.

Rekonstruktion von 1983

4 **TIPP** *Anforderungsbereich: III, Gewichtung in Prozent: 20*

In dieser Teilaufgabe wird eine Erörterung verlangt. Sie müssen sich reflektiert mit einem gegebenen Problem auseinandersetzen und ein Sach- und Werturteil erarbeiten. Klären Sie zunächst, welche Fragestellung sich hinter der zitierten Forschungsmeinung verbirgt. Hier empfiehlt es sich, die verlangten theoretischen Aspekte zur Erinnerungskultur einzubringen und sich konkret auf die Anforderungen einer demokratischen Erinnerungskultur in Deutschland zu beziehen. Die abwägende Auseinandersetzung erfordert dann nicht einfach eine unreflektierte Meinungsäußerung, sondern eine durch die vorgestellten Theorien, Ihr historisches Fachwissen und die schon zum Denkmal erarbeiteten Aspekte gut begründete Urteilsbildung. Dies sollte auf der Sachurteilsebene erfolgen, aber auch verdeutlichen, welche Wertmaßstäbe dem eigenen Standpunkt zugrunde liegen. Essenzielle Basis ist hier die demokratische Grundordnung der Bundesrepublik.

Der Historiker Justus Ulbricht ruft dazu auf, die Weimarer Republik **kritisch** in die „**demokratische Erinnerungskultur**" der Bundesrepublik einzubeziehen. Diese Forderung muss im Zusammenhang mit der noch immer andauernden Diskussion um eine angemessene **deutsche Erinnerungskultur** gesehen werden. Der Begriff „Erinnerungskultur" zielt dabei nicht auf die Erinnerung einzelner Individuen ab, sondern auf das **kollektive Gedächtnis** einer Gemeinschaft im Sinne von **Maurice Halbwachs**. Zudem lässt sich hier das **kulturelle Gedächtnis** nach **Jan und Aleida Assmann** einbringen, das auf die gemeinsame Erinnerung an besondere historische Ereignisse und Entwicklungen (z. B. durch Feste, Traditionen, **Denkmäler**) abzielt. In diesem Zusammenhang bezieht das auf Gegenwart und Zukunft ausgerichtete „**Funktionsgedächtnis**" Impulse aus dem umfangreicheren „Speichergedächtnis", z. B. den Erkenntnissen der Geschichtswissenschaft.

Erinnerungskultur in Deutschland
Begriffe und Grundlagen

Speziell in Deutschland ist die Diskussion um eine angemessene Erinnerungskultur seit den 1980er-Jahren stark mit der **Erinnerung an die NS-Verbrechen und besonders den Holocaust** verknüpft. Der Gedanke einer dauerhaften **ethischen Verpflichtung** und Mahnung im Sinne des „**Nie wieder!**" ist in Deutschland auf nationaler, regionaler und lokaler Ebene durch zahlreiche Veranstaltungen und Initiativen (z. B. Gedenktafeln, Stolpersteine) präsent. Nicht nur bei Gegnern einer derartigen Erinnerungskultur (v. a. im rechten politischen Spektrum), die die NS-Zeit als bewältigt ansehen wollen, gibt es aber auch ein gewisses Unbehagen an einer zu „**opferzentrierten Erinnerungskultur**" (A. Assmann), der zudem der Vorwurf des nicht authentischen, staatlich angeordneten Erinnerns gemacht wird.

Erinnerung an den Holocaust

Darüber hinaus stellt sich die Frage, wie sich der durch die NS-Verbrechen bedingte „**negative Gründungsmythos**" der Bundesrepublik mit einer **positiveren, identitätsstiftenden Erinnerungskultur** verbinden lässt. Eine „**demokratischen Erinnerungskultur**", in die die Weimarer Republik laut Ulbricht kritisch eingebunden werden soll, kann sich auf **Errungenschaften**, Leistungen und Fortschritte der deutschen Demokratiegeschichte beziehen, aber auch die Erinnerung an **Rückschritte** in der demokratischen Entwicklung und die dunklen Kapitel der deutschen Geschichte (v. a. die NS-Verbrechen) umfassen. Im Rahmen eines kritischen, pluralistischen Dialogs ließe sich dann die Frage aufwerfen, warum sich aus der Weimarer Republik mit ihren innovativen demokratischen Ansätzen eine menschenverachtende Diktatur entwickelt hat. Dadurch könnte ein wertvoller Beitrag zu einem **vertieften, identitätsstiftenden Demokratie-, Verfassungs- und Werteverständnis** geleistet werden, ohne den „Zivilisationsbruch" (Dan Diner) der NS-Herrschaft auszublenden.

Geschichte der Demokratie in Deutschland

Vor diesem Hintergrund lässt sich ein **klareres Bild des Osnabrücker Denkmals und seiner Sinnhaftigkeit für eine demokratische**

Einordnung des Denkmals

Erinnerungskultur entwickeln. Das Denkmal zeigt den Stolz auf die **erste parlamentarisch-demokratische Republik in Deutschland**, würdigt den Einsatz prägender Staatsmänner und drückt die Hoffnung auf die weitere Ausgestaltung der Demokratie aus. Gleichzeitig ist es **Mahnmal und warnende Erinnerung** an die Gewalt und den Hass der frühen Republik, denen führende Repräsentanten der Demokratie zum Opfer fielen. Es appelliert daran, sich **für die Demokratie einzusetzen** und ihren Gegnern Einhalt zu gebieten.
Die Rekonstruktion von 1983 eröffnet einen weiteren Ansatzpunkt für eine kritische Erinnerungskultur, nämlich durch das **Wissen um das Ende der Republik sowie um das Schicksal des Denkmals**. Dessen Zerstörung durch die SA 1933 verweist darauf, dass sich die Hoffnungen von 1928 (zunächst) nicht erfüllten, sondern eine verbrecherische Diktatur folgte, die alle Spuren der Weimarer Demokratie und ihre Vertreter beseitigen wollte. Somit eröffnet das Denkmal die Chance, die Fortschritte der Weimarer Zeit zu würdigen, ohne das dunkelste Kapitel deutscher Geschichte auszublenden.
Schließlich ermöglichen die modern-abstrakte, schlichte Gestaltung, der öffentlich zugängliche Standort und das Fehlen einer engen zeitbezogenen Symbolik dem heutigen Betrachter die Möglichkeit, eine **Verbindung zwischen Vergangenheit und Gegenwart** herzustellen. Ihm wird verdeutlicht, dass unsere gegenwärtige Demokratie **nicht zwingend das Ende der Geschichte** bedeutet, sondern immer wieder verteidigt und gestaltet werden muss. Geschichte ist, so betont es z. B. Aleida Assmann, **zwar vorbei, aber nicht vorüber**.

Ergebnis

Insgesamt kann das Osnabrücker Denkmal durchaus als **sinnvoller Beitrag** zu einer kritischen Betrachtung der Weimarer Republik als Teil einer demokratischen Erinnerungskultur aufgefasst werden, wie von Ulbricht gefordert. Gerade auch durch seine eigene Geschichte steht das Mahnmal nicht im Gegensatz zur Erinnerung an den Holocaust und an weitere dunkle Phasen in der deutschen Geschichte und eröffnet bis heute die Möglichkeit, **sich kritisch mit** positiven und negativen Aspekten **unserer Vergangenheit auseinanderzusetzen**.

Wurzeln unserer Identität
(Rahmenthema 3)
Zwischen Krise und Modernisierung – Die Gesellschaft der Weimarer Republik
(Verbindliches Wahlmodul)

Politische Gewalt in der Weimarer Republik

Aufgabenstellung

1 Fassen Sie das Material nach einer kurzen quellenkritischen Einleitung zusammen.

2 Ordnen Sie die im Material geschilderten Ereignisse in den historischen Kontext der Endphase der Weimarer Republik ein.

3 Erläutern Sie ausgehend vom Material Formen und Funktionen politischer Gewalt in der Weimarer Republik.

4 Der Historiker Dirk Schumann vertritt die These, dass politische Gewalt in der späten Weimarer Republik (wie der „Altonaer Blutsonntag") vor allem ein Kampf um öffentliches Terrain gewesen sei. Ihre Bedeutung habe sich dabei weniger aus den Opfern als aus der Wahrnehmung in der Öffentlichkeit ergeben. Überprüfen Sie, ob sich diese Einschätzung auf die politische Gewalt der amerikanischen Kolonisten im Vorfeld des Unabhängigkeitskrieges übertragen lässt.

Dirk Schumann: Politische Gewalt in der Weimarer Republik 1918–1933. Kampf um die Straße und Furcht vor dem Bürgerkrieg, Klartext Verlag: Essen 2001, S. 359.

INFO Das Wahlmodul 4 „Amerikanische Unabhängigkeit – ‚American Revolution'" der vierten Teilaufgabe ist nicht mehr prüfungsrelevant! Die Musterlösung dazu kann Ihnen aber einen Anhaltspunkt geben, wie eine historische Überprüfung (auch zu einer anderen Fragestellung) strukturiert und ausgeführt werden kann.

M **Auszug aus dem Artikel „Der Blutsonntag von Altona“ in der Zeitung „Hamburgischer Correspondent“[1] vom 18. Juli 1932**

Der Blutsonntag von Altona

Bisher 12 Tote und 60 Verletzte in Altona – Dachschützen – Polizei mit Panzerwagen – Barrikaden

Was sich am gestrigen Sonntag an politischen Ereignissen in Altona abspielte, übertrifft buchstäblich alles, was in den letzten Jahren des verschärften politischen Kampfes in Groß-Hamburg gewesen ist. Es erinnert an den Oktoberaufstand von 1923, der für Hamburg das bisher größte Geschehen des Bürgerkrieges in der jungen Republik war. Im Verlaufe eines Aufmarsches der Nationalsozialisten entwickelten sich blutige Straßenkämpfe, bei denen 12 Personen von Revolver- und Gewehrgeschossen tödlich getroffen wurden und mehr als 60 zum Teil schwer Verletzte in den Krankenhäusern darniederliegen.

Die Nationalsozialisten planten einen großen Aufmarsch ihrer SA-, SS- und Marinesturm-Formationen durch Altona. Gemäß der letzten politischen Notverordnung[2] konnten sämtliche Teilnehmer uniformiert sein. Die Stärke des Zuges betrug etwa 10 000 Mann, und zwar aus Groß-Altona, Hamburg und verschiedenen Kreisen Schleswig-Holsteins.

Um 3 Uhr nachmittags setzte sich der außerordentlich lange Zug – man ging meist zu dreien statt wie üblich zu vieren – nach Ottensen in Bewegung. Nachdem man Ottensen passiert hatte, sollte gegen 5 Uhr das östliche Altona durchzogen werden, das nördlich und südlich der Gr[oßen] Bergstraße und Königstraße ein ausgesprochenes Arbeiterviertel ist. Die dort wohnenden Nationalsozialisten haben schon seither einen schweren Stand gehabt. Dort gelten nur die drei Pfeile der Eisernen Front[3] und der Sowjetstern, was schon äußerlich durch die Beflaggung, Transparente, Plakate und sonstige Wahlpropaganda kenntlich ist.

Von der Prügelei zur Schießerei

Als die Spitze des Zuges durch die Kleine Papagoyenstraße marschierte[,] entstand zwischen den dort zusammengeballten Kommunisten – kenntlich war übrigens niemand, da man während des ganzen Tages keine Abzeichen sah – einerseits und Teilnehmern und Begleitern des Zuges andererseits eine Reiberei, die sofort in eine w ü s t e P r ü g e l e i ausartete. Man schlug mit allen möglichen Gegenständen aufeinander ein, Schlagringe wurden benutzt, Koppelriemen, auch das Messer wurde gezückt.

Plötzlich knallten Schüsse, woher zuerst, weiß niemand, vermutlich wurde aus dem Fenster geschossen. Die Polizei erschien schnell mit einem Mannschaftswagen, machte sofort die Pistolen frei und erwiderte das Feuer auf die Fenster und die Dächer.

Der Kriegsschauplatz im südlichen Altona pflanzte sich durch den ganzen Zug nach vorwärts fort. Als die Nationalsozialisten weitermarschierten, und zwar durch die Langestraße, Kleine Freiheit kam[en] sie in die Schauenburger Straße, die mit ihren Nebenstraßen schon oft der Schauplatz blutiger Kämpfe gewesen ist. Lange konnten die Nazis nicht ungestört marschieren, aus den Fenstern flogen allerhand Wurfgeschosse, Steine, Selterflaschen und ähnliches, bis auch hier aus den Höfen, aus den Fenstern und von den Dächern die Revolver-Geschosse sausten. Mehrere Nationalsozialisten brachen getroffen zusammen. Die Polizei raste herbei, nahm den ersten Teil des Zuges aus der Straße und bremste den weit größeren Teil hinten ab. [...]

Von allen Ecken beschossen

Inzwischen war nördlich der Gr[oßen] Bergstraße der Bürgerkrieg entfesselt. An allen Ecken flogen die Projektile. Die Polizei gibt an, dass sie weiterhin aus den Häusern beschossen wurde. Von der Altonaer Polizei ist allerdings kein Beamter durch Schüsse verletzt worden. Die Hamburger Beamten haben zwei Verwundete, und zwar einen Rückenschuss und einen Fußsteckschuss.

Die Polizei ging nunmehr mit Handgranaten und Panzerwagen vor. Planmäßig wurden mehrere Straßenzüge besetzt, wo sich irgendeiner an der Ecke sehen ließ, wurde ohne Anruf geschossen. Im ganzen Kampfgebiet war ein fortwährendes Getöse, Handgranateneinschläge, Schnellfeuergewehre und Gebrüll von Menschengruppen. Die Straßenbahn konnte oft nicht über die Kreuzungen fahren, da besonders die Bürger- und Blücherstraße zum Zweck der Säuberung ständig unter Feuer gehalten wurde. [...]

In der Großen Freiheit hatten Demonstranten das Pflaster gelockert und aus zwei über die Straße gelegten Lastwagen Barrikaden gebaut. Lange Zeit war die Polizei in anderen Straßen festgehalten. Die Kommunisten waren in dem Grenzviertel sich selbst überlassen und bauten in aller Ruhe ihre Barrikaden.

Um 7 3/4 Uhr erschien Oberst Danner, der Chef der Hamburger Ordnungspolizei, mit seinem Stabe auf dem Kampfplatz. Kurze Zeit später setzte dann der Endkampf ein. Die Barrikaden wurden im Sturm genommen.

Erst um 9 Uhr beruhigte sich die Lage. Hin und wieder knallte noch ein Schuss. Um 10 Uhr war es ganz ruhig geworden. Die Polizei konnte zurückgezogen werden. Allerdings fuhren noch während der ganzen Nacht die Polizeiflitzer durch die gefährdeten Straßen.

Großarbeit in den Krankenhäusern

Inzwischen hatten die Krankenhäuser in Hülle und Fülle zu tun. Fünf Personen waren sofort tot, als sie auf den Straßen zusammenbrachen. Bauchschüsse, Brustschüsse, furchtbare Schädelverletzungen und andere Verletzungen: Besonders groß war auch die Zahl der Querschläger; die Schüsse prallten von den Häusern ab und irrten in der Gegend umher. So wurde einer Person der ganze Unterschenkel abgerissen. Die meisten Toten und Verletzten sind älter als 30 Jahre, besonders handelt es sich bei den Frauen um ältere Personen, die in den Tumulten zu Schaden gekommen sind. Von den Nationalsozialisten sind, soweit bisher feststeht, zwei zu Tode gekommen. Eine Schwester vom National-Sozialistischen Frauenorden soll ebenfalls unter den Toten sein.

Die Ausschreitungen waren zu erwarten

Der Zug der Nationalsozialisten war wohl von der Polizei stark geschützt. An der Spitze, am Ende und in der Mitte des Zuges war berittene Schutzpolizei. Mannschaftswagen kreisten in der Umgebung und etwa 50 Kriminalbeamte in Zivil begleiteten den Zug. Trotzdem kann man dem Altonaer Polizeipräsidium nicht den Vorwurf ersparen, dass ein Unglück in diesen Ausmaßen hätte verhindert werden können, wenn es von seinem Recht Gebrauch gemacht hätte, den nationalsozialistischen Zug nicht durch diese gefährdeten Gegenden zu lassen. Es musste der Polizei bekannt gewesen sein, dass die „Antifaschistische Aktion" durch Flugblätter und hektographierte Zettel ihre Anhänger aufgefordert hatte, den Durchzug der Nazis durch die Proletarierviertel zu verhindern. Es musste der Polizei auch bekannt sein, dass ein Widerstand geplant war. Dass man trotzdem den Marsch durch die erwähnten Straßen plante, war der Grund dafür, dass sich das Blutbad derart ausweitete, bei dem eine so große Anzahl unschuldiger Menschen zum Opfer wurde.

Aus: Hamburgischer Correspondent, Abendausgabe vom 18. Juli 1932 (Nr. 332, 202. Jahrgang). Hervorhebungen folgen der Vorlage; leichte Anpassung des Textes an die neue Rechtschreibung.

Anmerkungen

1 Hamburgischer Correspondent: Der „Hamburgische Correspondent" wurde im 18. Jahrhundert gegründet und war die älteste Tageszeitung in Hamburg. In der Weimarer Republik wurde er von der Hamburger Börsenhalle GmbH herausgegeben und stand politisch der Deutschen Volkspartei (DVP) nahe.

2 „letzte politische Notverordnung": Gemeint ist die „Verordnung des Reichspräsidenten gegen politische Ausschreitungen" vom 14. Juni 1932, durch die das Verbot der militärähnlichen Organisationen der NSDAP vom April desselben Jahres wieder aufgehoben wurde.

3 Eiserne Front: Die „Eiserne Front" war ein 1931 ins Leben gerufenes Bündnis mehrerer Parteien und Organisationen (u. a. SPD, Reichsbanner Schwarz-Rot-Gold) zur Verteidigung der Weimarer Verfassung. Ihr Symbol waren drei schwarze Pfeile auf rotem Grund.

TIPP **Erläuterungen und Bearbeitungshinweise**

Die Aufgabe bezieht sich im Wesentlichen auf das verbindliche Wahlmodul „Zwischen Krise und Modernisierung – Die Gesellschaft der Weimarer Republik", das im 3. Kurshalbjahr unterrichtet wird (Rahmenthema: „Wurzeln unserer Identität"). Materialgrundlage ist ein Zeitungsbericht über die Ausschreitungen im Juli 1932 in Altona, die als „Altonaer Blutsonntag" in die Geschichte eingegangen sind. Dementsprechend liegt ein Schwerpunkt der Aufgabe auf der politischen Gewalt in der Weimarer Republik, die in der Schule behandelt worden sein muss. Die Betrachtung der „American Revolution" in Teilaufgabe 4 ist im Abitur 2025 thematisch nicht mehr relevant (siehe Info-Kasten bei der Aufgabenstellung).

Lösungsvorschlag

1 **TIPP** *Anforderungsbereich: I, Gewichtung in Prozent: 25*

Als Quellenkritik wird in der Regel eine Einschätzung der Quelle auf Grundlage ihrer äußeren Daten erwartet, also Verfasser, Datum, Ort usw. (beachten Sie hierzu auch die zusätzlichen Informationen in den Anmerkungen). Da wir es mit einer Traditionsquelle zu tun haben (es wird über ein historisches Ereignis berichtet), stellt sich vor allem die Frage nach der Glaubwürdigkeit: Will bzw. kann der Verfasser die Wahrheit sagen? Die Zusammenfassung sollte gerade bei dieser Quelle auch wirklich zusammenfassend sein und nicht alle Einzelheiten wiedergeben. Insbesondere die zahlreichen Straßennamen sind hier kaum relevant. Außerdem sollte die Textwiedergabe nicht linear, also Satz für Satz erfolgen, sondern die Informationen nach sinnvollen inhaltlichen Kategorien neu strukturieren.

quellenkritische Einleitung

Bei dem vorliegenden Material handelt es sich um einen **Artikel** der **Zeitung „Hamburgischer Correspondent“** über die gewaltsamen Auseinandersetzungen zwischen SA- und SS-Trupps, Kommunisten und der Polizei am **17. Juli 1932** in den Straßen von **Altona** (heute ein Bezirk von Hamburg). Der Bericht erschien einen Tag später am **18. Juli 1932**, also in unmittelbarem zeitlichen Zusammenhang zu den Ereignissen. Darüber hinaus handelt es sich um eine Hamburger Zeitung, die **räumlich dicht am Geschehen** war. Da sie zudem von der Hamburger Börsenhalle GmbH herausgegeben wurde und politisch der **Deutschen Volkspartei** nahestand, ist eine **bürgerlich-liberale Position** zu erwarten, die weder für die Kommunisten noch für die Nationalsozialisten Partei ergreift. All dies spricht für eine **hohe Glaubwürdigkeit der Quelle**.

Inhalte von M

NS-Aufmarsch in Altona

Der Zeitungsartikel berichtet von einem Demonstrationszug von ca. **10 000 uniformierten Nationalsozialisten** durch das überwiegend **von Kommunisten und Sozialdemokraten geprägte Altona** am Nachmittag des **17. Juli 1932**, bei dem es zu **zahlreichen Gewalttaten** und regelrechten Straßenkämpfen gekommen sei.

viele Gewalttaten und Opfer

Zuerst habe es schwere **Prügeleien** zwischen Kommunisten und den Teilnehmern des NS-Zuges gegeben. Dann seien die Nationalsozialisten und auch die Polizei von Dächern und Fenstern aus mit Gegenständen beworfen und **beschossen** worden. Zudem seien **Barrikaden** errichtet worden. Die Polizei habe zurückgeschossen und mit massivem Gewalteinsatz die chaotische Lage bis zum Abend unter Kontrolle gebracht. Insgesamt habe es zwölf **Tote** und rund 60 **Verletzte** gegeben.

Beurteilung der Vorgänge durch die Zeitung

Die Zeitung bezeichnet die Ausschreitungen als „**Blutsonntag**“ und Bürgerkrieg; es handle sich um die **schlimmste Eskalation politi-**

scher Gewalt im Großraum Hamburg seit 1923. In diesem Zusammenhang erhebt sie **schwere Vorwürfe gegen die Polizei**, die die Entwicklungen hätte vorhersehen und durch das Verbot eines NS-Zuges durch das kommunistisch dominierte Altona verhindern können. Somit trage sie eine Mitschuld an den tragischen Ereignissen.

2 **TIPP** *Anforderungsbereich: II, Gewichtung in Prozent: 25*

Die Einordnung der Geschehnisse sollte deutlich auf das Material bezogen sein und nicht einfach nur ein chronologischer Abriss der Ereignisgeschichte ohne erkennbaren Materialbezug, da dies dem AFB II der Aufgabe nicht gerecht werden würde. Der nicht näher bestimmte Begriff „Endphase" lässt etwas Spielraum bei der zeitlichen Eingrenzung, die meisten Darstellungen sehen aber die historischen Entwicklungen ab der Weltwirtschaftskrise 1929 als letzte Phase der Weimarer Republik an. Da Teilaufgabe 3 den Fokus auf die politische Gewalt legt, empfiehlt es sich, diesen Aspekt hier noch nicht zu sehr zu vertiefen.

historische Einordnung der Ereignisse aus M

Die Geschehnisse, über die im Material berichtet wird, lassen sich in eine Phase der Weimarer Republik einordnen, die geprägt war durch die **Radikalisierung der deutschen Innenpolitik**, auch infolge der **Weltwirtschaftskrise**. Sie ging einher mit der **Aushöhlung der parlamentarischen Demokratie** durch die **Präsidialkabinette** und der Verlegung der politischen Auseinandersetzung vom Parlament auf die Straße. Diese Entwicklung mündete schließlich in die **Ernennung Adolf Hitlers zum Reichskanzler**.

Wehrverbände und drohender Bürgerkrieg

Straßenkämpfe wie in Altona waren im **Sommer 1932** eine schon fast normale Erscheinung. Maßgeblich daran beteiligt waren **militante Verbände**, die Parteien nahestanden, in der Regel Uniformen trugen und zum Teil über geheime Waffenlager verfügten. Die „**Sturmabteilung**" (SA) und die „**Schutzstaffel**" (SS) **der Nationalsozialisten**, die mit ihrem Marsch durch Altona die Ausschreitungen provoziert hatten, zählten zusammen rund eine halbe Million Mitglieder. Hinzu kamen etwa ebenso viele Mitglieder des „**Stahlhelm**", der der **DNVP** zuzurechnen war. Diesen rechten Gruppierungen stand auf der extremen Linken der „**Rote Frontkämpferbund**" **der KPD** gegenüber. Die Republiktreuen hingegen, v. a. die **SPD**, verfügten mit dem mitgliederstarken „**Reichsbanner Schwarz-Rot-Gold**" über einen Wehrverband, der im Unterschied zu den anderen für die Weimarer Verfassung eintrat. Als Reaktion auf den Zusammenschluss rechtsradikaler Gruppen in der „**Harzburger Front**" 1931 hatten sich das „Reichsbanner", die SPD und weitere Organisationen zur antifaschistischen „**Eisernen Front**" vereinigt, die laut der Quelle neben den Kommunisten in Altona stark präsent war (vgl. Z. 19–21).

In den häufigen Auseinandersetzungen der paramilitärischen Verbände sahen viele Beobachter einen **beginnenden Bürgerkrieg**, der politische Entscheidungen massiv beeinflusste. Oft wurde dabei die Gefahr, die besonders von den Nationalsozialisten ausging, unterschätzt. Die Regierung unter Heinrich Brüning (Zentrum) hatte versucht, die Gewalt einzudämmen, u. a. durch ein **Verbot von SA und SS**, jedoch hob Brünings Nachfolger Franz von Papen diese Bestimmung kurz vor dem „Altonaer Blutsonntag" wieder auf (vgl. Z. 10, Anmerkung 2), womit er die Gewalteskalation ermöglichte.

Reichstagswahlen

Mit der Radikalisierung auf den Straßen war eine **Radikalisierung bei den Reichstagswahlen** verbunden. Schon im September 1930 war die **NSDAP klarer Wahlsieger:** Sie konnte ihre Abgeordnetenzahl fast verneunfachen und stellte nach der SPD die zweitstärkste Fraktion. Noch deutlicher waren die Ergebnisse der **Reichstagswahlen Ende Juli 1932**, also kurz nach dem „Blutsonntag", der im Zusammenhang mit der Wahl zu sehen ist. So erwähnt M die überwiegend kommunistische und sozialdemokratische „Wahlpropaganda" in den Straßen von Altona (vgl. Z. 19–21). Zusammen erhielten die radikalen Parteien KPD und NSDAP über die Hälfte der Stimmen und konnten nun sämtliche Entscheidungen im **Reichstag blockieren:** Das Parlament war endgültig **funktionsunfähig**.

Jetzt stellte die NSDAP, die ihre Abgeordnetenzahl erneut mehr als verdoppeln konnte, die mit Abstand **stärkste Fraktion**. Da Hitler Regierungschef werden wollte, lehnte er eine Beteiligung am Kabinett Papen ab. Allerdings schloss Reichspräsident Hindenburg eine Ernennung Hitlers zum Reichskanzler noch kategorisch aus, was für Frustration und Enttäuschung bei den Nationalsozialisten sorgte. Aus Sorge, Hitler könnte sich mithilfe des Zentrums zum Kanzler wählen lassen, ließ Papen den Reichstag bald auflösen. Bei den **Neuwahlen im November 1932** verlor die NSDAP zwar ein paar Prozentpunkte, blieb aber stärkste Kraft und hatte zusammen mit DNVP und KPD erneut mehr als die Hälfte der Reichstagssitze inne, sodass eine parlamentarische Regierung weiter so gut wie ausgeschlossen war.

Präsidialkabinette

Die erschwerte Regierungsbildung durch den Stimmenzuwachs der republikfeindlichen Parteien führte zur **Phase der Präsidialkabinette**. Es handelte sich um Regierungen, die vom Reichspräsidenten eingesetzt und von dessen Befugnissen, v. a. dem Notverordnungsrecht gemäß **Artikel 48** der Verfassung, abhängig waren. Bereits im Frühjahr 1930 scheiterte die 1928 gebildete **Große Koalition** unter Hermann Müller (SPD), die sich nicht über eine – wegen der hohen Arbeitslosigkeit infolge der Weltwirtschaftskrise nötige – Reform der Arbeitslosenversicherung verständigen konnte. Damit zerbrach die letzte demokratisch legitimierte Regierung der Weimarer Republik, die sich auf eine Reichstagsmehrheit gestützt hatte. Die als Ausnahme gedachte Möglichkeit, per **Notverordnung** zu regieren, wurde nun zur Regel. Durch die **faktische Entmachtung des Parlaments** verschob sich das politische System deutlich nach rechts.

Die erste Präsidialregierung wurde angeführt vom Zentrumspolitiker **Heinrich Brüning**, der die **Folgen der Weltwirtschaftskrise** mit einer **Deflationspolitik** bekämpfte und eine Verschärfung der Lage in Kauf nahm, um Zugeständnisse der Siegermächte in der **Reparationsfrage** zu erzwingen. Zur Konsolidierung der Staatsfinanzen wollte er – trotz steigender Arbeitslosenzahlen – die Beiträge zur Arbeitslosenversicherung erhöhen, staatliche Sozialleistungen und Beamtengehälter kürzen sowie weitere Steuern einführen. Als sich für diese Politik keine Parlamentsmehrheit fand, löste Hindenburg im Sommer 1930 den Reichstag auf Bitten Brünings auf und setzte die geplanten Maßnahmen mit Notverordnungen durch. – Brüning

Nach **Brünings Entlassung** aus politischen und persönlichen Gründen ernannte Hindenburg im Juni 1932, also wenige Wochen vor dem „Altonaer Blutsonntag“, den politisch eher unerfahrenen **Franz von Papen** zum Reichskanzler. Dieser bildete ein „**Kabinett der Barone**“ aus überwiegend adligen Ministern, ohne jede Bindung an den Reichstag. Er strebte die **Errichtung eines autoritären „Neuen Staates**“ mit klarer Machtverschiebung zugunsten der Regierung an, sodass der Reichstag weniger Einfluss gehabt hätte als im Kaiserreich vor 1918. In diesem Sinne trieb Papen die Aushöhlung der Verfassung weiter voran. So nutzte er die Ausschreitungen in Altona (damals Preußen) als Vorwand für den „**Preußenschlag**“: Gemeinsam mit Hindenburg ließ er per Notverordnung vom **20. Juli 1932** die geschäftsführende **preußische Regierung unter Otto Braun (SPD)** absetzen und sich selbst zum Reichskommissar in Preußen ernennen. Das verfassungsrechtlich grenzwertige Vorgehen wurde nachträglich vom **Staatsgerichtshof** in Leipzig mit dem Hinweis auf eine Gefährdung der öffentlichen Ordnung gebilligt. – Papen und Schleicher

Schließlich verlor Papen aber die Unterstützung der für die Umsetzung seiner Pläne benötigten Reichswehr unter Reichswehrminister **Kurt von Schleicher**. Der General, der als „graue Eminenz“ hinter Papen galt, wurde Ende 1932 selbst zum Kanzler ernannt. Er wollte als „**sozialer General**“ vor allem die wirtschaftlich-soziale Lage verbessern, scheiterte aber mit dem Vorhaben, hierfür die SPD und den linken Flügel der NSDAP zu gewinnen. Am **30. Januar 1933** ernannte Hindenburg schließlich **Hitler zum Reichskanzler** einer Koalitionsregierung aus NSDAP und DNVP, was den endgültigen Untergang von Weimar bedeutete.

Fazit

Letztlich gehört der „Altonaer Blutsonntag“ zu den einschneidenden Ereignissen in der Endphase der Republik und trug in mehrfacher Hinsicht zur **Aushöhlung der parlamentarischen Verfassung** und zum **Ende von Weimar** bei.

3 **TIPP** *Anforderungsbereich: II, Gewichtung in Prozent: 25*

Die Formulierung „ausgehend vom Material“ bedeutet, dass – anders als in der zweiten Teilaufgabe – kein durchgehender Textbezug gefordert bzw. dass dieser auch gar nicht möglich ist. Erläutert werden soll nicht das Material selbst, sondern ein historischer Sachverhalt; trotzdem muss die Quelle grundsätzlich einbezogen werden. Die Konkretisierung „Formen und Funktionen“ ist eine Hilfestellung für die Auswahl der Inhalte und für die Struktur der Erläuterung.

politische Gewalt in der Weimarer Zeit

Das Phänomen der **politischen Gewalt** prägte die **Weimarer Republik** von Anfang an, wobei es **große Unterschiede** hinsichtlich der **Formen und Funktionen** sowie der **Akteure** gab.

Formen

linke Aufstandsversuche

Bereits **Ende 1918** kam es in der bis dahin weitgehend friedlichen Revolution zu **blutigen Auseinandersetzungen in Berlin**, als sich die **Volksmarinedivision** gegen die Anweisung wehrte, aus der Stadt abzuziehen und ihre Truppenstärke zu reduzieren. Gemäß **Ebert-Groener-Pakt** schickte die Oberste Heeresleitung Soldaten, um die Meuterei der Matrosen zu beenden, was jedoch nicht gelang. Daraufhin wurde dem Berliner Polizeipräsidenten Emil Eichhorn (USPD) vorgeworfen, die Volksmarinedivision unterstützt zu haben. Seine Absetzung führte Anfang 1919 zum **Januaraufstand linker Kräfte** (v. a. USPD, Spartakusbund) in Berlin, der von Regierungstruppen und Freikorps **brutal niedergeschlagen** wurde.
Vergleichbare **bewaffnete Aufstände** von KPD-Anhängern gab es 1919–1921 in **Berlin**, im **Ruhrgebiet** und in **Mitteldeutschland**, häufig verbunden mit **(General-)Streiks** und immer wieder niedergeschlagen von Reichswehr, Freikorps und Polizei. Auch im Herbst **1923** kam es angesichts der Staatskrise nach der Ruhrbesetzung auf Drängen Moskaus zu einem Umsturzversuch von Kommunisten und linken Sozialdemokraten in Thüringen und in Sachsen („**deutscher Oktober**“). Als sich die dortigen SPD-/KPD-Regierungen weigerten, die aufgestellten bewaffneten Kampfverbände („Proletarische Hundertschaften“) aufzulösen, marschierte die Reichswehr in Sachsen ein, die thüringische Regierung löste sich selbst auf. In diesem Zusammenhang kam es in Hamburg zu Unruhen, die unter Kommunisten und der Polizei Tote forderten. Dieses Ereignis bezeichnet der „Hamburgische Correspondent“ als „das bisher größte Geschehen des Bürgerkriegs in der jungen Republik“ (Z. 4) in Hamburg.

rechte Putschversuche

Teilweise standen linke Aufstände in direktem Zusammenhang mit **politischer Gewalt von rechts**. So war der Märzaufstand 1920 eine unmittelbare Reaktion auf den **Kapp-Lüttwitz-Putsch**. Da gemäß den Bestimmungen des Versailler Vertrags die deutsche Truppenstärke zu reduzieren war und die Freikorps aufgelöst werden mussten, ordnete Reichswehrminister Gustav Noske im Februar 1920 die

Auflösung der Marinebrigade Ehrhardt an. Diese besetzte unter Führung von General **Walther von Lüttwitz** das Berliner Regierungsviertel und machte den DNVP-Politiker **Wolfgang Kapp** zum neuen Reichskanzler. Da sich die **Reichswehr** weigerte, gegen den Staatsstreich vorzugehen („Truppe schießt nicht auf Truppe."), mussten Reichspräsident Ebert und die Reichsregierung aus Berlin fliehen. Der **Putschversuch** scheiterte dennoch nach wenigen Tagen, da sich die Regierungsbeamten weigerten, Kapps Anordnungen auszuführen, und weite Teile der Arbeiterschaft in den Generalstreik traten.

Im Herbst 1923 nutzte der Vorsitzende der NSDAP, **Adolf Hitler**, die durch Hyperinflation, Abbruch des Ruhrkampfes und kommunistische Umsturzversuche in Thüringen und Sachsen chaotische Lage für seine Zwecke aus. Am 8./9. November 1923 rief er in München die „**Nationale Revolution**" aus und erklärte die bayerische und die Reichsregierung für abgesetzt. Anschließend versuchte er, gemeinsam mit dem Weltkriegsgeneral **Erich Ludendorff** und etwa 2 000 bewaffneten Anhängern, die bayerische Hauptstadt unter Kontrolle zu bringen. Der Marsch wurde jedoch an der Feldherrenhalle gewaltsam beendet, 16 Demonstranten, die später zu „**Märtyrern der Bewegung**" verklärt wurden, starben durch Schüsse der Polizei.

politische Morde

Neben den Putschversuchen aus dem rechtsextremen Spektrum kam es in der Frühphase der Republik zu **politischen Morden**. Kurz nach dem Januaraufstand 1919 in Berlin wurden die Spartakistenführer **Rosa Luxemburg und Karl Liebknecht** bei antirevolutionären „Säuberungsaktionen" durch Freikorps-Mitglieder ermordet. Ein weiteres prominentes Opfer war **Matthias Erzberger** (Zentrum), der im November 1918 in Compiègne den Waffenstillstand unterzeichnet hatte – ein wesentlicher Grund, weshalb Rechtsradikale ihn als „Novemberverbrecher" und „Volksverräter" verunglimpften. 1921 wurde er von zwei Mitgliedern der „**Organisation Consul**", einem nationalistisch-antisemitischen, terroristischen Geheimbund, erschossen. Im Jahr darauf verübten Angehörige dieser Vereinigung ein erfolgloses Attentat auf den SPD-Politiker **Philipp Scheidemann** und ermordeten Außenminister **Walther Rathenau**, der als Jude und Unterzeichner des Rapallo-Vertrags mit der Sowjetunion als Verkörperung der von Rechten verhassten „**Judenrepublik**" galt. Insgesamt kam es in den Anfangsjahren der Republik zu Hunderten politischen Morden, die überwiegend von **Tätern aus dem rechtsextremen Spektrum** begangen wurden; die meisten blieben **ungesühnt**. Nach Rathenaus Tod wurden zwar mehrere Verordnungen und Gesetze zum Schutz der Republik erlassen, die sogar das Verbot extremistischer Organisationen ermöglicht hätten; allerdings ging die Justiz fast ausschließlich gegen die revolutionäre Linke vor.

Straßen-
schlachten

Während der **Stabilisierung der Republik** 1924 bis 1929 lässt sich ein **Rückgang** politisch motivierter Gewalttaten feststellen, wenn man z. B. vom **„Blutmai“ 1929** absieht. Trotz eines Demonstrationsverbots folgten Tausende Arbeiter dem Aufruf der KPD, am 1. Mai 1929 ins Berliner Stadtzentrum zu ziehen und friedlich zu demonstrieren. Dort kam es zu dreitägigen gewaltsamen Auseinandersetzungen mit der Polizei, die auf beiden Seiten, aber auch unter Unbeteiligten, zu Todesopfern und Verletzten führten. Erst in der Endphase der Weimarer Republik kam es zu Ausschreitungen wie dem „Altonaer Blutsonntag“ und zu **bürgerkriegsähnlichen Zuständen mit Saal- und Straßenschlachten**, bei denen insbesondere die verschiedenen Wehrverbände eine maßgebliche Rolle spielten.

Funktionen

Diese Formen politischer Gewalt hatten teilweise ganz **unterschiedliche Ziele** und erfüllten daher auch **verschiedene Funktionen**.

linke Aufstands-
versuche

Die oft kaum geplanten und organisierten Generalstreiks und kommunistischen Aufstände sollten zunächst **das in der Revolution von 1918 Erreichte** gegen die rechtsautoritär-monarchistische Reaktion **absichern**. Bald ging es aber auch darum, die **Revolution**, die aus marxistischer Sicht auf halbem Weg bei einer bürgerlich-parlamentarischen Demokratie stehen geblieben war, **weiterzuführen und zu vollenden**. In einer proletarischen Revolution nach russischem Vorbild (1917) wollte man die Bourgeoisie entmachten, das **Rätesystem** einführen und die **Diktatur des Proletariats** errichten. Dabei sollten die Produktionsmittel wie Grund und Boden, Fabriken usw. vergesellschaftet werden.

politische Morde

Bei den zahlreichen politischen Morden, die von der extremen Rechten besonders in der Anfangsphase der Weimarer Republik verübt wurden, ging es zum einen um **Rache an den angeblichen „Novemberverbrechern“**, die Deutschland 1918/19 durch die Novemberrevolution, die Kapitulation und die Annahme des „Schandfriedens“ von Versailles verraten hätten und letztlich an allen politischen, wirtschaftlichen, sozialen und militärischen Problemen des Deutschen Reiches schuld seien. Zum anderen sollten die Attentate zur **Schwächung und Destabilisierung der von den Rechten gehassten Republik** führen.

rechte Putsch-
versuche

Dementsprechend zielten die rechten Putschversuche von 1920 und 1923 auf eine **direkte Machtübernahme** sowie den **Sturz des ganzen Systems**. Anders als bei den kommunistischen Aufständen, deren Akteure meist aus den Reihen der „**proletarischen Massen**“ kamen, standen mehr oder weniger charismatische Führerfiguren im Vordergrund, die eine **autoritäre Staatsform** anstrebten: Während sich **Kapp** dabei am Preußen der Vorkriegszeit orientierte, sah **Hitler** das faschistische Italien Mussolinis als Vorbild.

Zielte der Einsatz politischer Gewalt zunächst oft **unmittelbar** auf den **Sturz** der parlamentarischen Demokratie, erfüllte er in der Endphase der Weimarer Republik eine **andere Funktion**, gerade bei den Nationalsozialisten. Infolge des gescheiterten Putsches von 1923 war es bei **Hitler** und der 1925 neu gegründeten **NSDAP** zu einem **Strategiewechsel** gekommen: Die Republik sollte zwar weiterhin ausgeschaltet werden, nun jedoch auf **„legalem" Weg** durch Wahlerfolge. Als sich diese Erfolge ab 1930 tatsächlich einstellten, **blockierte** die NSDAP (gemeinsam mit der KPD) die Arbeit im Reichstag und schwächte das parlamentarische System erheblich. Darüber hinaus verlagerte sich die politische Auseinandersetzung zunehmend vom Parlament **auf die Straße**. Da hier traditionell eher linke Akteure dominierten, mussten die rechten Wehrverbände wie SA und „Stahlhelm" den **öffentlichen Raum** erst mit Aufmärschen und Straßenkämpfen **erobern**. Dabei ging es aber mehr um die **Zurschaustellung von Macht** sowie um die Einschüchterung und die Provokation des Gegners als um die unmittelbare gewaltsame Übernahme der Macht im Staat. Auch der Marsch von SA und SS durch den Arbeiterstadtteil Altona, der im Juli 1932 zum „Blutsonntag" führte, war letztlich eine solche **Machtdemonstration**.

Straßenschlachten

4 **TIPP** *Anforderungsbereich: III, Gewichtung in Prozent: 25*

Da das Thema „politische Gewalt" im Zusammenhang mit der „American Revolution" im ersten Semester sehr wahrscheinlich nicht explizit behandelt worden ist, stellt diese Verknüpfung eine anspruchsvolle Transferleistung dar. Auch löst sich die Teilaufgabe vom Material, sodass Sie darauf nicht zurückgreifen können. Dementsprechend sind Sachkenntnisse hier nicht im selben Umfang zu erwarten wie in den Aufgaben 2 und 3. Achten Sie allerdings darauf, dass Sie über die in der Aufgabenstellung zitierte These ein ausdrückliches Sachurteil formulieren und dieses gut begründen, damit der Anforderungsbereich III erreicht wird.

Auch im **Vorfeld des amerikanischen Unabhängigkeitskrieges** kam es zu politisch motivierten Gewalttaten, die sich in erster Linie an der **britischen Steuer- und Zollgesetzgebung** infolge des French and Indian War entzündeten, in der Stamp-Act-Krise ab 1765 einen ersten Höhepunkt erreichten und anlässlich der Townshendgesetze von 1767 erneut und stärker aufflammten. Vor diesem Hintergrund stellt sich die Frage, ob **Schumanns These**, die Bedeutung politischer Gewalt in der späten Weimarer Republik habe mehr in der **öffentlichen Wahrnehmung** als in den Opfern gelegen, auch auf die Vorgeschichte der amerikanischen Unabhängigkeit anwenden lässt.

politische Gewalt in der „American Revolution"
Einführung

Vor 1775 richtete sich Gewalt in den nordamerikanischen Kolonien oft **gegen Steuereintreiber und Zollbeamte**, die verprügelt oder gedemütigt wurden, indem man sie z. B. teerte und federte. Zu wirklichen Todesfällen kam es dabei aber nur sehr selten. Häufiger waren **symbolische Hinrichtungen** von britischen Beamten und Politikern (wie Premierminister Grenville, dem Urheber der Stempelsteuer) mithilfe von Strohpuppen, die an Bäumen aufgehängt oder verbrannt wurden. Auch König Georg III. war Zielscheibe solcher symbolischer Gewalttaten, indem z. B. Statuen vom Sockel gestoßen wurden.

Formen der Gewalt
- tatsächliche …
- … und symbolische Gewalt gegen Beamte und Politiker

Teils richtete sich die Gewalt gegen **fremdes Eigentum:** So wurden die Häuser von britischen Beamten geplündert oder zerstört. Besonders aufsehenerregend war die berühmte „**Boston Tea Party**" 1773, bei der als Mohawks verkleidete Bostoner mehrere Schiffsladungen Tee der britischen East India Company in das Hafenbecken kippten.

- Zerstörung von Eigentum

Gerade **Boston** spielte bei diesen gewaltsamen politischen Aktionen von Anfang an eine zentrale Rolle, da es als wichtige Hafenstadt von den Zollgesetzen unmittelbar betroffen war und zudem durch große Klassengegensätze und soziales Konfliktpotenzial geprägt war. Von hier aus breiteten sich die Proteste nach und nach aus, vor allem in größere Städte wie New York und Philadelphia. Getragen wurden sie zunächst von den städtischen Unterschichten, von Handwerksgesellen, Matrosen, Werft- und Manufakturarbeitern, dann zunehmend von den **Sons of Liberty:** Diese Organisation aus Mitgliedern der lokalen Eliten und Mittelschichten wurde im Zuge der Stamp-Act-Krise 1765 in Boston gegründet und koordinierte die antibritischen Proteste vor Ort, aber auch überregional.

- Widerstand v. a. in Boston

Die politisch motivierte Gewalt, die im Vorfeld des amerikanischen Unabhängigkeitskrieges verübt wurde, war in ihrem Ausmaß eher **begrenzt** und zielte nicht auf einen politischen Umsturz ab. Vielmehr diente sie dazu, Zollbeamte und Steuereintreiber psychisch, körperlich und materiell so sehr **unter Druck zu setzen**, dass sie ihre Tätigkeit aufgaben, was durchaus gelang. Zusammen mit den Protesten der „**assemblies**" oder neuer Einrichtungen wie dem **Stempelsteuerkongress** und unterstützt durch eine entsprechende **Publizistik sowie Warenboykotte** trugen die gewaltsamen Proteste dazu bei, dass Gesetze von der britischen Regierung wieder zurückgenommen wurden (Stamp Act, Townshend Acts). In dieser Hinsicht war die **Auswahl der konkreten Opfer** tatsächlich von einer gewissen Bedeutung für die politische Entwicklung, unterstützte aber auch die öffentliche Wahrnehmung der Ereignisse.

Funktion und Wirkung
- Druck auf Beamte und die britische Regierung

Sofern es sich um geplante, zum Teil sorgfältig inszenierte Aktionen (z. B. der Sons of Liberty) handelte, spielte die **erhoffte propagandistische Wirkung** eine große Rolle. Um den Protest gegen Großbritanniens Steuer- und Zollpolitik überregional, ja sogar international bekannt zu machen und zu koordinieren, wurden „**committees**

- propagandistische Bedeutung: Kampf um Deutungshoheit

of correspondence" gegründet. Im 18. Jahrhundert entstand zudem mit der **Presse** eine neue Form der Öffentlichkeit: Auf Flugblättern und in Zeitungen wurde der Widerstand der Kolonisten dokumentiert. Andere Aktionen wie die „Boston Tea Party" scheinen ganz auf ihre **mediale Wirkung** hin geplant und durchgeführt worden zu sein, wofür u. a. die symbolische Verkleidung der beteiligten Kolonisten als amerikanische Ureinwohner spricht. Zeitungen wie die Boston Gazette berichteten ausführlich und weltweit über das Ereignis. Die britische Regierung hingegen reagierte scharf mit dem Erlass der „Coercive Acts" (von den Kolonisten als „Intolerable Acts" empfunden) und auch in der englischen Öffentlichkeit, wo es zuvor durchaus Sympathien für die Kolonien gegeben hatte, wandelte sich die Stimmung.
Insgesamt waren sich die Siedler sowie die britische Regierung bewusst, dass die öffentliche Wahrnehmung für das **Erlangen der Deutungshoheit** in ihrer Auseinandersetzung von Bedeutung war. Somit fand tatsächlich ein „**Kampf um öffentliches Terrain**" statt. Die damals beabsichtigte Wirkung hält bis heute an: So spielt die „Boston Tea Party" in der **US-amerikanischen Geschichts- und Erinnerungskultur** nach wie vor eine sehr große Rolle und gilt allgemein als der eigentliche Beginn der „American Revolution".

– Einfluss auf die eigene Anhängerschaft und die Gesellschaft in den Kolonien

Letztlich zielte der (inszenierte) Einsatz politischer Gewalt nicht nur auf die allgemeine Deutungshoheit über die Ereignisse, sondern auch auf die **eigene Anhängerschaft** und auf die restliche Gesellschaft in den Kolonien ab. Gerade die Sons of Liberty, deren Mitglieder vor allem aus der städtischen Mittel- und Oberschicht stammten, waren darum bemüht, mit symbolischen Aktionen die Kontrolle über die innerlich nicht geschlossene Protestbewegung zu erlangen, sie in ihrem Sinne zu steuern und im Kampf gegen den gemeinsamen Gegner zu einen. Dabei sollten die Angehörigen der Unterschichten zufriedengestellt und von weitaus radikaleren Protestaktionen sowie sozialrevolutionären, egalitären Zielen abgehalten werden. Darüber hinaus übte man Druck auf die **Loyalisten** innerhalb der Kolonialgesellschaft aus, die weiterhin das Mutterland unterstützten.

Fazit

Insgesamt lässt sich also feststellen, dass sich **Schumanns These**, es sei bei der politischen Gewalt der späten Weimarer Republik vor allem auf die **öffentliche Wahrnehmung und weniger auf die konkreten Opfer** angekommen, **weitgehend** auf die Auseinandersetzungen im Vorfeld des amerikanischen Unabhängigkeitskrieges **übertragen** lässt – umso mehr, je länger die Konflikte zwischen den Kolonisten und dem britischen Mutterland andauerten und je mehr die Sons of Liberty die Kontrolle übernahmen und an die Stelle spontaner Aufstände und Aktionen **symbolische Protestformen** setzten, die gezielt als Medienereignisse geplant waren.

Geschichts- und Erinnerungskultur
(Rahmenthema 4)
Nationale Gedenk- und Feiertage in verschiedenen Ländern
(Verbindliches Wahlmodul)

Der 9. November als Gedenk- und Jahrestag

Aufgabenstellung

1 Fassen Sie M 1 nach einer quellenkritischen Einleitung zusammen.

2 Erläutern Sie den historischen Hintergrund der von Steinmeier in M 1 als „Errungenschaften" bezeichneten Aspekte der Weimarer Republik (M 1, Z. 15–22).

3 Erklären Sie, warum die Revolution von 1918 nach Steinmeiers Wahrnehmung „kaum Spuren im Gedächtnis" der deutschen Nation hinterlassen hat (M 1, Z. 23).

4 Überprüfen Sie, inwiefern Steinmeiers Rede (M 1) zur Funktion von Jahrestagen passt, die der Geschichtsdidaktiker Klaus Bergmann in M 2 beschreibt.

INFO Das Wahlmodul 2 „Nationale Gedenk- und Feiertage in verschiedenen Ländern" ist nicht mehr prüfungsrelevant! Die Musterlösung zur vorliegenden Aufgabe vermittelt Ihnen aber sowohl Inhalte aus dem verpflichtenden Wahlmodul 6 „Zwischen Krise und Modernisierung – Die Gesellschaft der Weimarer Republik" als auch Anhaltspunkte zum Wahlmodul 1 „Mythen".

M 1 Rede von Bundespräsident Frank-Walter Steinmeier am 9. November 2018 im Rahmen der Gedenkstunde des Deutschen Bundestags in Erinnerung an den 9. November 1918 in Berlin (Auszug)

„Es lebe die deutsche Republik!"

Was war das für ein gewaltiger Umbruch, den Philipp Scheidemann am 9. November 1918 den Menschen auf den Straßen Berlins verkündete, hier an diesem Ort, von einem Fenster des Reichstags aus: der Zusammenbruch des Kaiserreichs, das Ende einer jahrhundertealten monarchischen Ordnung, der Beginn einer demokratischen Zukunft für Deutschland.

Was für ein Ausruf in den letzten Tagen des Weltkriegs. Welche Botschaft für müde, ausgemergelte Männer und Frauen, für ein vom Krieg gezeichnetes Land, für die

Städte, Kasernen, Betriebe, in denen Meutereien und Massenstreiks wie ein Lauffeuer um sich griffen, in dieser explosiven Stimmung aus Protest, Hunger, Ungewissheit.

Endlich Frieden, endlich politische Selbstbestimmung und soziale Gerechtigkeit – das war die Verheißung jener Worte. Ein Lichtblick an einem trüben Novembertag!

Die Revolution, so ungeplant und improvisiert sie auch war, steht für eine tiefgreifende Zäsur in der deutschen Geschichte, für einen Aufbruch in die Moderne.

Viele ihrer Errungenschaften prägen heute unser Land, auch wenn uns das nicht jeden Tag bewusst ist. Die Revolution brachte allen deutschen Parlamenten das allgemeine und gleiche Wahlrecht – endlich, zum ersten Mal auch für die Frauen! Sie bahnte den Weg zur Weimarer Nationalversammlung, zu einer republikanischen Verfassung, zur parlamentarischen Demokratie, der ersten in der Geschichte unseres Landes. Auch Grundsteine des modernen Sozialstaats legte diese Revolution: Achtstundentag, Tarifpartnerschaft, Mitbestimmung durch Betriebsräte – all das steht für den sozialen Fortschritt, der damals inmitten der Nachkriegswirren begann.

Aber trotz alledem hat die Revolution bis heute kaum Spuren im Gedächtnis unserer Nation hinterlassen. Der 9. November 1918 ist auf der Landkarte der deutschen Erinnerungsorte zwar verzeichnet, aber er hat nie den Platz gefunden, der ihm eigentlich zusteht. Er ist ein Stiefkind unserer Demokratiegeschichte – eben auch, weil der 9. November tatsächlich ein ambivalenter Tag ist, weil er für Licht und für Schatten steht, weil wir jene Demokratie, die damals begann, fast nie von ihrem Anfang, sondern meist von ihrem Ende her denken.

Manchmal scheint mir, als sei jene Zeitenwende auf ewig überschattet vom Scheitern der Republik, als sei der 9. November 1918 diskreditiert und entwürdigt durch den 30. Januar 1933. Ja, das Ende der Weimarer Republik führte hinab ins furchtbarste Kapitel der deutschen Geschichte. Aber: Historisch gescheitert ist nicht die Demokratie – historisch gescheitert sind die Feinde der Demokratie. Der übersteigerte Nationalismus, die Diktatur, die menschenverachtende Ideologie der Nationalsozialisten haben Europa mit Krieg und abscheulichen Verbrechen überzogen, sie haben dieses Land politisch und moralisch ruiniert. Zu unser aller Glück erhielten wir eine neue Chance auf Selbstbestimmung in Einheit und Freiheit – und diese Chance ist Wirklichkeit geworden: Sie, die Republik, hat sich historisch behauptet! Das dürfen wir hundert Jahre später für uns festhalten und ich füge hinzu: auch feiern.

Dabei bleibt natürlich richtig: Jene Revolution war vom ersten Tag an auch eine paradoxe, eine widersprüchliche Revolution. Ihre Geschichte lässt sich nicht geradlinig erzählen. Doch welche deutsche Geschichte lässt sich das schon?

Die Widersprüchlichkeit der Revolution zeigte sich bereits am selben 9. November, als Karl Liebknecht, der Führer des Spartakusbundes, ein zweites Mal die Republik ausrief – nur zwei Stunden nach Philipp Scheidemann. Friedrich Ebert wollte zuvörderst Chaos, Bürgerkrieg und ein militärisches Eingreifen der Siegermächte verhindern; er war getrieben von dem Wunsch, den Menschen Arbeit und Brot zu geben. Der Rat der Volksbeauftragten sah seine Handlungsspielräume eng begrenzt in diesen ungewissen Monaten, im Strudel radikalerer Kräfte von rechts wie von links.

Und doch hätten die Volksbeauftragten wohl mehr Veränderung wagen müssen, als sie aus ihrer damaligen Sicht für verantwortbar hielten. Zu viele geschworene Gegner der jungen Republik behielten ihre Ämter in Militär, Justiz und Verwaltung. Sicher:

Gegen den Versuch der radikalen Linken, die Wahlen zur Nationalversammlung mit Gewalt zu verhindern, mussten die Volksbeauftragten um Friedrich Ebert sich zur Wehr setzen. Aber es gab keinerlei Rechtfertigung dafür, der Brutalität nationalistischer Freikorps faktisch freie Hand zu lassen. Viele wurden damals ermordet, unter ihnen Rosa Luxemburg und Karl Liebknecht. Auch der vielen Opfer jener Tage wollen wir heute gedenken. […]

Berlin ist nicht Weimar und wird es nicht werden. Die Gefahren von gestern sind nicht die Gefahren von heute. Wer immer nur vor der Wiederkehr des Gleichen warnt, droht neue Herausforderungen aus den Augen zu verlieren. Aber: Erinnerung kann den Blick schärfen für neue Anfechtungen. Und die gibt es gewiss.

So wenig der Demokratie am 9. November 1918 ihr Scheitern schon vorherbestimmt war, so wenig ist heute, einhundert Jahre später, ihr Gelingen garantiert. Wir beobachten ein wachsendes Unbehagen an der Parteiendemokratie, bis hinein in die Mitte unserer Gesellschaft. Wir erleben, wie manche die Parlamente gar nicht mehr als Orte für politische Lösungen ansehen wollen. Nicht alle diese Menschen sind Gegner der Demokratie – aber sie fehlen der Demokratie. Gerade die Geschichte der Weimarer Republik zeigt doch, wie sehr wir Bürgerinnen und Bürger brauchen, die bereit sind, Verantwortung zu übernehmen, die sich den Mühen demokratischer Politik aussetzen – weil sie an ihren Wert glauben.

Ich wünsche mir, dass heute, an ihrem 100. Geburtstag, möglichst viele Menschen in unserem Land dem Wert der parlamentarischen Demokratie nicht nur nachspüren – sondern dass sie daraus die Kraft schöpfen, den Mut fassen, sich in und für diese Demokratie zu engagieren. Denn: Mut, den braucht es dafür auch heute. Aber: Ihn zu haben, ist heute zum Glück doch so viel leichter als in der ersten deutschen Demokratie nach 1918! […]

Fundort: https://www.bundespraesident.de/SharedDocs/Reden/DE/Frank-Walter-Steinmeier/Reden/2018/11/181109-Gedenkstunde-Bundestag.html?nn=9042544 (27.03.2022)

M2 Der angesehene Geschichtsdidaktiker Klaus Bergmann über die Verwendung von Gedenktagen/-jahren (1996)

„Kalender-Geschichte", das ist Geschichte, mit der an Gedenktagen und in Gedenkjahren an Personen, Ereignisse und Verläufe erinnert werden soll und erinnert wird. Der Kalender gibt so scheint es, die Erinnerung vor; Erinnerung ist fällig, wenn der Kalender es so bestimmt. […] Und dann entstehen die eigentümlichen, eher pseudohistoriographischen Konstruktionen, die ich hier im Kollektivsingular „Kalender-Geschichte" nenne. […] „Kalender-Geschichte" enthält in aller Regel überaus problematische Sinnbildungen über Vergangenheit.

Aus: Klaus Bergmann: „Kalender-Geschichte". Ein geschichtsdidaktischer Problemfall, in: Grete Anzengruber u. a.: Verordnete Feiern – gelungene Feste. Überlegungen und Anregungen zur Festkultur in der Schule (Schulheft 84), Wien 1996, S. 7–21, hier S. 7 f.

TIPP **Erläuterungen und Bearbeitungshinweise**

Die Aufgabenstellung bezieht sich schwerpunktmäßig auf das Rahmenthema 4 „Geschichts- und Erinnerungskultur“ (Wahlmodul 2: „Nationale Gedenk- und Feiertage in verschiedenen Ländern“) mit mehreren Übergriffen auf das Rahmenthema 3 „Wurzeln unserer Identität“ (Wahlmodul 6: „Zwischen Krise und Modernisierung – Die Gesellschaft der Weimarer Republik“). Zwar ist das Wahlmodul 2 für das Abitur 2025 nicht mehr relevant, doch können Teile der Lösung auch für das Wahlmodul 1 „Mythen“ von Nutzen sein (siehe Info-Kasten bei der Aufgabenstellung).

Lösungsvorschlag

1 **TIPP** *Anforderungsbereich: I, Gewichtung in Prozent: 25*

Nach einer quellenkritischen Einleitung zu M 1, in der Sie die Quellengattung, den Anlass, den Autor, die Adressaten, den Ort, die Zeit, das Publikationsdatum, den historischen Kontext, die Hauptaussage, den Quellenwert und die Intention des Verfassers bestimmen, geben Sie die wesentlichen Aspekte des Textes klar strukturiert, sprachlich eigenständig und distanziert, vollständig und inhaltlich reduziert sowie unkommentiert wieder. Die Aufgabe hat einen reproduktiven Charakter.

quellenkritische Einleitung
Quellengattung, Autor, Zeit, Ort, Anlass, Adressaten, Intention, Publikation, Quellenwert

Im Auszug M 1 aus der **öffentlichen Rede** vom **9. November 2018** begründet der damalige Bundespräsident und frühere Außenminister **Frank-Walter Steinmeier** bei einer **Gedenkstunde des Deutschen Bundestags** in **Berlin**, warum der 9. November 1918 für die deutsche Demokratie eine enorme Bedeutung habe und zu Unrecht teilweise in Vergessenheit gerate. Dabei geht er am **100. Jahrestag der Revolution in Berlin** auf die Ereignisse im Jahr 1918 und der Folgezeit zurück und verortet sie in der deutschen Geschichte. Er richtet sich auch an ein **internationales Publikum**, hat vor allem aber die Mitglieder des Bundestages sowie die **deutsche Bevölkerung** als Adressaten vor Augen, um für die **bundesrepublikanische Demokratie als Erbin der Weimarer Republik** zu werben. Die Rede, die vermutlich zeitnah auf der Internetseite des Bundespräsidialamtes veröffentlicht wurde, hat einen **hohen Quellenwert**, da der Bundespräsident mit der öffentlich wahrgenommenen Ansprache eine **hohe Reichweite** erzielte und sie die Probleme einer deutschen Identitätsbildung im Jahr 2018 widerspiegelt.

Inhalte von M 1
demokratische Errungenschaften von Weimar

Steinmeier nimmt zunächst Bezug auf den Umbruch am 9. November 1918, der den historischen **Übergang von der Monarchie zur demokratischen Republik** eingeleitet habe. Damals habe **Philipp**

Scheidemann von einem Fenster des Reichstagsgebäudes aus den vom Krieg gezeichneten Massen eine **friedliche, selbstbestimmte und gerechtere Zukunft** vor Augen geführt. Der Redner betont die wegweisenden Maßnahmen, die während der Entstehung der Republik umgesetzt wurden: das **allgemeine und gleiche Wahlrecht**, das nun auch Frauen zugesprochen wurde, eine moderne **parlamentarisch-demokratische Verfassung** und die Verwirklichung grundlegender **sozialer Forderungen** der Arbeiterschaft.

kaum Beachtung des 9. November 1918 in der Erinnerungskultur

Im Vergleich zu seiner Bedeutung werde der 9. November 1918 aber im öffentlichen Erinnern viel **zu wenig beachtet**. Den Grund sieht Steinmeier im **vieldeutigen Charakter des 9. November** und darin, dass dieses Datum aus der Retrospektive auch immer mit der **Herrschaft der Nationalsozialisten** ab dem 30. Januar 1933 in Verbindung gebracht werde. Allerdings seien auf Dauer nicht die Träger, sondern die nationalistischen und faschistischen Gegner der Demokratie gescheitert. Es sei ein Erfolg, dass nach den gewaltigen Verbrechen der NS-Diktatur und den Schrecken des Krieges **wieder eine Republik** eingerichtet worden sei und bis heute Bestand habe.

Schattenseiten der Novemberrevolution

Beim positiven Blick auf den 9. November 1918 verhehlt Steinmeier aber nicht, dass der Beginn der parlamentarischen Demokratie auch **von Problemen überschattet** gewesen sei. Die kommunistischen Politiker um **Karl Liebknecht** hätten eine radikal linke Republik im Blick gehabt, während der „Rat der Volksbeauftragten" um **Friedrich Ebert** angesichts der chaotischen Lage zu mutlos gewesen sei und es deshalb unterlassen habe, Gegner der Demokratie in Verwaltung, Militär und Justiz auszutauschen. Bei der Niederschlagung eines linken Aufstands sei es zur politisch motivierten **Ermordung von Rosa Luxemburg und Liebknecht** durch rechts gesinnte Freikorps gekommen, was der Bundespräsident bedauert.

Unterschied Weimarer Republik – Bundesrepublik

Abschließend erklärt Steinmeier, dass es **Unterschiede zwischen der Weimarer Republik und der Bundesrepublik** gebe und sich die Probleme der damaligen Zeit nur bedingt mit der Gegenwart vergleichen ließen. Allerdings könnte das Bewusstsein für die Vergangenheit bei der Analyse aktueller Herausforderungen der Demokratie helfen. Angesichts der in der Bevölkerung vorhandenen **Demokratiemüdigkeit** solle man die richtigen Schlüsse aus der Weimarer Republik ziehen und die Mitbürger für den **aktiven Einsatz für die Erhaltung der Demokratie** gewinnen.

2 **TIPP** *Anforderungsbereich: II, Gewichtung in Prozent: 25*

Die Erläuterung setzt umfassende Kenntnisse über die Entstehung und Ausgestaltung der Weimarer Republik (Rahmenthema 3) voraus. Sie sollten wichtige

Aspekte des Textes herausgreifen, sinnvoll strukturieren und dann vor dem historischen Hintergrund erklären, sodass Ihrer Leserschaft durch zusätzliche Informationen die in M 1 genannten Errungenschaften vor Augen geführt werden. Diese textbezogene Anwendung und Verknüpfung von Wissen fällt in den AFB II.

Erläuterung: Errungenschaften der Weimarer Republik

allgemeines, gleiches Wahlrecht (v. a. Frauenwahlrecht)

Steinmeier sieht im **allgemeinen und gleichen Wahlrecht** (vgl. M 1, Z. 16 f.) einen wesentlichen Erfolg der Revolution von 1918, der bis in die Gegenwart seine Wirkung entfalte. Besonders positiv hebt er das **Frauenwahlrecht** hervor und verweist somit auf eine jahrzehntelange Forderung der **Frauenbewegung**, die nun umgesetzt wurde: Bei der Wahl der Nationalversammlung im Januar 1919 durften auch Frauen ihre Stimmen abgeben. Zwar hatte die **Verfassung des Kaiserreiches** schon ein allgemeines Wahlrecht ab 25 Jahren festgehalten; Frauen waren davon aber noch ausgeschlossen gewesen. Verschiedene Frauenverbände, allen voran der Dachverband **Bund Deutscher Frauenvereine** (BDF), hatten im Kaiserreich die **demokratische Gleichberechtigung** gefordert und dabei Hunderttausende Frauen mobilisiert. Während des Ersten Weltkriegs hatten Frauen oft die Arbeitsplätze der an die Front geschickten Männer übernommen und eine **tragende Rolle im Produktionsprozess** gespielt, sodass 1918 ihr Anliegen nicht mehr überhört werden konnte. Vor allem die **Sozialdemokraten**, die die Revolution über den „Rat der Volksbeauftragten" und die Arbeiter- und Soldatenräte entscheidend mitgestalteten, hatten die Forderung nach dem Frauenwahlrecht schon vor 1918 unterstützt. Auch die liberal bürgerliche **DDP**, die ab 1919 mit SPD und Zentrum die Stütze der Weimarer Verfassung („Weimarer Koalition") bilden sollte, schloss sich an. Zudem wurde nun das **Dreiklassenwahlrecht**, das im Kaiserreich v. a. im größten Reichsteil **Preußen** für eine **steuerbedingte Ungleichgewichtung** der Stimmen gesorgt hatte, beseitigt, was die **umfassende Gleichbehandlung der Wählerschaft** gewährleistete.

demokratische, republikanische Verfassung

Als weitere wesentliche Errungenschaft bezeichnet Steinmeier die **demokratisch-republikanische Verfassung** mit dem **Parlament als wesentlichem Machtfaktor** (vgl. M 1, Z. 18 f.). In den ersten Wochen der Revolution war zunächst nicht klar, in welche politische Zukunft Deutschland gehen würde: So forderten die USPD und der kommunistisch ausgerichtete **Spartakusbund** eine **Räterepublik**, während die MSPD unter Friedrich Ebert eine **parlamentarische Demokratie** präferierte. Auf dem 1. Reichsrätekongress vom 16. bis 21. Dezember 1918, zu dem die **Arbeiter- und Soldatenräte** Delegierte geschickt hatten, setzte sich die MSPD durch: Eine von der Bevölkerung gewählte **Nationalversammlung** sollte über die Neuordnung Deutschlands entscheiden und eine Verfassung ausarbeiten. Die am **19. Januar 1919** nach allgemeinem Wahlrecht abgehaltene

Wahl bescherte MSPD, DDP und der katholischen Zentrumspartei eine solide Mehrheit.
Die daraufhin einsetzenden Verfassungsdiskussionen zeigten das **große Meinungsspektrum in der Gesellschaft**, da die verschiedenen Parteien von der Rückkehr zur Monarchie bis zur Etablierung einer Räteherrschaft sehr unterschiedliche Ideen vertraten. Die am **11. August 1919** von Reichspräsident Ebert unterzeichnete Verfassung enthielt daher einige Kompromisse. Zwar wurde die jahrhundertealte Staatsform der **Monarchie abgeschafft** und eine **Republik fest installiert**. Allerdings hatte der **Reichspräsident** eine herausgehobene Stellung und weitreichende Kompetenzen, weshalb ihn Zeitgenossen kritisch als „**Ersatzkaiser**" bezeichneten: Er wurde alle sieben Jahre direkt vom Volk gewählt, durfte den Reichskanzler ernennen und das Parlament auflösen und konnte gemäß Artikel 48 **Notverordnungen** erlassen und bestimmte Grundrechte aussetzen. Der Legislative, dem Reichstag, sollte so in der Exekutive ein **starkes Gegengewicht** gegenübergestellt werden, da viele Verfassungsväter eine zu große Macht des Parlaments misstrauisch betrachteten. Das Parlament war zwar im Vergleich zum Kaiserreich durch das Recht auf Gesetzesinitiative mit mehr Befugnissen ausgestattet, aber besonders. durch die umfangreichen Rechte des Reichspräsidenten auch eingeschränkt. In der Endphase von Weimar wurden diese Aspekte von Feinden der Republik ausgenutzt, was wesentlich zu ihrem Ende beitrug.

soziale Fortschritte

Schließlich hebt Steinmeier die **sozialen Fortschritte** der Revolution hervor (vgl. M 1, Z. 20–22). Bereits am 15. November 1918 wurde durch das „**Stinnes-Legien-Abkommen**" zwischen Vertretern von Arbeitgebern und Arbeitnehmern der Achtstundentag eingeführt und der Grundstein für eine **Sozialpartnerschaft** gelegt, die zur Anerkennung von **Tarifverträgen** führte und die Verhandlungsposition der **Gewerkschaften** verbesserte. 1919 schlossen sich die freien Gewerkschaften in Nürnberg zum **Allgemeinen Deutschen Gewerkschaftsbund** zusammen. In Unternehmen wurden **Betriebsräte** eingerichtet. Die Weimarer Verfassung von 1919 hielt in ihrem Grundrechtekatalog nicht nur Menschen- und Bürgerrechte, sondern auch **soziale Grundrechte und -pflichten** fest. 1927 wurden die seit dem Kaiserreich existierenden Versicherungen durch die Arbeitslosenversicherung und die Einführung von **Arbeitslosengeld** ergänzt. Diese Maßnahmen stärkten die soziale Ausrichtung der Demokratie, an die laut Steinmeier auch die Bundesrepublik angeknüpft habe.

3 **TIPP** *Anforderungsbereich: II, Gewichtung in Prozent: 25*

Beim Operator „erklären" sind Sachverhalte so darzustellen, dass Bedingungen, Ursachen, Gesetzmäßigkeiten und/oder Funktionszusammenhänge der Aussage, dass die Revolution von 1918 „kaum Spuren im Gedächtnis" der deutschen Nation hinterlassen habe, verständlich werden. Berücksichtigen Sie dabei Inhalte aus dem Kernmodul des Rahmenthemas 3 („Die Frage nach der deutschen Identität") sowie aus dem Rahmenthema 4 („Geschichts- und Erinnerungskultur").

Rezeption der Revolution 1918 und des 9. November

Indem Bundespräsident Steinmeier die **Ambivalenz des 9. November** (vgl. M 1, Z. 27) hervorhebt, nennt er einen wesentlichen Grund für die **geringe Bedeutung** der Revolution 1918 **im deutschen kollektiven Gedächtnis**. Tatsächlich steht der 9. November wie kein anderer Tag „für **Licht** und für **Schatten**" (M 1, Z. 27) der deutschen Demokratiegeschichte.

Rezeption in der Weimarer Republik

Ein erster Erklärungsansatz ist in der **Weimarer Republik** selbst zu suchen, deren Entstehung maßgeblich auf den **9. November 1918** zurückzuführen ist. Schon früh wurde die Novemberrevolution durch die **wirkmächtige Dolchstoßlegende**, die besonders der spätere Reichspräsident Hindenburg propagierte, **diffamiert:** Die beteiligten Arbeiter, Soldaten und Politiker seien dem unbesiegten Heer in den Rücken gefallen. Dass Hindenburg als Chef der Obersten Heeresleitung die militärische Situation im Herbst 1918 als aussichtslos eingeschätzt und sich selbst zurückgezogen hatte, hinderte ihn nach dem Krieg nicht daran, die Legende in deutschnationalen Kreisen zu verbreiten und die **Akzeptanz der Revolution und der gesamten Republik zu schmälern**. Wie ambivalent der Umgang mit dem 9. November damals war, zeigt auch die Debatte um einen **Nationalfeiertag** der Republik. Zwar sprachen sich linke Kräfte für den 9. November aus, allerdings wählte eine Parlamentsmehrheit den Tag der **Unterzeichnung der Verfassung**, den **11. August**.

Bedeutung des Nationalsozialismus (mit 9. November 1923 und 1938)

Ein weiteres Ereignis der Weimarer Zeit überlagerte den 9. November 1918 zusätzlich: der **Hitler-Putsch** vom **8./9. November 1923** in München, der auf die Beseitigung der Weimarer Ordnung zielte. Die NSDAP führte 1933 den „**Blutorden**" als „Ehrenzeichen des 9. November 1923" ein und ehrte die Gefallenen alljährlich. Von diesen Gedenkfeierlichkeiten aus initiierte die NS-Führung **1938** die brutalen **Pogrome gegen die jüdische Bevölkerung** („Reichskristallnacht"). In der **Erinnerungspolitik der Nationalsozialisten** war der 9. November 1918 durch die bewusste ideologische Vereinnahmung des Datums überlagert. Daher war dieser Tag nach 1945 nicht besonders geeignet, um damit die deutlich positivere Erinnerung an die Novemberrevolution 1918 zu verbinden.

Tatsächlich ist der Rückblick auf die Weimarer Geschichte stets mit dem **Scheitern der ersten deutschen Republik** am 30. Januar 1933 und den Verbrechen der NS-Diktatur 1933–1945 verbunden (vgl. M 1, Z. 30–33). Dies gilt für die Geschichtswissenschaft wie für die bundesdeutsche Erinnerungskultur. Als in der Bundesrepublik der 1950er-/1960er-Jahre langsam die Aufarbeitung der NS-Vergangenheit begann, wurde am 9. November v. a. der **Pogrome von 1938** und somit der **Verfolgung und Vernichtung der jüdischen Bevölkerung** Europas gedacht. Die **Scham** über die Verantwortung der Deutschen für den Genozid an den Juden überlagerte den Stolz auf ein Stück gelungener „Demokratiegeschichte" (M 1, Z. 26).

Fall der Berliner Mauer am 9. November 1989

Schließlich ereignete sich noch ein weiteres bedeutendes Ereignis an einem 9. November: **1989** wurde nach der jahrzehntelangen Teilung Deutschlands die **Berliner Mauer geöffnet** – eine Entwicklung, die mit dem 9. November 1918 nichts zu tun hatte und in dieser Hinsicht zufällig an diesem Datum eintrat. Nun legte sich eine **neue Schicht symbolisch aufgeladener Erinnerung** auf den 9. November, zumal die damaligen Geschehnisse Spuren im Leben und im Gedächtnis vieler noch lebender Bürgerinnen und Bürger hinterlassen haben. Der 9. November 1989 stellte die **Weichen für die deutsche Wiedervereinigung** am 3. Oktober 1990, die große Freude auslöste, die Bundesrepublik aber bis heute vor Herausforderungen stellt.

Fazit

Dass der **9. November 1918 als „Stiefkind unserer Demokratiegeschichte"** (M 1, Z. 26) wahrgenommen wird und somit auch die Revolution von 1918 „kaum Spuren im Gedächtnis unserer Nation hinterlassen" (M 1, Z. 23 f.) hat, liegt also daran, dass viele **andere bedeutungsschwere Ereignisse** mit diesem Datum verbunden sind. Darüber hinaus wurde dieser Tag bereits in der Weimarer Republik von deutschnationalen und nationalsozialistischen Kreisen **systematisch entwertet**.

4 **TIPP** *Anforderungsbereich: III, Gewichtung in Prozent: 25*

Eine Überprüfung verlangt die Untersuchung eines Sachverhaltes auf sachliche Richtigkeit/Triftigkeit oder innere Logik. Benennen Sie am Anfang, was konkret überprüft werden soll. In diesem Falll müssen Sie klären, inwiefern Bergmanns Aussagen zur Funktion von Gedenktagen und -jahren (M 2) zu Art und Charakter der Rede des Bundespräsidenten in Erinnerung an den 9. November 1918 (M 1) passen. Diese Teilaufgabe fällt in den AFB III; wie das abschließende Urteil ausfällt, ist offen. Es sind daher auch andere als die folgende Lösung möglich.

Der Geschichtsdidaktiker **Klaus Bergmann** kritisiert die **Erinnerungskultur an Gedenktagen und in Gedenkjahren** und hält diese für sehr problematisch (vgl. M 2, Z. 1 f., 6 f.). Für eine solche Art des Erinnerns führt er den polemisch aufgeladenen Begriff „**Kalender-Geschichte**" ein, weil hier der Kalender die Fälligkeit von Erinnerung vorgebe (vgl. M 2, Z. 3–6).

Einführung
Bergmann und die „Kalender-Geschichte"

Rein **äußerlich** scheint dieser Vorwurf auf die Rede des Bundespräsidenten (M 1) im Rahmen der Gedenkstunde des Deutschen Bundestags in Erinnerung an den 9. November 1918 **zuzutreffen**, zumal Steinmeier den Anlass für „Kalender-Geschichte" nicht nur nennt, sondern auch intensiv für diesen wirbt (vgl. M 1, Z. 1–14). Zudem könnte man vermuten, mit „**pseudohistoriographischen Konstruktionen**" (M 2, Z. 4 f.) konfrontiert zu werden, da der Bundespräsident kein ausgewiesener Historiker ist, sondern als Staatsoberhaupt repräsentative Funktionen ausübt, die eine **Ansprache zur Identitätsbildung** von Amts wegen **erwartbar** macht. Diese Vermutung muss allerdings anhand von Steinmeiers konkreten Aussagen belegt werden. Dabei ergibt sich ein **nicht so eindeutiges Bild**, da der Bundespräsident manche **Ergebnisse der Geschichtswissenschaft** aufgreift, andere jedoch nicht einbezieht.

Überprüfung
äußere Aspekte (Anlass, Redner)

Bergmanns Position wird in M 1 dadurch gestützt, dass Steinmeier den 9. November 1918 euphorisch als Tag einer „**tiefgreifende[n] Zäsur in der deutschen Geschichte**" und eines „**Aufbruch[s] in die Moderne**" (M 1, Z. 13 f.) herausstellt: Er betont die großen Hoffnungen der kriegsmüden Bevölkerung und unterstützt dies sprachlich z. B. mit der aussagekräftigen Metapher und Antithese „**Ein Lichtblick an einem trüben Novembertag!**" (M 1, Z. 12), um die Stimmung in Deutschland am Ende des Ersten Weltkriegs zu veranschaulichen. Dabei findet er für weite Teile der **Arbeiter und Soldaten** sicherlich die richtigen Worte. Er verschweigt aber, wie verbreitet die **Beharrungskräfte** damals auch unter Soldaten und vor allem im **Bürgertum** waren, und dass es insgesamt auch viele Menschen gab, die die Monarchie nicht zugunsten einer Republik aufgeben wollten. Steinmeier deutet zwar die Gewalttaten der **Freikorps** an, die im Januar 1919 die Unruhen des **Spartakusbundes** niederschlugen und die **politischen Morde** an Luxemburg und Liebknecht begingen (vgl. M 1, Z. 56–59). Wie entschieden sie die Neuordnung jedoch noch bekämpfen sollten (z. B. Kapp-Lüttwitz-Putsch 1920), wird – zumindest im vorliegenden Auszug – nicht deutlich. Auch die Bedrohung der Republik durch **völkische und nationalistische Gruppierungen** wird in M 1 nicht thematisiert. In diesem Dunstkreis entstand die **NSDAP**, die die Weimarer Demokratie massivst bekämpfte und 1933 tatsächlich zu Fall brachte.

inhaltliche Aspekte, Umgang mit Geschichte

Ein ähnliches Bild zeigt sich, wenn man auf die **Wirtschaft** blickt: So handelte der Unternehmer **Hugo Stinnes**, der als Arbeitgebervertreter die „Sozialpartnerschaft" zwischen Arbeitnehmern und Arbeitgebern begründete, sehr ambivalent. Er stimmte Zugeständnissen wie dem Achtstundentag (vgl. M 1, Z. 20f.) nur zu, um **radikalere Forderungen der Arbeiterschaft abzumildern**, und kämpfte fortan in der nationalliberalen **DVP** entschieden für eigene Interessen. Steinmeier überzeichnet also an mehreren Stellen **undifferenziert und euphemistisch**, um die positive Rolle des 9. November 1918 und der Novemberrevolution hervorzuheben. Hier handelt es sich daher um **pseudohistoriographische Konstruktionen**.
Andererseits könnte Klaus Bergmann im Falle von Steinmeiers Rede entgegengehalten werden, dass **„Kalendergeschichte"** dann **nicht problematisch** ist, wenn sie **verantwortungsvoll** und ohne zu übertriebene historische Vereinfachung erfolgt. Indem der Bundespräsident die **Ambivalenz des Datums** und dessen **Überlagerung durch die nachfolgende NS-Herrschaft**, die das Scheitern der Weimarer Republik bedeutete, hervorhebt (vgl. M 1, Z. 24–37), weist er auf einen wichtigen erinnerungskulturellen Sachverhalt hin, der in der Geschichtswissenschaft anerkannt ist und daher **keine „problematische Sinnbildun[g]"** (M 2, Z. 6f.) darstellt. An verschiedenen Stellen zeigt sich, dass es unpassend wäre, die ganze Rede als „pseudohistoriographisch[e] Konstruktio[n]" (M 2, Z. 4f.) darzustellen. Zu Recht verweist der Bundespräsident auf die **„Widersprüchlichkeit der Revolution"** (M 1, Z. 44) und die **begrenzten Handlungsspielräume** des „Rats der Volksbeauftragten", die nur eine bedingte Veränderungsbereitschaft bewirkt hätten (vgl. M 1, Z. 44–52). Die **Kritik am fehlenden Wagemut**, die durch das Beispiel der **alten Eliten** unterstrichen wird, ist nachvollziehbar: Viele Historikerinnen und Historiker betrachten die **zu große antidemokratische Kontinuität** in staatstragenden Institutionen (Militär, Justiz, Verwaltung) als **großes Problem der Weimarer Republik** (vgl. M 1, Z. 51–53). Indem Steinmeier zudem der **Opfer der politischen Morde** durch die Freikorps gedenkt (vgl. M 1, Z. 54–59), distanziert er – immerhin selbst Mitglied der SPD – sich klar von bestimmten damaligen **Fehlern der Sozialdemokratie**.

Fazit

Im Sinne von Bergmanns „Kalender-Geschichte" nutzt Steinmeier den 100. Jahrestag des 9. November 1918, um der deutschen Bevölkerung die Errungenschaften der Weimarer Republik ins Gedächtnis zu rufen und für das **entschiedene Eintreten für die Demokratie in der Gegenwart** zu werben (vgl. M 1, Z. 60–78). Das entspricht allerdings der Funktion des Bundespräsidenten, sodass diese Instrumentalisierung erwartbar, aber vor dem **Wertekanon des Grundgesetzes** als **nicht problematisch** zu sehen ist.

PRÜFUNGSAUFGABEN

DIE ERINNERUNG AN DIE AMERIKANISCHE REVOLUTION

(Rahmenthema 1 mit Übergriff auf Rahmenthema 4)

Aufgabenstellung

1 Fassen Sie das Material nach einer kurzen Vorstellung zusammen.

2 Erläutern Sie die historischen Hintergründe der in den Zeilen 13 bis 22 erwähnten Zusammenhänge.

3 Nehmen Sie Stellung zu der im Material geäußerten Kritik am Feiertag des 4. Juli. Beziehen Sie Ihre Kenntnisse zu Gedenk- und Feiertagen mit ein.

M Dexter Rogers[1], Der Unabhängigkeitstag als Feier der amerikanischen Heuchelei, Artikel aus der US-amerikanischen Onlinezeitung HuffPost[2], 4. Juli 2017

Heute ist es 241 Jahre her, dass sich dieses Land von der britischen Herrschaft befreit hat. Ich bin mir ziemlich sicher, dass viele von Ihnen zur Feier des Tages den Grill anschmeißen, ein paar alkoholische Getränke zu sich nehmen und ein Feuerwerk abbrennen werden. Auch ich werde meinen Grill anschmeißen, aber nicht, um den Unabhängigkeitstag zu feiern. Es wird im Bewusstsein der seit Jahrhunderten weitergegebenen Lügen geschehen, die mir von den sogenannten Gründervätern als Wahrheit aufgetischt wurden.

Es ist klar, dass die Feier des 4. Juli ein eurozentrischer Mythos ist. Die Feier hat die Menschen in diesem Land hypnotisiert, so dass sie eher einem historischen Irrtum als der Wahrheit aufgesessen sind. Dieser Feiertag erinnert mich *nicht* an die amerikanische Unabhängigkeit, sondern an die Heuchelei, zu der uns dieses Land verführt hat, damit wir ihr blind folgen, ohne deren Glaubwürdigkeit zu hinterfragen. [...]

Schauen wir uns das mal an. In den 1770er Jahren waren die amerikanischen Vorväter der britischen Herrschaft und Kontrolle überdrüssig. Die Amerikaner waren es leid, von den Briten ohne angemessene Vertretung besteuert zu werden. Am 23. März 1775 hielt Patrick Henry eine berühmte Rede, in der er mit Nachdruck erklärte: „Gebt mir die Freiheit oder gebt mir den Tod.“ Am 4. Juli 1776 wurde die Unabhängigkeitserklärung von den dreizehn Kolonien in Amerika angenommen. Der Verfasser des Dokuments, Thomas Jefferson, schrieb Folgendes: „Wir halten diese Wahrheiten für selbstverständlich, dass alle Menschen gleich geschaffen sind, dass sie von ihrem Schöpfer mit bestimmten unveräußerlichen Rechten ausgestattet sind, dass zu diesen Rechten Leben, Freiheit und das Streben nach Glück gehören.“

Alle Menschen wurden gleich geschaffen?

Menschen, die wie ich aussahen, wurden in diesem Land nicht als Menschen angesehen. Lesen Sie Artikel 1, Abschnitt II, Absatz 3 der Verfassung der Vereinigten Staaten[3]. Diejenigen, die wie ich aussahen, wurden als „drei Fünftel" eines Menschen betrachtet. Daher kann man mit Fug und Recht behaupten, dass *People of Color* von Anfang an nicht dazugehörten, weil sie zu sehr damit beschäftigt waren, als Sklaven ohne Entlohnung auf den Feldern zu arbeiten.

Wie können Afroamerikaner in Anbetracht der weiterhin bestehenden rassistischen Dynamik in diesem Land einen Feiertag feiern, der die erkannte Unterlegenheit gegenüber dem Unterdrücker betont?

Bei einer angemessenen Betrachtung der Geschichte wissen wir alle, dass es nie Gleichheit „für alle Menschen" gegeben hat und auch jetzt nicht gibt. Die Gründerväter wollten die Unabhängigkeit nur für einige wenige Auserwählte. Freiheit war den weißen Männern vorbehalten, die Land besaßen. Der weiße Mann war so sehr auf seine Freiheit fixiert, dass er nicht einmal seine eigene Frau berücksichtigte. So durften Frauen beispielsweise bis 1920 nicht einmal wählen, während ehemalige Sklaven dies nach der Emanzipationsproklamation[4] durften.

Thomas Jefferson schrieb zwar eine Unabhängigkeitserklärung, in der er behauptete, dass „alle Menschen" gleich geschaffen seien. Was jedoch weiße Historiker regelmäßig verschweigen, ist, dass er über 200 Sklaven besaß. Es wird angenommen, dass Jefferson mit der Sklavin Sally Hemmings mindestens sechs Kinder gezeugt hat. In der Zeit, als Jefferson dieses berühmte Dokument an seinem Schreibtisch verfasste, kehrte er auf seine Plantage zurück, um bei seinen zwei Familien zu sein – eine afroamerikanisch und die andere weiß.

Wie kann ein sogenannter Gründervater ein Dokument verfassen, in dem er die Unabhängigkeit für „alle" fordert, und gleichzeitig zulassen, dass die institutionalisierte Sklaverei in der Gesellschaft und auf seinem Grundstück, auf dem er lebt, fortbesteht?

Was die Heuchelei und den Mythos am Leben hält, sind die Bildungssysteme und Hochschulen im ganzen Land. Die Lehrpläne der Schulen sind nicht dazu gemacht worden, uns wahrheitsgemäß zu unterrichten; sie sind gemacht worden, um uns ein teils konstruiertes und teils lückenhaftes Geschichtsbild zu vermitteln. [...]

Ich weiß, dass ich in den öffentlichen Schulen nichts über meine Vorfahren in Afrika gelernt habe. Ich habe etwas über die amerikanische Geschichte gelernt und darüber, wie die Geschichte nach dem Bild des weißen Mannes geschrieben wurde, um *seine* Geschichte zu sein.

Wir *alle* müssen die Umstände unserer Existenz in Amerika verstehen. Die Afroamerikaner müssen über die Anerkennung und die Errungenschaften der alten Zivilisationen in Afrika und darüber hinaus Bescheid wissen. Letzteres würde helfen, die amerikanische Geschichte in den richtigen Kontext zu stellen. […]

Ich bin der Meinung, dass die schulischen Lehrpläne umgeschrieben werden sollten und dass auch die Hochschullehrpläne diesem Beispiel folgen sollten. Außerdem sollten Pädagogen im Schulsystem, die die Wahrheit kennen, diese furchtlos lehren. Es ist nicht länger akzeptabel, etwas unreflektiert zu lehren, was nicht wahr ist. Der Einfluss eines Pädagogen sollte genutzt werden, um den Verstand und die Seele derjenigen zu befreien, die er unterrichtet. […]

Alles Gute zum Unabhängigkeitstag.

Fundort: https://www.huffpost.com/entry/fourth-of-july-independence-day-is-a-celebration-of_b_595bcfffe4b0f078efd98cba (letzter Zugriff: 20. 01. 2023, eigene Übersetzung)

Anmerkungen

1 US-amerikanischer Sportjournalist und Dokumentarfilmemacher.
2 US-amerikanische Onlinezeitung.
3 Artikel der amerikanischen Verfassung, der u. a. die Steuergesetzgebung regelte. „Unfreie" und Sklaven wurden dabei mit dem Wert von 3/5 eines freien US-Bürgers mit eingerechnet.
4 Erlass des US-Präsidenten Abraham Lincoln, der 1862 offiziell die Abschaffung der Sklaverei erklärte.

Hilfsmittel

Keine

TIPP **Erläuterungen und Bearbeitungshinweise**

Die Aufgabe bezieht sich schwerpunktmäßig auf das Rahmenthema 1, Wahlmodul 4: „Amerikanische Unabhängigkeit – ‚American Revolution'" mit Übergriffen auf Rahmenthema 4, Wahlmodul 2: „Nationale Gedenk- und Feiertage in verschiedenen Ländern". Grundlage ist ein Sachtext, der allerdings nicht von einem Fachwissenschaftler verfasst worden ist. Berührt werden neben der Politikgeschichte die Kultur- und Ideengeschichte sowie die Sozialgeschichte. Die Perspektive der Aufgabe ist global angelegt.

Lösungsvorschlag

1 **TIPP** *Anforderungsbereich: I, Gewichtung in Prozent: 25*

Nach einer kurzen Vorstellung des Materials, in der Sie den Anlass, den Autor, die Adressaten, den Ort, die Zeit, die Quellengattung, das Publikationsdatum, die Hauptaussage und die Intention des Autors bestimmen, fassen Sie die wesentlichen Aspekte des Textes klar strukturiert, vollständig, sprachlich eigenständig und distanziert, inhaltlich reduziert sowie unkommentiert zusammen. Die Aufgabe hat einen reproduktiven Charakter (AFB I).

Vorstellung des Materials
Autor, Titel, Quellenart, Erscheinungsjahr, -ort, Thema

In dem Artikel mit dem Titel „Der Unabhängigkeitstag als Feier der amerikanischen Heuchelei" aus der US-amerikanischen Onlinezeitung HuffPost vom 4. Juli 2017 entfaltet der US-afroamerikanische Sportjournalist und Dokumentarfilmemacher Dexter Rogers die **These**, dass die **Erinnerung an die „Amerikanische Revolution" von einer Heuchelei der „Gründerväter" geprägt** sei. Rogers plädiert bei seiner vornehmlich US-amerikanischen Leserschaft dafür, die Thematik auf eine Weise zu vermitteln, die auch für Afroamerikanerinnen und -amerikaner in den USA anschlussfähig sei.

Inhalt

Kritik am Gedenken des US-Nationalfeiertags

Dexter Rogers erklärt, dass die gegenwärtige **US-amerikanische Geschichtskultur**, die volkstümlich am 4. Juli zelebriert werde, **auf Mythen und Legenden basiere**. Sie werde **unkritisch** weiter gepflegt, obwohl die Gründerväter die angestrebte und erfolgreich durchgesetzte **Unabhängigkeit** nur für einen kleinen Kreis, nämlich **für die weiße männliche Elite**, vorgesehen gehabt habe. Freiheit und Gleichheit, die z. B. Thomas Jefferson in der von ihm verfassten **Unabhängigkeitserklärung** zu grundlegenden Werten erkoren habe, hätten **nicht für afroamerikanische Sklaven und Sklavinnen** gegolten. Selbst in der Verfassung seien die Sklaven nicht zu amerikanischen Vollbürgern gerechnet worden. **Jefferson** selbst habe viele Sklaven und Sklavinnen besessen und mit einer Sklavin mehrere Kinder gezeugt – er sei daher ein gutes **Beispiel für die Verlogenheit**, die auch in der amerikanischen Gegenwart weithin noch anzutreffen sei. **Schulen und Universitäten** vermittelten die US-**amerikanische Geschichte verzerrt** und unvollständig, weil die afroamerikanische Perspektive gänzlich ausgeblendet und die Errungenschaften der afrikanischen Zivilisation völlig ignoriert würden.

Forderung des Autors

Gerade in den Curricula der Bildungsinstitutionen müsse – so die **Forderung** von Rogers – eine adäquate, **der Wahrheit verpflichtete Sichtweise** festgeschrieben werden.

2 **TIPP** *Anforderungsbereich: II, Gewichtung in Prozent: 40*

Die Erläuterung setzt umfassende Kenntnisse über die amerikanische Unabhängigkeit voraus. Bei der Lösung sollen wichtige Aspekte des Textes herausgegriffen, sinnvoll strukturiert und dann vor dem historischen Hintergrund erklärt werden, sodass die im Text angedeuteten Elemente der „American Revolution" durch zusätzliche Informationen verdeutlicht werden. Lesen Sie den genannten Absatz erneut konzentriert durch und unterstreichen Sie die zentralen Begriffe, an die Sie die geforderte Kontextualisierung andocken können. Stellen Sie durch Zitate und Zeilenverweise Bezüge zum Text her. Diese textbezogene Anwendung zielt auf die Verknüpfung von Wissen und fällt in den AFB II.

Historische Hintergründe

Entfremdung der Kolonien von Großbritannien angesichts der Steuer- und Zollpolitik

Dexter Rogers nennt wesentliche **Wegmarken und Persönlichkeiten** der „American Revolution": die Unabhängigkeitserklärung und die Verfassung sowie den „Gründervater" Thomas Jefferson. Zunächst verweist er auf die in den 1770er-Jahren schon angestaute **Unzufriedenheit** vieler Kolonisten (vgl. Z. 13 f.). Ausgelöst wurde dieser Unmut durch das **Ende** des bis 1763 praktizierten Prinzips der „**wohlwollenden Vernachlässigung**", mit dem das Mutterland Großbritannien den Kolonien vor dem „French and Indian War"

(1754–1763) noch viele Freiheiten gelassen hatte. Dies änderte sich, weil der Krieg hohe Kosten verursacht hatte und die britische Regierung die **Kolonien** nun finanziell stärker **zur Kasse bitten** wollte. Dafür erhob sie **Zölle** (z. B. Sugar Act, 1764) und später auch **Steuern** (Stamp Act, 1765), dem in den Kolonien mit wachsender Unzufriedenheit und auf regionaler Ebene auch mit Radikalisierung begegnet wurde. In New York tagte 1765 der **Stempelsteuerkongress**, bei dem neun der 13 Kolonien **Petitionen** an den König verfassten und um eine Rücknahme des Stempelsteuergesetzes baten. Ideologische Grundlage dafür war die **Infragestellung der** von der britischen Regierung ins Feld geführten „**virtuellen Repräsentation**". Die britischen Parlamentarier konnten nach Ansicht der Kolonisten keineswegs für sich in Anspruch nehmen, die gesamte Bevölkerung – und damit auch die Bevölkerung in den Kolonien – zu vertreten. Vielmehr dürfte eine Besteuerung nur durch eine direkte parlamentarische Repräsentation veranlasst werden (vgl. Z. 15). Der wohl erst später geprägte Slogan lautete: „**No Taxation without Representation!**"

Eskalation: britische Gesetze und Widerstand der Kolonien

In Boston bildete sich die Geheimorganisation „**Sons of Liberty**", die in vielen **Protestaktionen und Boykotten** den **Widerstand gegen das Mutterland** koordinierte. Die britische Regierung nahm daraufhin das Stempelsteuergesetz zurück, manifestierte aber im „**Declaratory Act**" von 1766 den Rechtsanspruch, Gesetze in den Kolonien durchzusetzen. In den Folgejahren eskalierte dieser Gegensatz schrittweise durch ein neues Zollgesetz der Briten (**Townshend-Gesetz**, 1767) und den Widerstand dagegen. In Boston kam es 1770 zu gewalttätigen Auseinandersetzungen, bei denen fünf Kolonisten starben („**Boston Massacre**"). Nicht zufällig führte der Protest gegen ein 1773 eingeführtes Teegesetz wiederum in Boston zur entscheidenden Zuspitzung. Als „Indianer" verkleidete Kolonisten warfen die Teeladung der vom Teegesetz protegierten East India Company ins Hafenbecken („**Boston Tea Party**"). Die britische Regierung reagierte mit scharfen Gesetzesmaßnahmen, woraufhin sich die übrigen Kolonien mit dem betroffenen Boston solidarisierten.

Kontinentalkongresse und Kriegsausbruch

Am 5. September 1774 trat der **Erste Kontinentalkongress in Philadelphia** zusammen und koordinierte den Protest gegen das Mutterland. Öffentlich traten die Befürworter einer Loslösung von Großbritannien immer entschiedener auf (vgl. Z. 16 f.), in den Kolonien wurde die Volksbewaffnung vorangetrieben. Als im April 1775 die bewaffneten Auseinandersetzungen zwischen Kolonisten und britischem Militär bei Lexington und Concord ausbrachen, rief der mittlerweile **Zweite Kontinentalkongress** den **Verteidigungszustand** aus. Damit setzte ein **Krieg** ein, der binnen eines Jahres dazu führte, dass nun eine große Mehrheit der Kolonisten für die Unabhängigkeit eintrat. Am **4. Juli 1776** nahm der in Philadelphia tagende Zweite Kontinentalkongress mit seinen 56 Abgeordneten der 13 Kolonien die **Unabhängigkeitserklärung** ohne Gegenstimmen an (vgl. Z. 17 f.).

Anspruch der Unabhängigkeitserklärung vs. Realität

Die von Rogers zitierte **Präambel** (vgl. Z. 19–22) legitimiert den **Anspruch der Kolonien auf Freiheit und Unabhängigkeit**. Dabei erfolgt ein Rückgriff auf die Philosophie der europäischen **Aufklärung**, die die unveräußerlichen **Menschenrechte** wie die **Gleichheit der Menschen** im Naturrecht begründet sah (vgl. Z. 20). Thomas Jefferson und die anderen Abgeordneten folgten dabei der sich u. a. auf den Philosophen John Locke stützenden Partei der englischen Whigs. Allerdings **stimmte dieser Anspruch auf Gleichheit nicht mit der gesellschaftlichen Wirklichkeit überein**, da vor allem in den südlichen Kolonien eine umfassende **Sklavenhaltergesellschaft** vorzufinden war. Dieser Widerspruch zum eigenen Ideal war z. B. Thomas Jefferson sehr bewusst, wurde aber in Kauf genommen, um den inneren Zusammenhalt der Kampfgemeinschaft gegen die Briten zu erhalten. Die **Unabhängigkeitserklärung**, aber auch Menschenrechtserklärungen wie die „Virginia Bill of Rights“ wirkten trotz dieses Widerspruchs für folgende Freiheitsbewegungen **vorbildhaft**.

3 **TIPP** *Anforderungsbereich: III, Gewichtung in Prozent: 35*

Bei dieser Aufgabe sollen Sie kritisch über den Konstruktcharakter von Geschichte reflektieren. Suchen Sie im Materialtext nach Anknüpfungspunkten für Ihre Stellungnahme, die Sie möglichst differenziert anlegen sollten. Durch die Anwendung individueller, sachbezogener und/oder politischer Kriterien oder Wertmaßstäbe müssen Sie zu einem begründeten Urteil gelangen. Hier bietet sich die Untersuchung der sachbezogenen Triftigkeit an, ob die Kritik am 4. Juli als amerikanischem Nationalfeiertag berechtigt ist. Dabei können Sie auf die generelle Funktion von Gedenktagen Bezug nehmen und auf theoretische Modelle z. B. zum kulturellen Gedächtnis sowie auf die unterschiedlichen Deutungen der US-amerikanischen Unabhängigkeit zurückgreifen. Das Werturteil erfolgt auf individueller Ebene. Neben der hier dargestellten sind auch andere gut begründete Lösungen denkbar.

Einführung

Definition von Gedenk- und Feiertagen

Gedenk- und Feiertage sind Ausdruck eines **periodisch wiederkehrenden Erinnerns an Ereignisse, Personen oder Sachverhalte**. Dieses Erinnern reicht in der abendländischen Tradition bis in die Antike zurück, hat seinen Ursprung in Mythos und Religion, wurde aber vom neuzeitlichen Staat für die Einrichtung von National- und Staatsfeiertagen genutzt. Man unterscheidet dem Anlass entsprechend zwischen Gedenk- und Feiertagen und ferner sich jährlich wiederholende Gedenktage von Jubiläen, die z. B. nach einer runden Zahl von Jahren begangen werden.

Stellungnahme

Darstellung der Relevanz des 4. Juli für die USA unter Berücksichtigung erinnerungskultureller Ansätze

Am **4. Juli** erinnern die USA an die Verabschiedung und Unterzeichnung der **Unabhängigkeitserklärung** im Jahr 1776 durch den Zweiten Kontinentalkongress in Philadelphia (vgl. Aufgabe 2). Schon 1777, ein Jahr nach der Unterzeichnung in Boston, wurde dieses Ereignisses gedacht. In der Folge wurde die Erklärung quasi als Gründungsdokument des neuen Staates aufgefasst, obwohl die heute gültige Verfassung der USA erst 1787 entstanden ist. Bis in unsere Gegenwart stellt der Tag einen enorm wichtigen Nationalfeiertag im ganzen Land dar, der auf verschiedene Weise mit öffentlichen Reden, Paraden und öffentlichen wie privaten Festen gefeiert wird (vgl. Z. 1–5). Der **Tag** ist ein wichtiges Ereignis der **nationalen Erinnerungskultur**, die **Unabhängigkeitserklärung** selbst **Ausdruck des kulturellen Gedächtnisses** der US-Amerikaner. Nach Jan und Aleida Assmann manifestiert sich das kulturelle Gedächtnis in der Schriftlichkeit, um der eigenen Kulturgemeinschaft ein Geschichtsbewusstsein zu vermitteln, das nicht nur – wie im kommunikativen Gedächtnis – rituell in der Mündlichkeit wiederholt wird, sondern schriftlich fixiert und damit dauerhaft gesichert ist. Durch gewisse Akte wie die **Feierlichkeiten** in Washington am 4. Juli hat der Feiertag zwar auch **rituellen Charakter**, der wiederholte Verweis auf das vermeintliche Gründungsdokument mit der Zitation der wichtigsten Passagen zeugt aber von der hohen **gemeinschaftsstiftenden Bedeutung**, die diese Schrift für die US-amerikanische Identität **erinnerungskulturell** besitzt.

Zustimmung zu Kritikpunkten von Rogers

Genau diesen Verweis auf das Gründungsdokument **attackiert** der afroamerikanische Sportjournalist und Dokumentarfilmer Dexter Rogers fundamental (vgl. Z. 23–32). **Heuchelei** (vgl. Z. 5–7) und die schon 1776 praktizierte **Exklusion der PoC** seien unerträgliche Kontinuitäten in der Erinnerungskultur der US-amerikanischen Öffentlichkeit. Diese Kritik ist in Teilen **nachvollziehbar**, weil z. B. die von Thomas Jefferson beabsichtigte Verurteilung der Sklaverei aus Rücksicht auf die südlichen Gründerstaaten nicht in die Unabhängigkeitserklärung aufgenommen wurde. In der gesellschaftlichen Struktur änderte sich mit der Unabhängigkeit zudem wenig, weil die **weiße männliche Elite ihre wirtschaftliche und soziale Machtstellung sicherte** und sogar noch weiter ausbaute. Die Verfassung gestand PoC, Indigenen, Frauen und wenig Begüterten nicht das Wahlrecht zu. An diese Tatbestände am 4. Juli nicht zu erinnern, ist laut Rogers ein Versagen des Bildungssystems (vgl. Z. 52 f.). So trifft der Vorwurf des Journalisten zu, dass der Nationalfeiertag nach wie vor von einem Großteil der Bevölkerung **unkritisch zelebriert** werde (vgl. Z. 2ff.). Stimmen von Bürgerrechtlern, die eine differenziertere Sichtweise einfordern und die Aufmerksamkeit auf benachteiligte Bevölkerungsgruppen lenken wollen, bleiben oft ungehört.

Relativierung von Kritikpunkten und Hinterfragen des argumentativen Vorgehens von Rogers

Dem könnte **entgegengehalten** werden, dass mit der Festschreibung der grundlegenden Menschenrechte die **Voraussetzung für künftige erfolgreiche Emanzipationsbewegungen** im 19. und 20. Jahrhundert gelegt worden sind. Tatsächlich sind die Forderungen nach Freiheit und Gleichheit im amerikanischen Bürgerkrieg, in der Frauenbewegung und in der Bürgerrechtsbewegung des 20. Jahrhunderts nie wieder aus dem Diskurs verschwunden. Daher könnte man die Äußerungen von Rogers als **überzogen** und zu stark **perspektivisch geprägt** ansehen, zumal seine fachliche Kompetenz ihn nicht als Historiker ausweist, der solche Prozesse reflektiert in seine Betrachtung mit einbezieht. Seine sehr entschiedene **Einseitigkeit** dient offensichtlich dazu, die US-amerikanische Öffentlichkeit zu einer Reform des Bildungssystems zu bewegen, die die afroamerikanische Identität einschließen soll (vgl. Z. 55–68). Diese **politische Zielsetzung** bestimmt offensichtlich auch seine sehr negative Bewertung der Rolle der „Gründerväter", die er am Beispiel Jeffersons verdeutlicht (vgl. Z. 40–49). Er erwähnt allerdings nicht die ursprünglich in der Unabhängigkeitserklärung enthaltene, dann aber gestrichene Passage Jeffersons gegen die Sklaverei. Zudem war die Sklaverei bei den meisten Plantagenbesitzern in Nordamerika üblich und **Jefferson** damit **Kind seiner Zeit**. Man könnte die Haltung Jeffersons somit auch weniger wertend als **widersprüchlich**, aber nicht als heuchlerisch beurteilen (vgl. Z. 47–50). Indem Rogers solche zeittypischen Widersprüche **nicht differenzierend** in sein Urteil aufnimmt, **überzeichnet** er die **erinnerungspolitische Bedeutung des Unabhängigkeitstags**. Obwohl die exklusiven Anteile dieses Gedenktags sowie auch der Verfassung (vgl. Z. 24–29) nicht zu leugnen sind, wird das emanzipatorische Potenzial der grundlegenden Werte der US-amerikanischen Unabhängigkeitsbewegung in Rogers' Artikel nicht berücksichtigt.

Schlussgedanke

Nichtsdestotrotz dient seine scharfe und überzogene Kritik dazu, das **Augenmerk auf jene rechtliche Benachteiligung** von Frauen, PoC oder Indigenen zu lenken, die ihre Wurzeln in der Gründungsgeschichte der USA hat und die teilweise bis heute andauert.

ZEHN JAHRE REICHSVERFASSUNG 1929
(Rahmenthema 3 mit Übergriff auf Rahmenthema 4)

Aufgabenstellung

1 Fassen Sie das Material nach einer quellenkritischen Einleitung zusammen.

2 Erläutern Sie ausgehend vom Material und vor dem Hintergrund Ihrer Kenntnisse zu nationalen Gedenk- und Feiertagen die Problematik des 11. August in der Weimarer Republik.

3 Überprüfen Sie wesentliche Aussagen Sollmanns über Stabilität und Leistung der Republik.

M Artikel des Sozialdemokraten und Journalisten Wilhelm Sollmann[1] in der Zeitung „Das Reichsbanner"[2] vom 10. 8. 1929 (Auszüge)

Zehn Jahre Reichsverfassung

[…] Zehn lange Sturmjahre flattert unser Schwarzrotgold nun über dem Deutschen Reich. Von politischen Wettern umheult, vom Fanatismus des Hasses umdroht. Ihre alten Gegner wüten, aber die Fahne deutscher Freiheit weht. Unbefleckt und unzerfetzt. Das stolze Symbol der unzerstörten und unzerstörbaren Republik.

Denn diese Republik steht fest, solange Millionen Republikaner sie schützen. Und der Schutz dieser Republikaner gehört der Republik, solange sie unbeirrt das deutsche Volk im Innern zur sozialen Gerechtigkeit und nach außen zur nationalen Freiheit zu führen sich redlich müht.

In zehn langen Jahren nach der zermalmenden Niederlage des Kaiserreichs im Felde und in der Heimat hat die Republik, machtlos nach außen, unendlich Größeres gemeistert als das Kaiserreich im Glanze und im Genusse seines Reichtums und seiner Macht. Welch ein Weg vom 9. November 1918 bis zum 11. August 1929: […] Immer wieder die gewalttätige Störung deutschen Aufbaues durch Feinde von außen und durch kopflose Maulpatrioten von innen. Und dennoch: wachsende Ordnung im Innern, wachsende Freiheit nach außen. Rettung der Rheinlande. Sicherung des Reiches. Festigung seiner Grenzen. Das Aufdämmern einer neuen deutschen Zukunft.

Wenn wir die Republik an ihrem Geburtstagsfeste ehren, wollen wir nicht vor irgendeinem Staatsoberhaupt in Ehrfurcht ersterben oder an unseren eigenen Erfolgen uns berauschen. Man ehrt den Volksstaat am besten durch Arbeit für das Volk. Auch dieser 11. August, dieser Tag der Republik, sei uns Ansporn, den Volksgenossen zu dienen, die des Schutzes durch den Staat und seiner Fürsorge am meisten bedürfen.

Die Front der sozialen Republikaner steht in Abwehr gegen die Feinde der Sozialpolitik, die, zum guten Teil unter schwarzweißroten Fahnen, gegen das gesamte soziale Versicherungswesen, am meisten gegen die Arbeitslosenversicherung anrennen. […]

Darum erneuern wir in der Abwehr unsern Willen: Nichts von der deutschen Sozialpolitik, die von der Republik zu ihrer heutigen Höhe geführt worden ist, geben wir preis. Es sei denn, unzweifelhafte Missstände, für deren Beseitigung wir selber sorgen werden. Wir fordern aber zugleich im Angriff: Volksstaat schütze die Volkskraft! Nächst deutschem Boden sind die deutschen Menschen und ihre Arbeitskraft unser großer Reichtum. Sozialpolitik ist uns Menschenökonomie als Ergänzung der Güterökonomie. […] Zur sozialen Volksgemeinschaft durch soziale Politik! Das ist Wille und Weg des Volksstaates.

Wir kennen die Hemmnisse dieser Arbeit nicht nur, wir sprechen sie im Gegensatz zu den Feinden der Republik auch aus. Deutschland, das durch Krieg, Inflation und Reparation ausgeblutete Vaterland, kann gewiss für seine Volksgenossen nicht mehr hergeben, als seine Wirtschaft abwirft. Diese Grenze der Leistungsfähigkeit sollen aber nicht die Großen im Lande, sondern sie soll der freie Volksstaat bestimmen. Die Republik hat sich zu wehren gleichermaßen gegen die antisozialen Mächte von oben wie gegen deren geheime, wenn auch ahnungslose Verbündete von unten: gegen den Volksbetrug der Kommunisten, Nationalsozialisten und anderer Heilspropheten. Diese politischen Hexenmeister und Wunderkinder, die alle wirtschaftlichen Verluste des Weltkrieges, diese unzähligen Milliarden, im Handumdrehen ausgleichen und uns zugleich von allen Reparationslasten befreien wollen! Diese Phantasten und Demagogen sind nicht minder gemeingefährlich als die Volksfeinde oben. Diktatur des Kapitals und proletarische Diktatur oder nationale Diktatur: Eins wie das andere ist der Wille zur Herrschaft einer Minderheit über das Volk.

Wir führen den politischen Kampf gegen diese Todfeinde der Demokratie durch die demokratische Tat. Sie ist nur möglich, wenn bleibt, was seit langem in Preußen ist und hoffentlich auch im Reiche sich für dauernd entwickelt: eine feste Regierungsarbeit der sozialen Republikaner. Viel ist die Partei, mehr ist die Demokratisierung des Staates! Darum müssen die Parteien zusammenstehen, die volle Demokratisierung des Staates wünschen. Der große soziale und republikanische Block muss nächstes Ziel aller politisch denkenden Schwarzrotgoldenen sein. Nur so erreichen wir, was wir im Geiste der Verfassung zum Ausbau unseres Staates brauchen: […] ein republikanisches Beamtentum, das dem Volke dient; Überwindung des in Jahrhunderten gezüchteten Untertanengeistes durch die Gesinnung aufrechter Staatsbürger; Entwicklung aller Wirtschafts- und Menschenkräfte der Republik zu dem großen deutschen Gemeinschaftswesen, das wir ersehnen. […]

Wir haben den größten Zusammenbruch in Deutschlands Geschichte erlebt, wir sind durch unseres Landes düsterste Jahre hindurchgeschritten. Die Republik hat den Untergang des Reiches verhindert; sie hat das Jahrzehnt bitterster Not und unsagbarer Wirren gemeistert. Einem Staate solcher Kraft gehört das Jahrhundert. Die Republik hat Deutschland gerettet; sie wird es auch zur Freiheit zu führen wissen und das deutsche Volk zu einem neuen Aufstieg empor.

Fundort: Das Reichsbanner. Zeitung des Reichsbanners Schwarz-Rot-Gold/Bund deutscher Kriegsteilnehmer und Republikaner e. V., Jg. 6 (1929), S. 249, Nr. 32, 10. 8. 1929.

Anmerkungen

1 Sollmann (1881–1951): SPD-Politiker und von 1920–1933 Chefredakteur der Rheinischen Zeitung in Köln.
2 Die Verbandszeitung „Das Reichsbanner“ war eine seit 1928 erscheinende Wochenzeitschrift, die vom Reichsbanner Schwarz-Rot-Gold herausgegeben wurde. Dieser Verband wurde 1924 auf Initiative der Weimarer Koalition zum Schutz der Republik gegründet.

Hilfsmittel

Keine

TIPP **Erläuterungen und Bearbeitungshinweise**

Der Aufgabenschwerpunkt liegt im Wahlmodul 6 „Zwischen Krise und Modernisierung – Die Gesellschaft der Weimarer Republik“ des Rahmenthemas 3 „Wurzeln unserer Identität“ (2. Kurshalbjahr), halbjahresübergreifend wird zudem auf das Wahlmodul 2 „Nationale Gedenk- und Feiertage in verschiedenen Ländern“ des Rahmenthemas 4 „Geschichts- und Erinnerungskultur“ (4. Schulhalbjahr) zurückgegriffen. Strukturierende Aspekte sind Individuum und Gesellschaft sowie Kontinuität und Wandel. Die politik- und sozialgeschichtliche Thematik wird aus nationaler Perspektive betrachtet.

Lösungsvorschlag

1 **TIPP** *Anforderungsbereich: I, Gewichtung in Prozent: 25*

Die Aufgabenstellung verlangt eine Inhaltsangabe des Materials. Einleitend informieren Sie Ihre Leserschaft über den Autor, die Art der Quelle, Zeit und Ort ihrer Veröffentlichung, ihr Thema und die Schreibabsicht des Verfassers; auch weisen Sie kurz auf den historischen Kontext hin. Diese Angaben helfen Ihnen, sich auf Aufgabe und Zielrichtung Ihres Fachaufsatzes zu fokussieren. Das Attribut „quellenkritisch“ verlangt, dass Sie eine distanzierte Haltung zum Autor sowie zu seinen Aussagen und seiner Position einnehmen. Der Operator „zusammenfassen“ bedeutet, dass Sie „Sachverhalte auf wesentliche Aspekte reduzieren und sprachlich distanziert, unkommentiert und strukturiert wiedergeben“ sollen. Das heißt: Sie müssen über die Inhalte des Materials gedanklich und sprachlich eigenständig berichten. Ihre Darstellung sollten Sie in mehrere Sinnabschnitte (Absätze) gliedern, was die Einträge in der Randspalte verdeutlichen. Um Aussagen des Quellentextes distanziert wiederzugeben, verwenden Sie den Konjunktiv bzw. entsprechende Ersatzformen. Übertragen Sie veraltete Begriffe in die (Fach-)Sprache der Gegenwart.

Die Weimarer Reichsverfassung, offiziell die „Verfassung des Deutschen Reiches“, wurde am **11. August 1919** vom damaligen Reichspräsidenten Friedrich Ebert unterzeichnet. Zum Gedenken an die Geburtsstunde der neuen deutschen Demokratie wurde dieser Tag in der Weimarer Republik als **Nationalfeiertag** begangen. Zum zehnjährigen Jubiläum verfasste der sozialdemokratische Journalist Wilhelm Sollmann (1881–1951) den Artikel „Zehn Jahre Reichsverfassung“, der am 10. August 1929 in der Wochenzeitschrift „Das Reichsbanner“ erschien. Herausgegeben wurde das Blatt seit 1928 vom Wehrverband „Das Reichsbanner Schwarz-Rot-Gold“, der 1924 von Parteien der Weimarer Koalition mit dem Ziel gegründet wurde, das demokratisch-republikanische Bewusstsein in Politik und Gesellschaft zu stärken. Entsprechend republikanisch war die Leserschaft der Zeitschrift orientiert.

Einführung

Bestimmung des Quellenmaterials: Verfasser, Titel, Quellenart, Ort / Datum der Veröffentlichung, Adressaten, Thema

Die Ausführungen Sollmanns werfen aus heutiger Sicht Fragen auf nach der Bedeutung dieses Nationalfeiertages und der tatsächlichen Stabilität der Weimarer Demokratie nach zehnjährigem Bestehen und kurz vor Ausbruch der Weltwirtschaftskrise.

Zielrichtung / Erkenntnisinteresse der Aufgabe

Sollmann **lobt** emotional die **Bestandskraft der Weimarer Republik und ihrer Verfassung**, die durch die schwarzrotgoldene Flagge stolz vertreten werden. Die demokratische Republik habe sich in den schwierigen Zeiten ihres Aufbaus erfolgreich **gegen ihre inneren Feinde behauptet**, gegen reaktionäre Monarchisten, radikale Nationalisten und Kommunisten. Die Stärke und dauerhafte Stabilität der Republik offenbare sich feierlich in ihrem zehnjährigen Jubiläum.

Inhaltsaspekte

Bestandskraft der Republik

Nach der katastrophalen Niederlage des Kaiserreichs im Ersten Weltkrieg habe die Republik die deutsche Nation **gegen gewaltsame Aggressionen von innen und außen stabilisiert**. Sie habe eine neue staatliche Ordnung geschaffen, für innere Freiheit gesorgt sowie die Außengrenzen verteidigt und gesichert.

innen- und außenpolitische Erfolge

Die Republik werde von der breiten arbeitenden Bevölkerung getragen, deshalb müsse die **Sozialpolitik** im Mittelpunkt ihrer politischen Arbeit stehen. Besonders wichtig und erfolgreich seien die Sozialversicherungen, speziell die **Arbeitslosenversicherung**. Der republikanische Staat sei verpflichtet, die Sozialpolitik auszubauen und gegen deren Feinde energisch zu verteidigen. Die Sozialpolitik solle die verschiedenen Teile der Bevölkerung miteinander verbinden sowie ein breites **Gemeinschaftsempfinden wecken** und vertiefen.

Sozialpolitik als zentrale Aufgabe der Republik

Der für die Republik wichtige soziale Ausgleich könne nur im Rahmen der Leistungsfähigkeit der deutschen Volkswirtschaft vorgenommen werden. Sollmann weist auf die **Belastungen des Deutschen Reichs** infolge der enormen wirtschaftlichen Verluste durch den verlorenen Weltkrieg, die Inflation und die Reparationen an die Siegermächte hin, wodurch die sozialpolitischen Verteilungsspielräume eingeschränkt seien. Die knappen Mittel dürften nur **durch**

Verteilung der Sozialleistungen durch demokratisch legitimierte Politiker

demokratisch legitimierte Politiker verteilt werden, nicht durch Monarchisten oder rechtsradikale oder kommunistische Diktatoren.

Alle demokratiefeindlichen Kräfte würden autokratische Herrschaftsformen bzw. Diktaturen errichten wollen und damit die Herrschaft einer Minderheit über die Mehrheit. Gegen diese Feinde des demokratischen Staates müssten sich alle **republiktreuen Parteien verbünden**, denn der Sieg der Demokratie insgesamt sei wichtiger als der einer einzelnen Partei. Im Kampf gegen solche diktatorischen Bestrebungen müsse sich das **republikanisch-demokratische Bewusstsein** in der **Gesellschaft** wie auch im gesamten **Staats- und Beamtenapparat** durchsetzen, damit sich alle Kräfte im Volk und in der Wirtschaft frei entfalten könnten. Zu einer solchen Koalition aller republikanischen Kräfte ruft Sollmann auf.

Republik statt Diktatur einer Minderheit; Aufruf zur Koalition aller republikanischen Parteien

Er bekräftigt seinen **Appell** mit der Botschaft, nur die Republik könne den Wiederaufstieg Deutschlands bewirken.

Schlussappell an die Leserschaft

2 **TIPP** *Anforderungsbereich: II, Gewichtung in Prozent: 40*

Überleitend sollten Sie zur eigenen Orientierung und der Ihrer fiktiven Leserschaft kurz bestimmen, in welche Erkenntnisrichtung die folgende Untersuchung zielt. Der Operator „erläutern" verlangt allgemein, „Sachverhalte [zu] erklären und in ihren komplexen Beziehungen an Beispielen und/oder Theorien [zu] verdeutlichen (auf Grundlage von Kenntnissen bzw. Materialanalyse)". Um die komplexe Aufgabe zu bearbeiten, können Sie methodisch wie folgt vorgehen: Im ersten kurzen Schritt erläutern Sie grundlegend die Funktionen von Nationalfeiertagen für Staat und Gesellschaft, dazu eignet sich beispielhaft der Independence Day. Erläutern Sie im zweiten Schritt die Problematik des Verfassungstags der Weimarer Republik im Einzelnen. Gehen Sie dabei von den Funktionen eines Nationalfeiertags aus, die Sie am US-Beispiel skizziert haben. Notieren Sie sich zunächst Probleme, die mit dem Nationalfeiertag am 11. August verbunden sind, dazu nutzen Sie Ihre historischen Kenntnisse sowie Informationen aus dem Material. Abschließend ziehen Sie ein Fazit, inwiefern der Verfassungstag den Ansprüchen eines Nationalfeiertags gerecht wurde. Tipp: Leisten Sie alle Vorarbeiten in Stichworten und orientieren Sie sich dabei an den „Gliederungshilfen für Fachaufsatz-Vorarbeiten" (S. XIV). Auch die Hilfen zum Verfassen einer linearen Erörterung können nützlich sein (S. XII f.).

Der **Verfassungstag**, der in der Weimarer Republik von 1921 bis 1932 gefeiert wurde, war mit einer Reihe von **Problemen** belastet, die tiefere Einblicke in die **Schwächen** dieses ersten demokratischen deutschen Staates eröffnen. Um zu verdeutlichen, welche **Funktion** ein Staatsgründungstag **für eine Nation und deren Selbstverständnis** haben kann, wird hier beispielhaft ein vergleichender Blick auf den **Unabhängigkeitstag der USA**, den 4. Juli, geworfen.

Überleitung

Independence Day als gesetzlicher Nationalfeiertag

Vielfalt an Feierlichkeiten

Der Staatsgründungstag der USA, der Independence Day am 4. Juli, ist ein **gesetzlicher Nationalfeiertag**. Paraden stärken durch Zeremonien und Uniformen den **Gemeinschaftssinn** und zelebrieren die Erinnerung an den Sieg im Unabhängigkeitskrieg. Patriotische Gedenkveranstaltungen schaffen einen **feierlichen Rahmen**, in dem die **Identität der Nation** und die **Sinnstiftung ihrer Verfassung** positiv in Redebeiträgen reflektiert und diskutiert wird, was die öffentliche Debatte im Interesse der Demokratie tendenziell stärkt. Der Blick geht dabei sowohl zurück, um sich über die **Gründung und Geschichte der USA zu verständigen**, als auch **zukunftsorientiert** nach vorn. Auch wenn diese Debatten oft kontrovers geführt werden, so haben sie fast immer eine **einheitsstiftende Funktion**, weil die Wertschätzung der USA und ihrer Verfassung im Mittelpunkt steht.

einheitsstiftende Funktion

Ein großer Teil der Bevölkerung nimmt in unzähligen kleinen lokalen und privaten Feiern wie z. B. Picknicks an den Festlichkeiten zum Unabhängigkeitstag teil, sodass dieser in fröhlicher Gemeinsamkeit von der Bevölkerung emotional begangen und oft aktiv mitgestaltet wird.

Beteiligung der Bevölkerung

All das wirkt emotional sehr positiv auf den Großteil der Bevölkerung und hat eine starke **identitätsstiftende Funktion**, was die Zustimmung zur Nation und zu ihrer Verfassung sehr fördert.

identitätsstiftende Funktion

Probleme des Weimarer Nationalfeiertags

Bezug zu Artikel Sollmanns: Hinweise auf Erfolge und Sozialpolitik beziehen sich nicht auf Verfassung

Angesichts der Probleme der **Weimarer Republik** hätte der Verfassungstag am 11. August als Nationalfeiertag dazu genutzt werden müssen, ähnlich wie in den USA die breite Bevölkerung zu motivieren, die **demokratisch-republikanische Verfassung bejahend zu feiern** und **emotional die Identifikation mit ihr zu stärken**. **Sollmanns Rückblenden** auf die **Erfolge der Weimarer Republik** (vgl. Z. 13–17) wirken emotional recht blass und **nicht mitreißend**. Und seine **programmatischen Vorstellungen zur Sozialpolitik** (vgl. Z. 26–33) mögen in seinem Verband Zustimmung gefunden haben, als Beitrag zum Feiertag der demokratischen Verfassung **gehen sie aber am Thema vorbei**.

keine Identifikation mit Verfassung durch parteipolitische Positionen

Sollmann betont, die Republikaner wollten „nicht vor irgendeinem Staatsoberhaupt in Ehrfurcht ersterben“ oder sich an ihren „eigenen Erfolgen […] berauschen“ (Z. 18–20). Seine spöttisch unterlegte **Nüchternheit** und seine **Ablehnung pathetischer Feierrituale** entsprechen einer **aufgeklärten republikanischen Haltung**, erzeugen aber in der Bevölkerung **keine emotional unterfütterte Identifikation mit der Verfassung**. Sein **Appell**, der Verfassungstag „sei uns Ansporn, den Volksgenossen zu dienen, die des Schutzes durch den Staat und seiner Fürsorge am meisten bedürfen“ (vgl. Z. 21 f.), ist zukunftsgerichtet und sozialpolitisch verantwortungsbewusst, schafft aber ebenfalls **keine emotionale Bindung**. Sollmanns Haltung war unter den republiktreuen Vertretern weitverbreitet, was dazu beigetragen hat, dass die Verfassungsfeiern keine nennenswerte identitätsstiftende Wirkung entfaltet haben.

Der 11. August war zwar ein **Nationalfeiertag**, aber im gesamten Reich **kein gesetzlicher und somit kein arbeitsfreier Feiertag** – im Gegensatz zum 4. Juli in den USA. Daher war es der Bevölkerung kaum möglich, sich an diesem Tag zu gemeinsamen Feiern zusammenzufinden. Die **Feierlichkeiten** waren **auf zentrale Veranstaltungen begrenzt**, wo die **Politiker weitgehend unter sich** blieben. Eine Begegnung von Politik und Bevölkerung fand de facto nicht statt. In der öffentlichen Wahrnehmung müssen diese Verfassungsfeierlichkeiten meist **elitär-abgehoben** gewirkt und eine große **Distanz zwischen Politik und Bevölkerung** offenbart haben, auch wenn sich republiktreue Politiker wie Sollmann gewiss das Gegenteil gewünscht haben.

Verfassungstag kein gesetzlicher, reichsweiter Feiertag

Bevölkerung von Feierlichkeiten ausgeschlossen

Sollmann weist richtig auf die **links- und rechtsradikalen Feinde** der demokratisch-republikanischen Verfassung hin: die **Monarchisten**, die „Volksfeinde oben" (Z. 45), die „**Kommunisten**, **Nationalsozialisten** und andere[n] Heilspropheten" (Z. 41), die als „kopflose Maulpatrioten" (Z. 14 f.), als „Phantasten und Demagogen" (Z. 44) den „**Fanatismus des Hasses**" (Z. 3) verbreiteten. Deren massive und oft **populistisch verlogene Propaganda** schadete der demokratischen Debatte erheblich und **untergrub die Akzeptanz** der demokratischen Verfassung und ihrer Institutionen.

Untergraben der Akzeptanz der Verfassung durch antidemokratische Kräfte

Diese **Demokratiefeinde bekämpften** auch das Symbol der Weimarer Republik, die in der demokratischen deutschen Tradition stehende **schwarzrotgoldene Flagge**. Bei ihren Aufmärschen und anderen Propagandaaktionen zeigten die Rechtsradikalen die schwarzweißrote Flagge des Kaiserreichs (vgl. Z. 24), die Kommunisten die rote Flagge der Sowjetunion. Dieser **Flaggenstreit** führte der Bevölkerung die **Zerrissenheit der Nation** und die **Schwäche der Republik** immer wieder öffentlich vor Augen.

Flaggenstreit

Der Nationalfeiertag am 11. August feierte die **Verfassung**, die vielen Bürgerinnen und Bürgern **inhaltlich wenig bekannt** war. Auch ist deren Text meist **abstrakt** formuliert. So war die Verfassung für viele Menschen eher etwas **Abgehobenes**, mit dem sie sich **wenig identifizieren** konnten. Der **Nationalfeiertag** hätte volksnäher besser die **Nation, ihre Kultur und Leistungen** herausstellen sollen als die Verfassung, zu der viele kaum Zugang gefunden hatten.

keine volksnahe Feier der Nation

Reichskanzler Ebert war kein Freund pathetischer Zeremonien, und so unterzeichnete er die Verfassung am 11. August 1919 an seinem Thüringer Urlaubsort an einem Esstisch. Diese **demokratische Schlichtheit** bildet eigentlich einen schönen **Kontrast** zur vorherigen **Prunksucht des Kaiserreichs**, allerdings geht von dem Ereignis **kaum Bindungskraft** aus. An diesem Mangel krankte oftmals die Außenwirkung der demokratischen Republik, die **bescheidene**

schlichte Selbstdarstellung der Politiker

Selbstdarstellung vieler Demokraten verhinderte die Bildung und Verbreitung **populärer Legenden** und einer **identitätsstiftenden Aura**.

Der Verfassungstag beschränkte die Feierlichkeiten auf das **republikanische Lager**, die Gegner der Republik grenzten sich davon entschieden ab. Er konnte daher die **verfeindeten Lager nicht zusammenführen** oder lagerübergreifende Bindungen schaffen. Ein Nationalfeiertag sollte aber gemeinschaftsstiftende Kräfte entfalten, um möglichst viele Bürgerinnen und Bürger anzusprechen.

keine Überwindung der Grenzen zwischen den politischen Lagern

Die mit einem Nationalfeiertag anzustrebende **identifikationsstiftende Wirkung** wurde mit dem Verfassungstag **kaum erreicht**, dies machen der Artikel Sollmanns und der Vergleich mit dem Independence Day deutlich. Dieser Nationalfeiertag hat die **Schwächen und Probleme der Weimarer Republik** nicht verringern können, sondern deren Defizite eher **offensichtlicher gemacht**.

Fazit: zu schwache identifikationsstiftende Wirkung des Nationalfeiertags

3 **TIPP** *Anforderungsbereich: III, Gewichtung in Prozent: 35*

Überleitend sollten Sie kurz die Problemfrage verdeutlichen, um Ihre Leserschaft und sich selbst auf die Zielrichtung der Untersuchung einzustimmen: Sie sollen ein historisches Sachurteil fällen, ob Sollmanns Aussagen über den politischen Zustand der Weimarer Republik Anfang August 1929 aus damaliger Perspektive nachvollziehbar sind. Der Operator „überprüfen" fordert von Ihnen allgemein, „Inhalte, Sachverhalte, Vermutungen oder Hypothesen auf der Grundlage eigener Kenntnisse oder mithilfe zusätzlicher Materialien auf ihre sachliche Richtigkeit bzw. auf ihre innere Logik hin [zu] untersuchen". Um das zu leisten, sollten Sie methodisch wie folgt vorgehen: Notieren Sie stichwortartig alle Aussagen Sollmanns über die Stabilität und die Leistungen der Weimarer Republik bis zum 10. August 1929. Gliedern Sie diese nach übergeordneten Gesichtspunkten: sozialpolitische Fortschritte, außenpolitische Stabilität, Abwehr innerer Feinde, fortbestehende Gefährdung der Republik durch deren Feinde. Beurteilen Sie, ob die Aussagen Sollmanns jeweils zutreffen (stichwortartig). Begründen und belegen Sie Ihre Schlussfolgerungen (stichwortartig). Dann arbeiten Sie Ihre Stichworte zu einem Klausurtext aus. Fällen Sie zur Problemfrage abschließend ein Sachurteil, das Sie begründen.

Wilhelm Sollmann behauptet in seinem Artikel vom 10. August 1929, die **Weimarer Republik** sei **politisch gefestigt** und habe erhebliche **Leistungen vorzuweisen**. Sind diese insgesamt positiven Einschätzungen aus damaliger Sicht gerechtfertigt?

Überleitung
Problemfrage

Sollmann beurteilt die **außenpolitische Lage des Reichs als stabil**, zur Bestätigung zählt er Erfolge auf: „wachsende Freiheit nach außen. Rettung der Rheinlande. Sicherung des Reiches. Festigung seiner Grenzen." (Z. 15–17)

Betonung der außenpolitischen Stabilität und Erfolge

Vertrag von Rapallo

Der **Vertrag von Rapallo**, den das Deutsche Reich 1922 mit **Sowjetrussland** schloss, beinhaltete einen **Verzicht** beider Seiten auf **Reparationen** für Kriegsschäden und die Wiederaufnahme **diplomatischer und wirtschaftlicher Beziehungen**. Dadurch konnte die von den alliierten Westmächten betriebene außenpolitische und wirtschaftliche Isolation teilweise aufgebrochen werden. Der Vertrag war zweifellos ein außenpolitischer Erfolg.

Aufnahme in den Völkerbund

Die **Aufnahme in den Völkerbund** 1926 bewirkte die **Reintegration** des Deutschen Reichs **in die internationale Politik** und seine Anerkennung als wichtiger Partner auf dem diplomatischen Parkett. Dies spricht ebenfalls für Sollmanns Einschätzung einer erfolgreichen deutschen Außenpolitik.

Abzug der alliierten Truppen aus dem Rheinland

Der schrittweise **Abzug der alliierten Truppen aus dem Rheinland** wurde noch im August 1929 verhandelt und 1930 abgeschlossen. Auch dieser Erfolg war bereits absehbar.

keine Thematisierung der unerfüllten außenpolitischen Forderungen Deutschlands

Allerdings blieben andere wichtige **Forderungen des Deutschen Reichs unerfüllt**, die darauf zielten, die Siegermächte zum **Abbau von Kriegsfolgelasten** zu bewegen. Das Ende der Reparationen, die Neuverhandlung der Kriegsschuldfrage, die weitgehende militärische Entmachtung, die Revision der Reichsgrenzen und andere Lasten des Versailler Vertrages bedrückten Deutschland mit erheblichen **negativen Folgen über das Jahr 1929 hinaus:** die **Spaltung von Politik und Gesellschaft** in unversöhnliche Lager, die **Radikalisierung nationalistischer Kräfte**, insbesondere der **NSDAP**, die **schwierige Finanzlage des Reichs** und vieler Unternehmen, denen oft Eigenkapital fehlte. Jene Probleme spricht Sollmann allerdings nicht angemessen an, er hätte seine Beurteilung der außenpolitischen Erfolge in diesem Punkt **relativieren** müssen. Allerdings ist ihm das Versäumnis nachzusehen, da er bewusst eine **Lobrede** zum Verfassungstag vortrug und **keine kritische Analyse** der Weimarer Außenpolitik.

Würdigung der Sozialpolitik seinerzeit gerechtfertigt

Die **Sozialversicherungen** wurden in der Weimarer Republik ausgebaut. Bedeutend war, dass die staatliche **Arbeitsvermittlung** und die **Arbeitslosenversicherung** von den Kommunen auf die Reichsebene übertragen wurden. Für die Arbeitslosenversicherung wurde die **paritätische Finanzierung durch Beschäftigte und Arbeitgeber** eingeführt. Als Sollmanns Artikel erschien, war die Sozialpolitik der Weimarer Republik insgesamt durchaus erfolgreich, besonders auch die Arbeitslosenversicherung. Seine **Beurteilung** ist zeitgebunden daher **richtig**. Der Crash der New Yorker Börse am 24. Oktober 1929 und die folgende Eskalation der **Weltwirtschaftskrise** waren für Sollmann zum Zeitpunkt des Artikels noch **nicht vorhersehbar**, ebenso wenig das **Zerbrechen der Großen Koalition**, der letzten vom Parlament getragenen Regierung, am Streit um die Arbeitslosenversicherung 1930.

Sollmann behauptet in seinem Artikel, die Republik sei **innenpolitisch stabil** und habe sich erfolgreich **gegen ihre inneren Feinde zur Wehr** setzen können (vgl. Z. 5 f., 23–25). Diese These belegt die **Niederschlagung des Spartakusaufstandes 1919** und der **kommunistischen Aufstände in Sachsen und Thüringen 1923**. Gegen die linken Putschisten gingen der Staat und besonders das **Militär** mit teilweise **rabiater Härte** vor.

Niederschlagung von Putschversuchen

Ebenso spricht für Sollmanns These von der **Wehrhaftigkeit der Republik**, dass der **Kapp-Putsch 1920** und der **Hitlerputsch 1923** abgewehrt wurden. Allerdings muss seine **Aussage eingeschränkt** werden, denn die **juristische Verfolgung rechtsradikaler Putschisten** blieb **unzureichend**, zumal Richter teilweise offen ihre Sympathien für die Täter zeigten. Das belegt deutlich die oft mangelnde Verfassungstreue von Teilen der Weimarer Justiz. Zudem **weigerte sich** die **Reichswehr** in beiden Fällen, **gegen die militanten Putschisten vorzugehen**. Sie definierte sich als **Staat im Staate** und verweigerte den obersten Staatsorganen die Gefolgschaft, was einem Verfassungsbruch gleichkam. Sollmanns Bewertung, dass die Weimarer Verfassung **wehrhaft** sei, muss daher **relativiert** werden, denn er hat nicht berücksichtigt, dass die Reichswehr, Teile der Richterschaft und der Beamtenschaft sich nicht an die demokratisch-republikanische Verfassung gebunden fühlten.

aber: fehlende Republiktreue bei Reichswehr und Richterschaft

Die Putschversuche zielten nicht nur darauf ab, **gewaltsam die Regierung zu stürzen** und die Macht im Staat an sich zu reißen, sondern alle Aufständischen wollten darüber hinaus die **republikanisch-demokratische Ordnung zerstören**, die Weimarer Verfassung außer Kraft setzen und **Diktaturen errichten**.

erfolgreiche Verteidigung der Verfassung

Fazit

Bei der Überprüfung der Aussagen Sollmanns muss das **Veröffentlichungsdatum** 10. August 1929 besonders berücksichtigt werden, das zwei Wochen **vor** dem Crash der New Yorker Börse und dem **Beginn der Weltwirtschaftskrise** liegt. Nach einer längeren **Phase wirtschaftlicher Stabilität** herrschte noch allgemein eine **eher optimistische Stimmungslage** im Reich. Die **Große Koalition** unter Reichskanzler Müller (SPD) war noch weitgehend **intakt**.

10. August 1929: scheinbare Stabilität und eher optimistische Stimmungslage

Auch wenn im frühen August 1929 schon Warnsignale am Horizont sichtbar waren, schienen das **Zerbrechen der Großen Koalition im März 1930** und der folgende **Untergang des Weimarer Parlamentarismus nicht vorhersehbar**. Ebenso wenig vorstellbar waren die folgenden **Präsidialkabinette** und die „**Erbitterungswahlen**" im September 1930, als die NSDAP ihr Ergebnis fast verachtfachen konnte und zweitstärkste Kraft nach den Sozialdemokraten wurde.

Vorausschau auf die ökonomischen und politischen Entwicklungen nicht möglich

Insgesamt waren Sollmanns wesentliche Aussagen über die Stabilität und die Leistungen der Weimarer Republik in den Tagen ihrer Veröffentlichung mit den **oben genannten Einschränkungen weitgehend nachvollziehbar**.

Aussagen Sollmanns zeitgebunden nachvollziehbar

ERINNERUNG AN DEN KAMPF FÜR DIE AMERIKANISCHE UNABHÄNGIGKEIT

(Rahmenthema 1 mit Übergriff auf Rahmenthema 4)

Aufgabenstellung

1 Fassen Sie das Material nach einer quellenkritischen Einleitung zusammen.

2 Ordnen Sie das Material in den historischen Kontext der amerikanischen Revolution ein.

3 Arbeiten Sie aus dem Material wesentliche Charakteristika des 4. Juli als nationaler Gedenk- und Feiertag in den USA heraus.

4 Überprüfen Sie die Darstellung des Kampfes für Freiheit und Unabhängigkeit im vorliegenden Material.

M Rede von John Warren[1], gehalten vor den Bürgern der Stadt Boston anlässlich des 4. Juli 1783 (Auszüge)

Väter, Brüder und Mitbürger! Es ist eine unerlässliche Pflicht nicht nur der Gesetzgeber, sondern eines jeden Bürgers eines freien Staates, die Prinzipien, aus denen die großen und wichtigen Entwicklungen auf der Bühne der politischen Welt stammen, exakt und präzise aufzuzeigen. […]

Damit wir aus dem Unglück anderer Weisheit erlangen, damit wir, indem wir das Wirken jener Ursachen nachzeichnen, die sich für so viele Staaten und Königreiche als ruinös erwiesen haben, den Felsen und dem Treibsand entgehen können, auf denen sie Schiffbruch erlitten haben, mag es nützlich sein, einen flüchtigen Blick zurück auf die Motive und Beweggründe zu werfen, welche die Abspaltung eines sehr großen und wertvollen Teils der britischen Herrschaft bewirkt und ihr dadurch eine Hauptquelle ihrer Stärke und Größe genommen haben. […]

Kaum hatten sich die verfolgten Flüchtlinge[2] von den Strapazen einer gefährlichen Reise erholt, da griff die grausame Hand der Macht über den Atlantik, um sie in ihren neuen Besitzungen zu bedrängen! […]

Aus Habgier und grundloser, vorurteilsbeladener Abneigung gegenüber den jungen Siedlungen wurde jeder Handel zwischen ihnen verboten, die Einfuhr von Handelsgütern wurde unter die schwersten Einschränkungen gestellt, nichts, nicht einmal die Produkte fremder Länder, durfte von anderen als britischen Häfen aus eingeführt werden, und alle Exporte mussten nach Großbritannien gehen. […]

Die milde Stimme des Flehens und der Bitte war vergeblich an das königliche Ohr gedrungen, das Blut eurer Landsleute war auf den denkwürdigen Feldern von Lexington mutwillig vergossen worden, da habt ihr zu den Waffen gegriffen und eure letzte Bitte an den Himmel gerichtet.

Niemals hat leidenschaftlicher Eifer für die Sache eines verletzten Landes mit solch unbändiger Wut gebrannt, niemals hat patriotische Tugend mit solch strahlendem Glanz geleuchtet wie an diesem feierlichen Tag! Kaum jemand war im Lande zu sehen, dessen Herz nicht für die Sache seines Landes schlug. Engel müssen sich über den Kampf gefreut haben! Ein weites, ausgedehntes Land, das beim ersten Aufblitzen der Waffen in Aktion trat und Tausende tugendhafter freier Menschen hervorbrachte, um das Blut ihrer geschlachteten Brüder an den prinzipienlosen Angreifern zu rächen! [...]

Das Unterfangen war in der Tat kühn und wagemutig! Die Völker der Welt standen still und staunten über den Mut der Verzweiflung! [...] Wehrlos und schlecht ausgerüstet für den Krieg habt ihr euer Vertrauen auf Gott gesetzt, der den Kampf der Unterdrückten gutheißt, und im festen Vertrauen auf euren Erfolg habt ihr es gewagt, gegen erfahrene Heere anzutreten und der gewaltigen Macht einer Nation zu trotzen, die Erfolg und Eroberung gewohnt ist.

[...] Durch alle Wechselfälle des Krieges hindurch hieltet ihr unverdrossen stand, und während es an euren Küsten von Flotten wimmelte, die mit den besten Soldaten des Feindes beladen waren, einer Macht, die ein weniger entschlossenes Volk in Verzweiflung hätte erstarren lassen, habt ihr es gewagt, das unwiderrufliche Dekret zu erlassen, mit dem ihr die Bande, die euch an ein grausames Elternteil ketteten, für immer zerschlagen habt. Damit habt ihr euren Platz im Kreis der Nationen der Welt eingenommen und eine neue Epoche in den Annalen[3] eures Landes eingeleitet. Mit feierlichen Eiden habt ihr bei eurer heiligen Ehre geschworen, vereinigt bei der Verteidigung eurer vielfach verletzten Rechte zu sterben oder im tugendhaften Besitz von Frieden, Freiheit und Sicherheit zu leben. – Die ungeborenen Generationen sollen mit Begeisterung die ganz besondere Seite in den Annalen lesen, auf der in Großbuchstaben das bedeutende Ereignis dieses Tages aufgezeichnet sein wird, und sie sollen bis ans Ende der Republik den Jahrestag dieser Deklaration des amerikanischen Kongresses feiern, die diesen Vereinigten Staaten Souveränität und Unabhängigkeit verschafft hat. [...]

Endlich, ihr geliebten Söhne der Freiheit, ist das glorreiche Werk vollbracht! Herolde[4] des Friedens verkünden die frohe Botschaft! Lasst die entlegensten Winkel des Erdballs in Beifallsrufe ausbrechen [...]. Freue dich, Genius der Freiheit, denn der Himmel hat deinen lange verfolgten Söhnen eine neue Zuflucht gewährt! Freut euch, ihr Bewohner dieses auserwählten Landes! [...]

Hätte der Sieg die Anstrengungen unserer Feinde gekrönt, so würden jetzt viele unserer würdigen Patrioten unter der rachsüchtigen Hand eines erfolgreichen Feindes bluten und wir würden vielleicht in Minen oder Kerkern ein elendes Leben fristen und in der Stille das Andenken derer beweinen, denen der Beifall und die Dankbarkeit aller Freunde von Freiheit und Tugend gebührt.

Welch ein Kontrast zu diesem schrecklichen Bild bietet sich uns bei dem freudigen Anlass, der uns heute zusammengeführt hat! Viele dieser glorreichen Freien begegnen uns nun hier und vermischen ihre Tränen der Freude und Dankbarkeit mit den unseren! […]

Sucht die Grabstätten auf, in denen die Gebeine eurer für die Freiheit gestorbenen Mitbürger ruhen, und erkennt in ihrem Staub den Wert eurer Freiheit! Wenn die Tugend versagt, wenn Ausschweifung und Korruption die Säulen des Staates untergraben und der totale Verlust von Freiheit und Patriotismus drohen sollte, dann begebt euch feierlich zu diesen heiligen Ruhestätten der Toten […].

Wenn ihr den Wert eurer Freiheit vergesst, lest die Geschichte, die von den Wunden erzählt, aus denen euer Land blutete; betrachtet das Bild, das in den lebhaften Farben der unverhüllten Wahrheit die wilden, verwirrten Gefühle eurer Herzen in Erinnerung ruft! – Aber wenn es euer glückliches Los war, die Schmerzen einer erzwungenen Trennung von Freunden oder Verwandten nie zu spüren, dann lernt von jenen, die sie gespürt haben. […]

Wenn wir bis zum Ende den Geist bewahren, der unsere Unabhängigkeit geboren hat, wenn wir durch die verhängnisvollen Übel, die so viele mächtige Staaten untergraben haben, lernen, unsere liebsten Interessen für die Sache unseres Landes zu opfern und unseren Kindern eine feierliche Verehrung für seine Gesetze zu vermitteln […], dann werden diese Sterne, die schon jetzt die halbe Welt erleuchten, in dieser westlichen Hemisphäre so lange in einer glorreichen Konstellation leuchten, bis Sterne und Sonnen nicht mehr scheinen und alle Reiche dieser Welt wie eine Schriftrolle vergehen.

Fundort: John Warren. An Oration, Delivered July 4th, 1783, at the Request of the Inhabitants of the Town of Boston; in Celebration of the Anniversary of American Independence. Boston: John Gill, 1783, in: Key Concepts in American Cultural History. From the Colonial Period to the End of the 19th Century, hrsg. v. Bernd Engler und Oliver Scheiding, Trier 2007, S. 318 – 322 (eigene Übersetzung).

Anmerkungen

1 John Warren (1753–1815) war ein Chirurg in der Kontinentalarmee während des amerikanischen Unabhängigkeitskrieges und Gründer der Harvard Medical School.
2 Gemeint sind hier die Siedler, die aus religiösen Gründen England verließen.
3 Annalen: Jahrbücher, Chronik.
4 hier: Boten.

Hilfsmittel: Keine

TIPP Erläuterungen und Bearbeitungshinweise

Schwerpunktmäßig bezieht sich die Aufgabe auf das Wahlmodul 4 „Amerikanische Unabhängigkeit – ‚American Revolution'“ (Rahmenthema 1) sowie – als Semesterübergriff – auf das Wahlmodul 2 mit dem Thema „Nationale Gedenk- und Feiertage in verschiedenen Ländern“ (Rahmenthema 4). Die Perspektive ist global.

Lösungsvorschlag

1 **TIPP** *Anforderungsbereich: I, Gewichtung in Prozent: 25*

Beginnen Sie Ihre Ausführungen mit einer quellenkritischen Einleitung zum Quellentext, berücksichtigen Sie dabei den Autor, die Adressaten, die Quellengattung, Zeitpunkt und Anlass der Entstehung sowie die Hauptaussage, inklusive der Intention des Autors. Anschließend geben Sie die wesentlichen Aussagen des Textes klar strukturiert (s. Randspalte), sprachlich eigenständig und distanziert wieder, indem Sie den Konjunktiv der indirekten Rede verwenden. Verzichten Sie dabei auf Kommentierungen und Bewertungen.

quellenkritische Einleitung
Quellengattung, Autor, Zeit, Ort, Anlass, Adressaten, Intention, Aussage

Bei der Primärquelle handelt es sich um eine öffentliche, an die Bürgerinnen und Bürger der Stadt Boston adressierte **Rede**, gehalten am 4. Juli 1783 von John Warren, der während des Unabhängigkeitskriegs als Chirurg in der Kontinentalarmee gedient hatte und daher als **Patriot** charakterisiert werden kann. Anlass der Rede war der **Jahrestag zur Unterzeichnung der Unabhängigkeitserklärung** am 4. Juli 1776. Die Rede wurde kurz vor dem offiziellen Kriegsende, dem Frieden von Paris vom 3. September 1783, gehalten. Mit seiner Rede wollte Warren an die Bedeutung der Unabhängigkeit erinnern und die Erfolge des Krieges würdigen und sichern.

Inhalt
Blick in die Vergangenheit und Grund für die Unabhängigkeitsbestrebungen

Zu Beginn seiner Rede betont Warren die Relevanz des Verständnisses der Vergangenheit, um Prozesse in der Gegenwart zu verstehen und im positiven Sinne zu verändern. Ziel der Siedler in den neuen Kolonien sei es nicht gewesen, sich vom Mutterland Großbritannien loszusagen, sondern lediglich ihre Religion frei auszuleben. Erst die massive und grundlose **Einschränkung der Freiheiten der neuen Kolonien**, insbesondere im Außenhandel, habe die Kritik gegenüber der britischen Herrschaft genährt.

Eskalation bis zum Kriegsausbruch

Die friedlichen und politischen **Versuche** der Kolonien, sich dem Mutterland anzunähern und einen **Ausgleich zu finden**, haben nicht nur **kein Gehör** beim Monarchen gefunden, sondern Großbritannien habe den Druck weiter erhöht und somit die **Eskalation** des Konflikts vorangetrieben. Durch das Eingreifen des britischen Militärs sei es schließlich im April 1775 in Lexington zum ersten Schusswechsel und damit zum Beginn des Unabhängigkeitskriegs gekommen.

Nationswerdung

Obwohl weder ausgerüstet noch ausgebildet, folgte laut Warren ein **mutiger Kampf der Kolonisten gegen Unterdrückung und für die eigene Freiheit**. Der Redner macht deutlich, dass sich die Siedler nicht mehr länger als Teil Großbritanniens, sondern **als eigenständige Nation** fühlten. So hätten sie noch in einem frühen Stadium des Kriegs – nämlich 1776 – die Unabhängigkeit durch eine entsprechende Erklärung ausgerufen und die Nationswerdung forciert.

Dieses unter ungünstigen Ausgangsbedingungen gestarteten, aber dann so erfolgreichen **Kampfes für die Freiheit** müsse angemessen **gedacht** werden. Daher seien alle Bürger **zu einer gemeinsamen Feier aufgerufen**. Auf diese Weise bliebe der Unabhängigkeitskampf mit all seinen Opfern in Erinnerung. Zuletzt **appelliert** Warren an die Bürger, den errungenen Erfolg zu **bewahren** und auch in Zukunft zu verteidigen.

Bedeutung der Erinnerung und Aufruf, das Erreichte zu schützen

2 **TIPP** *Anforderungsbereich: II, Gewichtung in Prozent: 25*

Sie sollen, aufbauend auf Aufgabe 1, chronologisch die relevanten Textpassagen auf den historischen Kontext beziehen. Diese Einordnung setzt umfangreiche Kenntnisse zur „American Revolution" voraus. Konzentrieren Sie sich auf die zentralen Etappen der Umbruchsituation und Revolution und achten Sie auf eine strukturierte Darstellung. Bei der Bearbeitung müssen Sie auf jeden Fall Querverbindungen zwischen den historischen Ereignissen und dem Materialtext herstellen. Fügen Sie an passenden Stellen Zitate oder Zeilenverweise ein.

Überleitung

Die Rede wurde zum **siebten Jahrestag der Ausrufung der Unabhängigkeitserklärung** gehalten. Nur wenige Wochen später endete der Unabhängigkeitskrieg durch den Pariser Friedensvertrag. Doch wie kam es überhaupt zu diesem militärischen Konflikt und muss hier von einer Revolution gesprochen werden?

Einordnung in den Kontext

Zunahme der Kontrolle Großbritanniens über die Kolonien durch Steuergesetzgebung

Nach dem Ende des „French and Indian War" 1763 folgte die Politik Großbritanniens gegenüber den Kolonien noch kurz dem Prinzip der „wohlwollenden Vernachlässigung". In der Praxis bedeutete dies, dass die Krone sich aus den Angelegenheiten der Kolonien weitestgehend heraushielt. Dies änderte sich jedoch zunehmend, zum Beispiel durch eine immer restriktivere Steuerpolitik (vgl. Z. 12–19). So wurde bereits 1765 die **Stempelsteuer** („Stamp Act") erlassen. Dieses Gesetz sollte die Finanzierung des britischen Militärs durch die Besteuerung jeglicher Art von offiziellen Urkunden und Papieren sowie von Zeitungen decken. Aus Sicht der Kolonien schränkte es ihre gewohnten Freiheiten ein und war Unrecht. Warren spricht metaphorisch von der „grausame[n] Hand der Macht", die „über den Atlantik [griff]" (Z. 13). Entsprechend formierte sich der **Protest**. Eine der bekanntesten Forderungen kam beim Stempelsteuerkongress von 1765 auf: „**No Taxation without Representation**", womit die Kolonien eine **Partizipation im britischen Parlament** verlangten. Zudem bildete sich die geheime Gruppe „**Sons of Liberty**". Der große öffentliche Widerstand in den Kolonien veranlasste das britische Parlament bereits 1766, das **Gesetz wieder zurückzunehmen**.

Um jedoch die Autorität Großbritanniens gegenüber den Kolonien zu verdeutlichen, wurden 1767 die „**Townshend Acts**" verabschiedet, die **Importe aus Großbritannien besteuerten**. Diese Steuer fiel insbesondere deswegen ins Gewicht, da sie Güter des täglichen Gebrauchs betraf. Der **Protest** in den Kolonien fiel deutlich aus und brachte wiederum das britische Parlament dazu, diese **Gesetze** fast vollständig **aufzuheben**. Um die Gesetzgebungskompetenz Großbritanniens gegenüber den 13 Kolonien jedoch trotzdem zu betonen, blieb importierter Tee von dieser Rücknahme ausgeschlossen. Hier formierte sich erneut der Widerstand, was am Ort der Rede von Warren – Boston – **1773** zur „**Boston Tea Party**" führte. Bei dieser Aktion wurden Hunderte Kisten Tee der East India Company in den Hafen von Boston geworfen.

zunehmende Eskalation durch britische Gesetzgebung und Proteste

1774 tagte der **Erste Kontinentalkongress**. Auf diesem Kongress versammelten sich Delegierte der 13 Kolonien, um eine **gemeinsame Position gegenüber dem Mutterland** zu entwerfen. Relevant war dabei besonders der Assoziationsartikel, welcher einen Boykott britischer Güter in den Kolonien bedeute. Ferner sollte ein direkter **Brief an den Monarchen**, vorbei am Parlament, für mehr Rechte der Kolonien und Mitbestimmung im Parlament sorgen. Diese Phase muss als **Krise und Umbruchssituation** definiert werden.

Umbruchssituation

Doch die **Bemühungen um einen friedlichen Ausgleich** zwischen Mutterland und Kolonien blieben **erfolglos**. Stattdessen trieb Großbritannien die Eskalation weiter voran (vgl. Z. 20–23). Als Reaktion auf die „Boston Tea Party" wurden 1774 die „**Coercive Acts**" erlassen. Diese regelten u. a. die Schließung des Bostoner Hafens für Handelsschiffe, verliehen britischen Offizieren Immunität bei der Verfolgung von Straftätern in den Kolonien und zwangen die Koloniebewohner, britische Truppen zu beherbergen. Ferner wurden in Massachusetts britische Militärregeln eingeführt, woraufhin im April 1775 britische Truppen die Munition der Miliz von Massachusetts beschlagnahmen wollten. Dies führte dann zur ersten **bewaffneten Auseinandersetzung** zwischen Großbritannien und den Kolonien bei **den Gefechten von Lexington und Concord**.

weitere Eskalation und erste bewaffnete Auseinandersetzung

Es gab allerdings noch Versuche, einen Krieg zu verhindern. Im Sommer 1775 gründete sich der bis 1781 tagende **Zweite Kontinentalkongress**. Dieser sandte als eine der ersten Amtshandlungen im Juli 1775 die **Palmzweig-Petition** direkt an König Georg III. Darin wurde eine Veränderung der Politik Großbritanniens gegenüber den Kolonien in den Bereichen Wirtschaft und Steuerrecht gefordert. Von einer Revolution kann hier also immer noch nicht gesprochen werden. **Georg III. verweigerte** jedoch auch nur die Annahme dieser Petition. John Warren resümiert: „Die milde Stimme des Flehens und der Bitte war vergeblich an das königliche Ohr gedrungen" (Z. 20 f.).

Palmzweig-Petition als letzter Versuch einer friedlichen Einigung

Als Reaktion bereitete der Kongress ab diesem Moment die **Unabhängigkeit** vor, für die die **Kontinentalarmee** unter dem Oberbefehl von George Washington ausgehoben wurde. In dem auf dem Kongress ausgetragenen internen Konflikt zwischen Loyalisten (für den Verbleib im britischen Empire unter veränderten Rahmenbedingungen) und Patrioten (Forderung nach Unabhängigkeit) setzten sich Letztere durch. Der Autor der Quelle, John Warren, zählte zu den Patrioten. Schließlich wurde **1776** mit einem „unwiderrufliche[n] Dekret“ (Z. 40) die **Unabhängigkeit der Vereinigten Staaten ausgerufen** (vgl. Z. 40–51) und damit die **Revolution** offiziell. Warren veranschaulicht die Zäsur durch eine Metapher: Die Kolonien zerschlugen „die Bande, die [sie] an ein grausames Elternteil ketteten, für immer“ (Z. 41 f.).

Unabhängigkeitserklärung und Beginn der Revolution

Obwohl die Ausgangslage für die Kontinentalarmee als ungünstig eingestuft werden muss und Großbritannien viele „Flotten“ aufbot, „die mit den besten Soldaten des Feindes beladen waren“ (Z. 38 f.), konnte das **britische Militär den Krieg nicht gewinnen** und verlor in den Folgejahren immer mehr an militärischem und politischem Boden (vgl. Z. 54–61). Diese Entwicklung führte 1783 dann schlussendlich zum **Friedensvertrag von Paris** und damit zur **offiziellen Anerkennung der Unabhängigkeit der amerikanischen Kolonien**. Nun stand die junge Nation jedoch vor der Herausforderung, einen funktionsfähigen Staat zu schaffen.

Pariser Friedensvertrag: Besiegelung der amerikanischen Unabhängigkeit

3 **TIPP** *Anforderungsbereich: II, Gewichtung in Prozent: 25*

Hier müssen Sie in einem ersten Arbeitsschritt aus dem Material relevante Sachverhalte, welche nicht unbedingt explizit hervorgehoben sind, herausarbeiten, um sie dann in einem zweiten Arbeitsschritt inhaltlich zu verbinden. Die Aufgabe vollzieht einen Semesterübergriff zum vierten Rahmenthema. Es wird von Ihnen erwartet, einen Bezug zur spezifischen Erinnerungsform „Gedenktag“ sowie ihrer medialen Umsetzung herzustellen und die Intention solcher Rekonstruktionsprozesse zu bewerten. Greifen Sie auf Ihr im Unterricht erworbenes Wissen zur Erinnerungskultur zurück.

Für die Bearbeitung müssen zunächst die Fachtermini „Geschichtsbewusstsein“, „kulturelles Gedächtnis“ und „Erinnerungskultur“ definiert werden. Unter **Geschichtsbewusstsein** wird das Bewusstsein von der Geschichtlichkeit des Menschen und der von ihm geschaffenen Erinnerungen, Kulturen und Erkenntnisse subsumiert. Der Quellentext stellt dabei ein frühes **Beispiel für die Erinnerung an den Unabhängigkeitskampf** und an die kulturellen Wurzeln der USA dar.

theoretisches Fundament

Geschichtsbewusstsein

Das Geschichtsbewusstsein wiederum wird geprägt vom **kulturellen Gedächtnis**. Dieses speist sich aus Kunst- und Kulturgegenständen sowie aus schriftlichen Überlieferungen, welche in unserem Fall in die Zeit der „American Revolution" zurückreichen. Für die weitere Debatte zentral ist hier der von Aleida Assmann eingeführte Fachbegriff der **Erinnerungskultur**. Nach Assmann geht es dabei um einen **funktionalen Gebrauch der Vergangenheit**, wobei unterschieden wird zwischen dem Umgang des Einzelnen und demjenigen der Gesellschaft mit Geschichte.

kulturelles Gedächtnis und Erinnerungskultur

Bezugnehmend auf die Theorie von Assmann muss die Rede von Warren als Versuch einer Personengruppe eingestuft werden, sich die **Vergangenheit anzueignen**, um eine **identitätsstiftende Wirkung** zu entfalten. So ist die Quelle aus der **Sicht eines Patrioten** und klaren Befürworters der amerikanischen Unabhängigkeit verfasst. Ziel sind die **Feier des Erreichten** und die **Wahrung dieses Erfolgs**. Dabei steht die Rede – sieben Jahre nach der Unabhängigkeitserklärung – erst am **Beginn der Tradition des Gedenkens**. Bemerkenswert ist, dass bereits diese frühe Rede zum 4. Juli bis heute typische Merkmale für das Gedenken an den Independence Day aufweist.

Charakteristika der Gedenk-/Feiertage

Einordnung von M in die Kategorien der Erinnerungskultur

Zu Gedenktagen wie dem 4. Juli werden bis heute **offizielle Reden** gehalten. In diesen wird der Grund für das Gedenken vergegenwärtigt, der Materialtext steht genau in dieser Tradition, die den „feierlichen Tag" (Z. 26) beschwört. Indirekter Zweck der Reden ist es, das **Gedenken zu ritualisieren**.

Ritualisierung durch öffentliche Reden

Der „flüchtig[e] Blick zurück" (Z. 8) ist dann auch **interessegleitet:** Zwar behauptet Warren, bei seinem historischen Abriss „die Prinzipien […] exakt und präzise aufzuzeigen" (Z. 2 ff.), bietet dann aber eine **monoperspektivische und parteiische** Darstellung: So **rechtfertigt** er ausführlich die **Motive und den Verlauf** der „American Revolution", wobei er eine eindeutige **Schuldzuweisung an Großbritannien** vornimmt. Bei seiner Argumentation geht er chronologisch vor und blendet die Position des Mutterlandes aus. Daher muss die Rede als klarer Versuch charakterisiert werden, den **Unabhängigkeitskampf zum Teil des kulturellen Gedächtnisses zu machen**. Die Glorifizierung wird durch eine auf die eigene Position zugeschnittene Darstellung der Historie erzielt. Indem Warren herausstellt, dass die Kolonien mit der Unabhängigkeitserklärung „eine neue **Epoche in den Annalen** [ihres] Landes eingeleitet" (Z. 43) hätten, feiert er die Einmaligkeit des Ereignisses.

Verankerung der „American Revolution" im kulturellen Gedächtnis

Die **identitätsstiftende Wirkung** wird durch die Darstellung eines scheinbar aufgezwungenen und daher **gerechten Kampfes gegen Unterdrückung** erzeugt. Versuche der friedlichen Einigung seien von der Krone immer wieder ausgeschlagen worden und das Mutterland hätte die Eskalation bis zum Krieg provoziert. Aufgrund des

Identitätsstiftung durch Betonung des Kampfs gegen Unterdrückung und durch religiöse Bezüge

heldenhaften Kampfes gegen einen übermächtigen äußeren Feind hätten die Kolonien den Sieg errungen. Auf diese Leistung könne die ganze neue Nation **stolz** sein. Indem der Redner die Zuhörerschaft als „Bewohner dieses auserwählten Landes" (Z. 56) anspricht, indem er ihr Gottvertrauen preist (vgl. Z. 33) und die Freude der Engel über den „gerechten" Kampf (vgl. Z. 27 f.) beschwört, unterfüttert er seine Ausführungen **religiös** und lässt die **Entstehung der USA als gottgewollt** erscheinen.

erzieherische Wirkung durch Wertevermittlung

An diesem **Heldenmut** und dem Handeln der Freiheitskämpfer sollten die Bürgerinnen und Bürger der jungen Nation sich ein Beispiel nehmen. Ein Besuch der **Gräber der Gefallenen**, hier als „heilig[e] Ruhestätten der Toten" (Z. 70) verklärt, und das **Nachlesen der Geschichte** (vgl. Z. 71) sollen das Gedenken befestigen. Zudem ruft Warren dazu auf, auch den **nächsten Generationen** diese Wertschätzung für die Freiheit zu vermitteln (vgl. Z. 79 f.). Durch ihren **Appellcharakter** und die klare Vermittlung von wünschenswerten Werten bekommt die Rede eine **erzieherische Wirkung**.

nationales Pathos

Die junge Nation habe die Pflicht, das Erreichte durch **Stabilisierung und Wahrung des noch fragilen politischen Systems** zu stützen. Denn das „Wir-Gefühl" der Kolonien, die neuen politischen Institutionen und die Unabhängigkeit vom Mutterland hänge von der Mitwirkung aller Bürger – zur damaligen Zeit nur weiße Männer – ab. In Summe wird ein **nationales Pathos** erzeugt, das noch heute am 4. Juli allgegenwärtig ist.

4 **TIPP** *Anforderungsbereich: III, Gewichtung in Prozent: 25*

Die Quelle M muss auf Grundlage eigener Kenntnisse im Hinblick auf ihre Korrektheit geprüft werden. Damit befindet sich diese Aufgabe im Anforderungsbereich III und verlangt von Ihnen ein historisches Sachurteil. Gleichen Sie dabei Warrens Darstellung mit den tatsächlichen historischen Ereignissen ab und ziehen Sie ein Fazit. Auch hier sind Textbelege unerlässlich.

Überprüfung

Übergehen des „salutary neglect"

Die Quelle M zeichnet sich durch eine **verkürzte und einseitige Darstellung** der historischen Zusammenhänge aus. Die **Subjektivität**, die **einseitige Wertung** und der **intentionale Charakter** ziehen sich durch die gesamte Rede. Deutlich wird dies bereits zu Beginn der Rede (vgl. Z. 12 f.), wenn die relativ lange Dauer des „**salutary neglect**" in Nordamerika **verschwiegen** wird. Vom Beginn der Kolonialzeit bis ca. 1763 hielt sich Großbritannien weitestgehend aus der Verwaltung der überseeischen Besitztümer heraus. Statt also schon früher z. B. wirtschaftlichen Profit in den Kolonien zu optimieren, ließ das Mutterland diesen größere politische Spielräume.

Ebenso **einseitig und verkürzt** werden die „**Coercive Acts**" behandelt. Die Ausführungen in den Zeilen 15–19 stellen das **Mutterland als ausbeuterischen Aggressor** dar. Eine multiperspektivische Darstellung hätte den Weg zu diesen Gesetzen ausführlicher nachzeichnen müssen und damit eine ausgewogenere Grundlage für die Bewertung geschaffen. Zwar wird ausführlich auf die friedlichen Versuche der Kolonien, den Konflikt beizulegen, eingegangen (vgl. Z. 20 f.), jedoch werden die **bewaffneten Protestaktionen verschwiegen**. Warren zufolge trägt allein **Großbritannien Schuld** am Ausbruch des kriegerischen Konflikts.

verkürzte Darstellung der Coercive Acts und Schuldzuweisung an Großbritannien

Auch die von Warren dargelegte große **innere Geschlossenheit in den Kolonien** spiegelt **nicht die tatsächlichen Zustände** wider. Zwar ist es korrekt, dass es viele Patrioten gab (vgl. Z. 24–30), daneben aber behauptete sich – insbesondere kurz vor und zu Beginn des Unabhängigkeitskriegs – eine beträchtliche Zahl an sogenannten **Loyalisten**. Diese sprachen sich zwar für Reformen und mehr Partizipation aus, wollten grundsätzlich jedoch Teil Großbritanniens bleiben. Dieser Personenkreis hatte definitiv keine Revolution im Sinn.

Ignorieren des Konflikts zwischen Patrioten und Loyalisten

Heroisch wird der **Kampf der Kolonialarmee** gegen einen scheinbar übermächtigen britischen Militärapparat dargestellt (vgl. Z. 31–36). Diese Schilderung ist wiederum einseitig und geht nicht auf die im „French and Indian War" (1754–1763) erworbene **Kriegserfahrung vieler Soldaten** der Kolonialarmee ein. Viele Veteranen dieses Krieges kämpften nun gegen das britische Militär. Ferner erhielt die Armee von George Washington **internationale Unterstützung**, besonders aus Europa, denn einige europäische Staaten, darunter Frankreich, sahen im Unabhängigkeitskrieg eine gute Gelegenheit, um dem europäischen Widersacher Großbritannien zu schaden.

Verschweigen der Erfahrung der Kolonialarmee und der ausländischen Unterstützung

Aus diesen Gründen und weil das Militär Großbritanniens sich wegen der Größe und Ausdehnung des Empires nie ganz auf den Konflikt in Nordamerika konzentrieren konnte, **trifft** die von Warren behauptete **Überlegenheit des Mutterlandes nicht zu**. Nicht ohne Grund warb die Krone z. B. internationale Unterstützung wie die hessischen Söldner an, um gegen die Unabhängigkeitsarmee überhaupt eine Chance zu haben. Die Rede **verzerrt** folglich die realen Gegebenheiten (vgl. Z. 38 ff.) und **überzeichnet** die Kampfstärke des britischen Militärs stark, um den Sieg der Kontinentalarmee umso ruhmreicher erscheinen zu lassen.

falsche Darstellung der Überlegenheit des britischen Militärs

Insgesamt wird deutlich, dass Warrens Rede durchgängig durch Verkürzung, Auslassung und z. T. sogar bewusst falsche Darstellung eine **perspektivische und antibritische Version** des Unabhängigkeitskriegs bietet. Der Patriot Warren weist die Schuld am Krieg allein dem – angeblich militärisch überlegenen – Mutterland zu, um dadurch die neue Nation der USA zu erhöhen und so deren identitätsstiftende Kraft für die Bürgerinnen und Bürgern zu erhöhen.

Sachurteil

DER 11. AUGUST ALS NATIONALER FESTTAG IN DER WEIMARER REPUBLIK

(Rahmenthema 4 mit Übergriff auf Rahmenthema 3)

Aufgabenstellung

1 Fassen Sie nach einer quellenkritischen Einleitung den Inhalt von M 1 zusammen.

2 Interpretieren Sie M 2 vor dem Hintergrund von M 1.

3 Erläutern Sie, ausgehend von den Materialien, warum die in der Verfassung von Weimar formulierte Staatsordnung umstritten war.

4 Erörtern Sie, ausgehend von Ihren bisherigen Ergebnissen, inwiefern nationale Feiertage die Identifikation mit einer Staatsordnung stärken können.

M 1 Edwin Redslob: Die staatlichen Feiern der Reichsregierung (1925)

Edwin Redslob (1884–1973), Kunsthistoriker, war von 1920 bis 1933 als Reichskunstwart verantwortlich für die „künstlerische Formgebung des Reiches", also u. a. für die Gestaltung der Staatssymbole und staatlichen Feiern. Der Text erschien in der von Redslob selbst herausgegebenen Zeitschrift „Gebrauchsgraphik" im Februar 1925.

Die Sichtbarmachung des Reichsgedankens ist eine künstlerische, zugleich aber eine politische Aufgabe. […] Der erste Schritt zu einer solchen Selbstdarstellung des Reichsgedankens wurde mit der Feier des Verfassungstages 1921gemacht.

Am 11. August dieses Jahres wurde im staatlichen Opernhaus zu Berlin der Verfassungstag in einer offiziellen Feier begangen, zu der von Seiten der Reichsregierung eingeladen wurde. Auf dem Programm stand die Ouvertüre zum Freischütz[1], die in ihrer Festlichkeit den Gedanken an den Ort der Feier mit dem Wunsch nach einer Darstellung des Volksganzen irgendwie zu verbinden schien. Darauf folgte die Rede des Reichskanzlers Dr. Wirth und als Abschluss der vierte Satz der fünften Symphonie von Beethoven. Der eigentliche Wert der Feier, der von vielen Seiten mit Zweifel und sorgenvollen Prophezeiungen entgegengesehen wurde, lag darin, dass hier zum ersten Mal seit der Staatsumwälzung die Vertreter der verschiedensten Berufe, Berufsstände und Parteien zu gemeinsamer Feier des Staatsgedankens zusammensaßen. […] Tatsache ist, dass die Vorbereitung zur ersten offiziellen Verfassungsfeier […] von Seiten der behördlichen Stellen als ein großes Wagnis angesehen wurde. Beispielsweise sollte sogar der Reichsadler, der über dem Rednerpult hing und naturgemäß schwarz auf goldenem Grund in roter Bewehrung dargestellt war, noch im letzten Augenblick entfernt werden. […]

Im nächsten Jahr war im Verlauf des Monats Juni schon festgelegt worden, dass die Verfassungsfeier der Regierung nunmehr im Reichstag als in dem einzigen reichseigenen repräsentativen Saal stattfinden solle. Es entsprach dies einer Entwicklung des Volksempfindens, das ganz von selbst nach dem Reichstag für eine Reihe festlicher und demonstrativer Veranstaltungen gegriffen hatte.

Da kam plötzlich die Nachricht von der Ermordung Walter Rathenaus. Dem Gefühl, das ganz Deutschland erfüllte, sollte dadurch Rechnung getragen werden, dass Walther Rathenau, als im Dienst für das Vaterland ermordet, durch eine staatliche Trauerfeier im Reichstag geehrt werden sollte. […]

Dem ungeheuren Ernst, der durch diese tragische Feier mit dem Gedanken der Repräsentation des Reiches verbunden wurde, entsprach die Notwendigkeit, für die Feier des Verfassungstages, die sechs Wochen darauf an gleicher Stelle stattfand, eine strenge und sachliche Form zu finden. […] Als Motiv wählte ich daher: Bekenntnis der Länder zum Reich, des Reiches zu den Ländern. Dementsprechend wurden die 18 neuen Wappen der Länder hergestellt und in farbigen Wimpeln zum ersten Male seit der Umwälzung in einem Raum vereinigt. In der Mitte aber erschien das Wappenbild des Reichsadlers. […] Die Tatsache, dass der Staatspräsident von Baden, Dr. Hummel, die Rede hielt, entsprach dem Grundgedanken der Feier, wie er auch in der Art der Ausschmückung zum Ausdruck kam. […]

Diese Feier legte den Stil der offiziellen Veranstaltungen der Reichsregierung zum Verfassungstag fest: ein feierlicher Aktus der Reichsregierung und des Reichstags, an dem aus Reich, Ländern und Stadt offizielle Vertreter teilnehmen und zu dem auch die Vertretungen einzelner großer Verbände sowie hervorragende Persönlichkeiten des Wirtschaftslebens, der Kunst und Wissenschaft erscheinen. Der Stil sachlich und ernst, zugleich aber die Feier durch Musik und militärisches Schauspiel mit der Kundgebung der Volksmengen verbunden, die sich mit dem Wunsche zur Teilnahme bei derartigen Ereignissen vor dem Reichstage versammeln. Ihre innere Vollendung erhielt die Feier am Abend, als der Reichspräsident seinerseits zu einer Veranstaltung im staatlichen Schauspielhaus eingeladen hatte. […] Das historische Ergebnis dieses Verfassungstages war, dass aus dem im Vorjahr abgehaltenen kühlen akademischen Aktus eine das Volksganze angehende Festlichkeit entwickelt war. […]

Mit den beschriebenen Feiern ist zugleich ein Weg geschildert. Dieser Weg aber zeigt deutlich, welchen Wert die in unserer Gegenwart so oft verkannten gefühlsmäßigen Momente haben. Die Symbole der Macht der Reichsregierung dürfen nicht lediglich im Telephonapparat und im Aktenbock[2] des Amtszimmers bestehen. Es braucht andere Werte, damit das Staatsgefühl sich durchsetzt und die Staatsbürger auch im Herzen erfüllt. So aber erhebt sich uns als Symbol das Wort Friedrich Schillers, wie es im Reichstag als Gelöbnis der Deutschen für die besetzten Gebiete aufleuchtete: Wir stehn für unser Land!

Fundort: Edwin Redslob: Die staatlichen Feiern der Reichsregierung, in: Gebrauchsgraphik. Monatsschrift zur Förderung künstlerischer Reklame Jg. 2 (1925), Heft 2 (Februar), S. 51–58

Anmerkungen

1 Der Freischütz: populäre romantische Oper von Carl Maria von Weber (1786–1826).
2 Aktenbock: Regal zur Aufbewahrung von Akten.

M 2 Karikatur von Arthur Krüger aus der wöchentlich erschienenen Satire-Zeitschrift „Kladderadatsch“, 5. August 1928

Die Geburtstagsfeier

(Der Preußische Kultusminister Dr. Becker hat angeordnet, dass in den Schulen des Verfassungstages feierlichst gedacht wird).

Der Schüler: „Im Strom der Gratulanten und zu der Fülle von Blumen bringe auch …“

Der Lehrer: „Junge, Junge! Gewiss habe ich dir das so eingepaukt, aber du siehst doch jetzt, wir sind hier die Einzigen!“

Fundort: Kladderadatsch Jg. 81, Nr. 32 (5. August 1928), S. 510.

Hilfsmittel: Keine

TIPP **Erläuterungen und Bearbeitungshinweise**

Der Aufgabenvorschlag bezieht sich schwerpunktmäßig auf das Rahmenthema 4 „Geschichts- und Erinnerungskultur" mit dem Wahlmodul 2 „Nationale Gedenk- und Feiertage in verschiedenen Ländern". Der Übergriff erfolgt auf das Rahmenthema 3 „Wurzeln unserer Identität" mit dem Wahlmodul 6 „Zwischen Krise und Modernisierung – Die Gesellschaft der Weimarer Republik". Die strukturierenden Aspekte sind Individuum und Gesellschaft, Freiheit und Herrschaft sowie Kontinuität und Wandel, die Perspektiven national und global. Zudem umfassen die Aufgaben die Dimensionen der Politik-, Sozial-, Kultur- und Ideengeschichte.

Der Vorschlag nimmt die gesellschaftliche Erinnerungskultur und ihre Ausprägungen im Alltag der Menschen anhand des „Verfassungstages" der Weimarer Republik in den Blick. Es geht vor allem darum, den Konstruktionscharakter historischer Erinnerungskultur am genannten Beispiel zu analysieren und zu reflektieren (Aufgaben 1–3) sowie im Hinblick auf die eigene Identifikation mit einer Staatsordnung zu bewerten (Aufgabe 4). Die gesamte Aufgabenstellung besitzt somit einen engen inhaltlich-methodischen Zusammenhang, den Sie bei der Bearbeitung der Teilaufgaben von Beginn an im Blick haben sollten.

Lösungsvorschlag

1 **TIPP** *Anforderungsbereich: I, Gewichtung in Prozent: 20*

Die Aufgabenstellung verlangt von Ihnen, dass Sie die Quelle zunächst mit ihren wesentlichen äußeren Daten vorstellen. Hierzu gehören Angaben zum Verfasser mit seiner Position und Intention, zum Zeitpunkt und Ort der Veröffentlichung, zum Charakter des Textes und, soweit ableitbar, zum Adressatenkreis. Die benötigten Informationen finden Sie hier vor allem in den Hinweisen zum Material, die Sie daher genau lesen und einbeziehen sollten.

Den eigentlichen Kern der Aufgabe stellt eine Zusammenfassung des Inhalts dar, also eine inhaltliche Reduktion des Textes auf wesentliche Aspekte. Diese lässt sich aus der Thematik der Quelle und ihrer Intention herleiten: Überlegen Sie, welche Aussagen in Bezug auf Thema und Zielsetzung von M 1 besonders relevant sind. Dabei kann es hilfreich sein, den Text vorbereitend zu gliedern und mit Abschnittsüberschriften zu versehen. In Ihrer Darstellung sollten Sie beachten, dass Sie sprachlich eigenständig und distanziert formulieren. Benutzen Sie den Konjunktiv und verzichten Sie unbedingt auf Bewertungen, Meinungsbekundungen und längere wörtliche Übernahmen. Zudem sollte Ihre Lösung klar strukturiert sein, was aber nicht zwingend bedeutet, dass Sie den Aufbau des Textes übernehmen müssen.

Der Textausschnitt **M 1** wurde von dem **Kunsthistoriker Edwin Redslob** verfasst und im **Februar 1925** in der von ihm herausgegebenen Zeitschrift „**Gebrauchsgraphik**" veröffentlicht. Als **Reichskunstwart** war Redslob für die Gestaltung von **Staatssymbolen** und **staatlichen Feiern** der Weimarer Republik zuständig. Der sechs Jahre nach der Republikgründung erschienene Text wendet sich an ein **fachlich wie politisch interessiertes Publikum**, dem Redslob seine Überlegungen zur bisherigen und künftigen **Gestaltung des „Verfassungstages**" darstellt. Er **begründet und rechtfertigt** seine Position und unterstreicht die Bedeutung eines solchen Tages für die **Identifikation der Bevölkerung mit der Republik**.

quellenkritische Einleitung: Angaben zur Quelle

Verfasser, Zeit/Ort der Veröffentlichung, Adressat, Thema, Intention

Der Autor blickt zurück auf die **Verfassungsfeiern 1921 und 1922**, die jeweils unter **besonderen bzw. schwierigen Bedingungen** stattgefunden hätten. 1921 sei die Verfassungsfeier – damals noch in der Oper in Berlin – zunächst als **äußerst riskant** angesehen worden: Aus unterschiedlichen Richtungen habe es **Zweifel und Besorgnis** gegeben. Schließlich habe man jedoch erstmalig seit Gründung der Republik verschiedene Interessengruppen zu einer **gemeinsamen Feier** zusammengebracht. Es sei gelungen, in einem angemessenen Rahmen ein **würdiges Programm** zu gestalten und das „**Volksganz[e]**" (Z. 8) zu repräsentieren.

Inhalt

Verfassungstage 1921/22

Die Verfassungsfeier **1922** habe erstmals – im Einklang mit dem „Volksempfinde[n]" (Z. 22) – im **Reichstag** stattgefunden, sei aber von der **Ermordung Walter Rathenaus** überschattet worden. Man habe daher die Verfassungsfeier **streng und sachlich** gehalten und die **Verbindung zwischen dem Reich und den Ländern** betont. Diese Gestaltung habe den Stil künftiger Verfassungsfeiern geprägt, u. a. durch die Teilnahme von Vertretern von Reich, Ländern, Städten und Verbänden sowie Persönlichkeiten aus **Wirtschaft, Kunst und Wissenschaft**. Musik und militärische Inszenierungen hätten der Veranstaltung einen **festlichen Charakter** gegeben, was das ganze Volk berührt habe. Gerade die **gefühlsmäßige Komponente** sei künftig unbedingt notwendig, damit die **Staatsbürger eine innere Identifikation mit dem Staat** entwickeln könnten.

künftige Gestaltung der Verfassungsfeiern

Ziel des Verfassungstages: innere Identifikation

2 **TIPP** *Anforderungsbereich: I–III, Gewichtung in Prozent: 30*

Der Operator „interpretieren" signalisiert Ihnen, dass die Teilaufgabe umfassende methodische und inhaltliche Kompetenzen verlangt: Sie sollen Sinnzusammenhänge aus der vorgelegten Quelle erschließen und ein auf der Analyse von M 2 beruhendes Sachurteil fällen. Stellen Sie die Bildquelle kurz vor, beschreiben Sie in strukturierter Form, was Sie sehen, und verzichten Sie hier noch auf deutende oder wertende Aussagen. Auf diesen Ergebnissen bauen Sie Ihre Analyse auf:

Bringen Sie die Bild- und Textelemente in einen sinnvollen Zusammenhang und arbeiten Sie Aussage und Intention heraus. In diesem Schritt bietet es sich an, die Aussagen aus M 1 einzubeziehen, um Widersprüche und unterschiedliche Perspektiven zu verdeutlichen. Für ein abschließendes Urteil sollten Sie die Karikatur noch in den historischen Kontext einordnen. Die Aufgabe ist insgesamt recht komplex, daher sollten Ihre Ausführungen klar strukturiert sein und die verschiedenen Aspekte der Lösung übersichtlich aufzeigen.

quellenkritische Einleitung

Gattung, Urheber, Ort/Zeit der Veröffentlichung, Anlass

Bei der Bildquelle **M 2** handelt es sich um eine in Schwarz-Weiß gehaltene **Karikatur** von **Arthur Krüger**. Sie trägt den Titel „**Die Geburtstagsfeier**" und ist am **5. August 1928** anlässlich der bevorstehenden Feier des Verfassungstages in der **satirischen Wochenzeitschrift „Kladderadatsch**" erschienen.

Beschreibung von M 2

Textelemente

Die Karikatur besteht aus einem Bild, das oben und unten von Textelementen eingerahmt wird. Am oberen Rand befinden sich der **Titel** und eine Information zum Verfassungstag 1928 in Klammern. Unterhalb des Bildes ist ein kurzer **Dialog** zwischen einem **Schüler** und einem **Lehrer** angeführt, der auf das Bild in der Mitte Bezug nimmt.

Bildelemente

Die Szenerie spielt in einem **schmucklosen Raum**. In der linken Bildhälfte sieht man einen **Jungen** mit einem Schulranzen unter dem rechten Arm, der in der linken Hand eine **kleine Topfblume** hält. Hinter ihm steht am linken Bildrand ein **erwachsener Mann**, offensichtlich der Lehrer. Anders als die anderen beiden Figuren im Bild ist er nicht im Seitenprofil dargestellt, sondern kehrt dem Betrachter den Rücken zu.

In der rechten Bildhälfte sitzt eine **jüngere, obgleich gebrechlich wirkende Frau** mit **schwarzen Haaren** in einem Lehnstuhl, die lächelnd auf die Topfblume blickt. Auf dem **Saum ihres schlichten Kleides** kann man das Wort „**Verfassung**" erkennen.

Analyse und Deutung von M 2

Zusammenhang Text- und Bildelemente

Durch diese Aufschrift sowie weitere Textelemente ist die Frau als **allegorische Darstellung der Verfassung** zu deuten. So wird im Begleittext zum Titel auf die Anordnung des preußischen Kultusministers verwiesen, „dass in den Schulen des Verfassungstages feierlichst gedacht" werden sollte. Im Bild und Dialog wird hingegen ein Widerspruch zwischen der Anweisung und der angeblichen Wirklichkeit des Verfassungstages deutlich: Der Schüler steht **als einziger Besucher** mit einem kümmerlichen Geschenk vor der „Verfassung" und beginnt, seinen „**eingepaukten**" **Spruch** aufzusagen. Er spricht von einem „Strom der Gratulanten" und einer „Fülle von Blumen" – **völlig unreflektiert**, wie das Bild und die Unterbrechung durch den Lehrer zeigen. Gerade dessen abschließender Kommentar – „du siehst doch jetzt, wir sind hier die Einzigen!" – macht den **Kontrast zwischen behördlicher Anordnung und vermeintlicher Realität** drastisch und **ironisierend** deutlich. Zwischen Schüler und

Lehrer wird durch die **väterlich-belehrende Geste** des Lehrers und die **helle Haarfarbe** der beiden eine Verbindung deutlich, die die schwarzhaarige „Verfassung“ noch einsamer wirken lässt.

Aussage und Intention (mit Merkmalen der Quellenart „Karikatur“ und Vergleich M 1)

Karikaturen sind **Bildquellen**, die in pointierter Weise Missstände oder Fehlverhalten durch eine bewusste Überzeichnung aufdecken wollen. Sie beziehen Position und sind aus der **subjektiven Perspektive des Karikaturisten** gestaltet. Sie können Mittel **propagandistischer Meinungslenkung** sein und müssen daher in ihrer Aussage und Intention hinterfragt werden. Tatsächlich **kritisiert** M 2 die Anordnung des preußischen Kultusministers als völlig **realitätsfremd** und impliziert, dass es in der Bevölkerung **keine innere Bindung an die Verfassung** und somit nicht die Bereitschaft gebe, den **„Verfassungstag“ zu feiern**. Die im Titel angekündigte „Geburtstagsfeier“ fällt dementsprechend sehr klein und wenig feierlich aus. Durch ihre Aussage steht die Karikatur **in klarem Widerspruch** zu den drei Jahre früher formulierten Überlegungen und Erwartungen des Reichskunstwartes (M 1). Während Redslob die Verfassungsfeier als **Katalysator für die innere Identifikation** der Bürger mit dem Staat sieht und die Notwendigkeit einer emotionalen Einbindung der ganzen Bevölkerung postuliert, **verspottet** die Karikatur eine solche Erwartung als **illusorisch und realitätsfern:** Die Bevölkerung stehe nicht hinter der Verfassung und identifiziere sich ebenso wenig mit dem Weimarer Staat, auch wenn man bemüht sei, einen solchen Eindruck durch **oktroyierte Inszenierungen** zu erwecken. Die Bildquelle kann daher als **regierungskritisch**, vielleicht sogar **republikfeindlich** interpretiert werden.

Deutung und Urteil im historischen Kontext

– Entstehung der Verfassung und des „Verfassungstages“

M 2 thematisiert anlässlich der bevorstehenden Verfassungsfeier die Frage, inwieweit die Bevölkerung den in der Weimarer Verfassung festgehaltenen **demokratischen Grundkonsens** teilte. Nachdem die Nationalversammlung am 31. Juli 1919 mehrheitlich die Verfassung angenommen hatte, wurde sie von Reichspräsident Friedrich **Ebert** am **11. August 1919** unterzeichnet und trat am 14. August 1919 formal in Kraft. Nach einer langwierigen, heftigen Debatte entschied man sich 1921, den 11. August als **„Geburtsstunde der Demokratie“** zum **Nationalfeiertag** zu machen. Der Verlauf der Diskussion wie auch die Tatsache, dass der „Verfassungstag“ in den einzelnen Ländern unterschiedlich behandelt wurde, zeigen bereits, dass diese Entscheidung nicht unumstritten war. Während der 11. August z. B. in Baden und Hessen tatsächlich **gesetzlicher Feiertag** wurde, war dies in Bayern nicht der Fall.

– begrenzte Akzeptanz des „Verfassungstages“

Das von Redslob angesprochene Bemühen (vgl. M 1, Z. 38–49), die zunächst bescheiden und akademisch gestaltete Feier zum emotionalen Ereignis für das gesamte Volk zu machen, war nur **bedingt erfolgreich**. Zwar wurden Sport- und Kulturveranstaltungen, Militärparaden und Aufmärsche arrangiert, die in manchen Regionen durchaus ihr Publikum fanden, doch konnte von einer reichsweiten Mobilisierung der Bevölkerung keine Rede sein. Die **symbolische Unterstützung** durch die Prägung von „Verfassungsmünzen" und „Verfassungstalern" änderte hieran nichts.

Allerdings suggeriert die Karikatur, dass mit der mangelnden Beteiligung am Verfassungstag auch eine **grundsätzliche und breite Ablehnung der Verfassung** selbst verbunden sei. Dieses lässt sich aber weder für das Jahr 1928 noch für die gesamte Weimarer Republik verifizieren, obwohl es durchaus Kräfte gab, die die neue Demokratie während ihres ganzen Bestehens entschlossen bekämpften. Nach den Unruhen und Aufstandsversuchen der frühen Republik folgte ab 1924 eine **Phase relativer Stabilität**. So ergaben z. B. die Reichstagswahlen 1928 für die republiktreue SPD einen deutlichen Zugewinn im Vergleich zu 1924, sodass die Parteien der „Weimarer Koalition" (SPD, DDP sowie Zentrum inklusive BVP) zusammen mit der DVP die Regierungsbildung vornehmen konnten. Erst in den Jahren nach 1929/30 verschärfte sich mit der **Weltwirtschaftskrise** die Lage: Wegen der deutlichen Gewinne der zwei **radikalen Parteien KPD und NSDAP** bei den Reichstagswahlen 1930 und vor allem 1932 dominierten republikfeindliche Kräfte nun das Parlament.

– keine grundsätzliche Ablehnung der Verfassung: relative Stabilität der Republik nach 1923

Fazit

Zusammenfassend lässt sich feststellen, dass der in M 1 gelobte, in M 2 spöttisch kritisierte „Verfassungstag" aus verschiedenen Gründen **keine breite reichsweite Popularität** erreichte. Daraus kann allerdings **nicht zwingend** abgeleitet werden, dass es im Jahr 1928 bereits eine **überwältigende Gegnerschaft** gegen die Weimarer Verfassung und Republik gab.

3 **TIPP** *Anforderungsbereich: II, Gewichtung in Prozent: 25*

Der Operator „erläutern" verlangt, dass Sie einen komplexen Sachverhalt anschaulich mithilfe Ihres Fachwissens bzw. der Analyse von Materialien erklären. Thematisch geht es hier um die fehlende Akzeptanz der Weimarer Staatsordnung. Nehmen Sie die Quellen M 1 und M 2, die inhaltlich in deutlichem Widerspruch zueinander stehen, als Ausgangspunkt und überlegen Sie sich noch weitere passende Beispiele, die die Problematik verdeutlichen. Vermeiden Sie überflüssige, weitschweifige Ausführungen und konzentrieren Sie sich auf Phasen, die besonders konflikthaltig und krisenhaft waren: die Anfangszeit der Republik bis zum „Krisenjahr" 1923 und die Endphase ab 1929.

Kontroverse M 1 vs. M 2: Redslobs positive Bewertung vs. …

M 1 und M 2 verweisen aus unterschiedlicher Perspektive auf die **Kontroversität des „Verfassungstages"** und somit auch der **Weimarer Staatsordnung**. 1921 habe es, so Redslob, **„Zweifel und sorgenvoll[e] Prophezeiungen"** (Z. 10 f.) gegeben; manche hätten in den Feierlichkeiten ein „**großes Wagnis**" (Z. 15) gesehen und die Entfernung des Reichsadlers, also eines **Staatssymbols**, verlangt. In M 1 wird außerdem deutlich, wie krisenhaft die Lage in der Frühphase der Republik war (vgl. Z. 15–18, 24–31). Redslob selbst stand hinter der Verfassung und ging 1925 davon aus, dass man für die Verfassungsfeier eine geeignete Form gefunden habe, um die **emotionale Identifikation der Bürger** mit der Republik zu ermöglichen (vgl. Z. 50–55).

… Spott und Kritik bei Krüger

Völlig anders fiel Krügers Urteil 1928 aus. In seiner Karikatur kommen durch die kaum vorhandenen Gratulanten („[…] aber du siehst doch jetzt, wir sind hier die Einzigen!") **Gleichgültigkeit** und **Ablehnung** bis hin zu Widerstand gegen die Weimarer Verfassung und ihre Repräsentanten zum Ausdruck. Die erwünschte **Begeisterung** für den „Geburtstag" der Republik („[i]m Strom der Gratulanten") wird als **offenkundige Lüge** angesehen.

Erläuterung

unterschiedliche politische Vorstellungen in der Gründungsphase: parlamentarische Demokratie, Räterepublik, Monarchie (alte Eliten)

Damit bilden die Materialien einen Konflikt ab, der die Republik von Anfang an in unterschiedlicher Ausprägung und Vehemenz durchzog. Bereits in ihrer **Gründungsphase** gab es **verschiedene Vorstellungen** darüber, welche Staatsform das Deutsche Reich nach der erzwungenen Abdankung des Kaisers im November 1918 erhalten sollte. Sinnbildlich dafür war die **doppelte Ausrufung der Republik am 9. November 1918:** Während Philipp Scheidemann (MSPD) für eine moderne **parlamentarische Demokratie** eintrat, stand Karl Liebknecht (USPD) für die linksrevolutionäre Forderung einer **sozialistischen Räterepublik**. Dieser Gegensatz eskalierte Ende 1918 in den Januarkämpfen 1919 und während eines Generalstreiks im März 1919 in gewaltsamen Auseinandersetzungen, die von Regierungstruppen und rechten Freikorps ebenso niedergeschlagen wurden wie die im April 1919 in München ausgerufene Räterepublik. Angesichts der politisch-wirtschaftlich prekären und chaotischen Lage ging die Reichsregierung ein Bündnis **mit den traditionellen Kräften** in Justiz, Verwaltung und Militär ein, das jedoch eine **Belastung** für die ganze Weimarer Republik darstellen sollte: Viele Vertreter der **alten Eliten** des Kaiserreichs lehnten die Demokratie ab und wünschten sich die **Monarchie** zurück.

Letztlich setzten sich in der Nationalversammlung die Verfechter einer **parlamentarisch-demokratischen Republik** durch: Die **Weimarer Verfassung**, die einen Kompromiss aus liberalen, konservativen und sozialistischen Forderungen enthielt, wurde am 11. August 1919 von Reichspräsident Friedrich **Ebert** unterzeichnet. Allerdings hatten in der Nationalversammlung sowohl radikal linke als auch rechtsstehende Kräfte **gegen die Verfassung** gestimmt.

Die Ablehnung der Demokratie durch ebendiese Kreise schwächte die Republik in den folgenden Jahren massiv. 1920 putschten rechtsradikale Nationalisten der **Marinebrigade Ehrhardt** („**Kapp-Lüttwitz-Putsch**") gegen die Regierung. Die Reichswehr weigerte sich, gegen die Aufständischen vorzugehen. Vielmehr brach der Putsch aufgrund eines Generalstreiks der Arbeiter und der Verweigerung der Beamten zusammen. In der Folge kam es zu **linksgerichteten Aufständen** im Ruhrgebiet sowie in Sachsen und Thüringen, die durch Regierungstruppen und Freikorps **brutal niedergeschlagen** wurden. **Gewalt** als Mittel der politischen Auseinandersetzung zeigte sich auch in mehreren **Attentaten** auf demokratische und linke Politiker. 1919 wurden die Spartakisten-Führer Rosa **Luxemburg** und Karl **Liebknecht** ermordet, 1921 der bei der extremen Rechten als „Erfüllungspolitiker" verhasste Matthias **Erzberger** und 1922 schließlich Außenminister Walther **Rathenau** (vgl. Z. 24–27). Gerade die zwei Letztgenannten waren wichtige Repräsentanten und Unterstützer der Weimarer Demokratie, sodass ihre Ermordung auch als **Angriff auf die Republik** selbst verstanden werden musste.

Gewalt gegen die Republik und ihre Vertreter: Aufstände, Putschversuche, Attentate

Ihren vorläufigen Höhepunkt fanden die Auseinandersetzungen im **Krisenjahr 1923**. Ausgangspunkt war die Besetzung des Ruhrgebiets und von Teilen des Rheinlandes durch französische und belgische Truppen, vorgeblich wegen Versäumnissen bei den Reparationslieferungen. Die Reichsregierung reagierte mit passivem Widerstand und steigerte so die seit Kriegsende vorhandene **Inflation** zur „**Hyperinflation**". In diesem Zusammenhang kam es zu **Putsch- und Aufstandsversuchen**, die die Republik **existenziell bedrohten**. In Hamburg wurde ein kommunistischer Aufstand von der Polizei niedergeschlagen, in München der Putsch der Nationalsozialisten. Separationsbestrebungen im Rheinland wurden ebenso abgewehrt wie kommunistische Aktivitäten in Regierungen aus SPD und KPD in Sachsen und Thüringen. Erst im November 1923 beruhigte sich mit der Einführung der Rentenmark die Lage.

vorläufiger Höhepunkt: Krisenjahr 1923

Auch wenn die Folgezeit häufig als „**Goldene Zwanziger**" charakterisiert wird, war die Lage der Republik weiter **labil**. Unzufriedenheit und fehlendes Vertrauen in die Demokratie blieben bestehen. Die innenpolitische Instabilität wurde u. a. an **ständigen Neuwahlen** und oft **wechselnden Regierungskoalitionen** deutlich. Die Parteien verstanden sich nicht als moderne Volksparteien, sondern verfolgten eine insgesamt wenig kompromissfähige Klientelpolitik. Die Regierungsbildung gestaltete sich oft schwierig. Wiederholt waren sogar Parteien in der Regierung, die der Republik ablehnend gegenüberstanden, was laut Verfassung möglich war. So war z. B. die republiktreue SPD in den 1920er-Jahren einige Zeit nicht im Kabinett vertreten, dafür die monarchistisch-rechtskonservative DNVP. Der stetige Konflikt zwischen Unterstützern der alten bzw. der neuen Ordnung

innenpolitische Instabilität

sowie die Schwierigkeit, **Kompromisse** zu finden, zeigten sich z. B. 1926 im **Flaggenstreit:** Während Rechtsnationale und Monarchisten die **schwarz-rot-goldene Reichsfahne** zugunsten der **schwarz-weiß-roten Flagge** des Kaiserreichs bekämpften, waren Republiktreue entrüstet über die neue Flaggenordnung, die den Gebrauch der alten Flagge mit gewissen Vorgaben im Ausland ermöglichte.

Belastung der Republik durch Folgen des Ersten Weltkrieges

Die **Agitation republikfeindlicher Kreise** nahm trotz außenpolitischer und wirtschaftlicher Erfolge kaum ab, zumal der Staat symbolpolitisch keine überzeugenden Gegenakzente setzte. So gab es z. B. gegen den Beitritt Deutschlands zum Völkerbund 1926 sowie die erreichten Erleichterungen der Reparationslast (1924 Dawes-Plan, 1929 Young-Plan) Widerstand vor allem von rechten Kräften. Hier zeigte sich besonders, welche **dauerhafte Last** der Weimarer Republik durch die **Niederlage im Ersten Weltkrieg** auferlegt war. Die Bestimmungen des **Versailler Vertrages** wurden über die nationalistische Rechte hinaus von der ganzen Bevölkerung und allen Parteien als „**Diktat- und Schandfrieden**“ abgelehnt. Neben den territorialen Verlusten und finanziellen Belastungen rief vor allem der „**Kriegsschuldartikel**“, der Deutschland und seinen Verbündeten die alleinige Schuld am Krieg zuwies, enorme Proteste hervor. Verstärkt wurde die aufgeheizte Stimmung durch die von der Obersten Heeresleitung um Hindenburg angestoßene **Dolchstoßlegende:** Das deutsche Heer sei **im Felde unbesiegt** geblieben und durch demokratisch-linke Kräfte an der „Heimatfront“ „erdolcht“ worden. In den Fokus vor allem rechter Kräfte, die auch zahlreiche desillusionierte, orientierungslose Kriegsveteranen anzogen, gerieten **Politiker der Republik**, die den Versailler Vertrag unterzeichnen und dessen Bestimmungen in der Folge umsetzen mussten.

sinkendes Vertrauen in die Republik durch Wirtschaftskrise

Mit der 1929 ausgebrochenen **Weltwirtschaftskrise** und der massiv ansteigenden **Arbeitslosigkeit** sank das Vertrauen in die Handlungsfähigkeit der Weimarer Republik immens. Davon profitierten die **radikalen Parteien**, die die Demokratie entschieden bekämpften. Bei der Reichstagswahl 1930 stieg die **NSDAP** zur **Massenpartei** auf, wohingegen die staatstragenden Parteien der „Weimarer Koalition“ Stimmenverluste hinnehmen mussten. 1932 stellten Nationalsozialisten und Kommunisten die Mehrheit der Abgeordneten und konnten die politische Arbeit im Reichstag lahmlegen.

problematische Stellung des Reichspräsidenten, „Präsidialkabinette“

Als 1930 die letzte SPD-geführte Koalition am Streit um die Arbeitslosenversicherung zerbrach und keine Regierungsmehrheit mehr im Reichstag zustande kam, offenbarte sich das Problem der **starken Stellung des Reichspräsidenten**. Diese war eigentlich zum Schutz der Verfassung gedacht, seit 1925 bekleidete allerdings mit Paul von **Hindenburg** ein erklärter **rechtsnationaler Monarchist** die mächtige Position. Die folgenden Minderheitsregierungen stützten sich auf den Reichspräsidenten und dessen Recht, Notverordnungen zu erlassen (Präsidialkabinette); das Parlament spielte keine Rolle mehr. Diese Machtverlagerung leitete das **Ende der Demokratie** ein. Am 30. Januar ernannte Hindenburg Hitler zum Reichskanzler und ermöglichte so den **Weg in die NS-Diktatur**.

4 **TIPP** *Anforderungsbereich: III, Gewichtung in Prozent: 25*

Abschließend müssen Sie die Frage erörtern, inwiefern nationale Feiertage zur Identifikation der Bevölkerung mit einer Staatsordnung beitragen können. Es wird verlangt, sich reflektiert, differenziert und abwägend mit dieser Problematik auseinanderzusetzen und ein eigenes Urteil zu entwickeln. Die Aufgabe bezieht sich nicht explizit auf die Weimarer Republik. Bringen Sie daher auch Beispiele aus anderen Ländern ein, die Sie im Unterricht oder darüber hinaus kennengelernt haben. Da es um die Gestaltung und Bedeutung kollektiver Erinnerungskultur geht, ist es möglich, theoretische Ansätze in die Argumentation einzubeziehen.

Identifikation mit der Staatsordnung durch nationale Feiertage?
Begriffserklärung

Nationale Gedenk- und Feiertage sind staatlich angeordnete **symbolische Vergegenwärtigungen der Vergangenheit:** Ein bestimmtes Geschehen aus der Geschichte einer Nation wird – abhängig vom Interesse und Selbstverständnis eines Staates – ausgewählt, gedeutet und feierlich erinnert. Als „Denkmäler in der Zeit" (Aleida Assmann) sind Gedenk- und Feiertage Teil des **kollektiven Gedächtnisses** und der öffentlich inszenierten **Geschichtskultur** eines Staates. Der in M 1 und M 2 problematisierte „Verfassungstag" der Weimarer Republik fällt in diese Kategorie: Man gedachte bewusst der Unterzeichnung der Weimarer Verfassung und somit der Errichtung der Demokratie am 11. August 1919. Von diesen Überlegungen ausgehend kann nun die Frage der Möglichkeit einer **Stärkung der Identifikation mit einer Staatsordnung durch nationale Feiertage** erörtert werden.

Pro
- Stärkung der Bindung und des Zusammenhalts durch bewusste Auswahl und Ausgestaltung

Nationale Gedenk- und Feiertage sind ein **affirmatives**, bejahendes **Instrument** der „Selbstdarstellung" (Z. 2) eines Staates. Durch ihre bewusste Auswahl und Gestaltung soll die **Bindung der Bevölkerung an eine Staatsordnung** gestärkt werden. Welche Ereignisse in den Mittelpunkt gerückt und welche weiteren Ziele verfolgt werden, ist von Land zu Land unterschiedlich, grundsätzlich soll jedoch die Erinnerung an wegweisende Geschehnisse oder staatliche Erfolge das Gefühl hervorrufen, einer Gemeinschaft anzugehören, Stolz auf die Nation wecken und Orientierung in einer komplexen Welt bieten. Es geht darum, den **Zusammenhalt einer Gesellschaft** zu fördern, sodass Gedenk- und Feiertage eine **inklusive Funktion** haben (vgl. Z. 12 f.). Die **Feierlichkeiten** beschränken sich nicht auf kleine Kreise (z. B. Politiker), sondern beziehen die ganze Bevölkerung mit ein. Vielfach appellieren Groß- und Massenveranstaltungen durch geschickte Inszenierung an die **Gefühlswelt**, um auch eine **emotionale Bindung zur Staatsordnung** herzustellen (vgl. Z. 50–55).

Zu den vielen Beispielen nationaler Gedenk- und Feiertage zählt der **14. Juli** in **Frankreich**, der mit großen Feierlichkeiten vor allem an den Sturm auf die Bastille 1789 und somit an die Französische Revolution und die Anfänge des modernen Frankreich erinnert. Eine ähnliche Rolle nimmt der **Independence Day** der **USA** am **4. Juli** ein, an dem die Bevölkerung im ganzen Land mit vielfältigen patriotischen Veranstaltungen der Unterzeichnung der Unabhängigkeitserklärung 1776 gedenkt. In **Russland** hat der **9. Mai** als Tag des Sieges über NS-Deutschland 1945 große identitätsstiftende Bedeutung; Militärparaden sollen nationale Stärke demonstrieren. Der **norwegische Verfassungstag** am **17. Mai** wird wiederum sehr volkstümlich-folkloristisch gefeiert und erfreut sich großer Beliebtheit. Hier werden teilweise auch Traditionen und Kulturelemente von Einwanderern einbezogen.

– Beispiele: Frankreich, USA, Russland, Norwegen

Inwieweit allerdings die mit solchen Feiertagen verbundenen Ziele, vor allem die (emotionale) Identifikation mit einem Staat, erreicht werden können, ist **fraglich**. So können staatlich angeordnete Feiern leicht als von oben **oktroyiert** aufgefasst werden und **Teilnahmslosigkeit oder Widerstand** hervorrufen – gerade dann, wenn (noch) keine Bindung an eine Staatsordnung vorhanden ist. In M 1 verweist Redslob auf Zweifel bezüglich der Verfassungsfeiern der **Weimarer Republik** (vgl. Z. 10–18), die ein kollektives Bekenntnis zur Demokratie bewirken sollten. Der „**Verfassungstag**" wurde jedoch – wie M 2 andeutet – von rechtsnationalen bzw. radikal linken Kreisen abgelehnt und für den propagandistischen Kampf (z. B. Hugenberg-Presse) gegen die verhasste Republik ausgenutzt. Als **abstrakter Verfassungspatriotismus** war er außerdem in denjenigen Teilen der Bevölkerung wenig beliebt, in denen sich **kein demokratisches Bewusstsein** entwickelt hatte. Zusätzlich untergruben die innen- und außenpolitisch sowie wirtschaftlich oft instabilen Verhältnisse das Vertrauen in die Republik massiv.

Kontra

– von oben angeordnete Erinnerung, die auf Gleichgültigkeit und Widerstand treffen kann

Im Deutschen Kaiserreich erinnerte der „**Sedantag**" am **2. September** als wesentlicher Bestandteil einer **nationalistisch-militaristischen Erinnerungskultur** an den erfolgreichen Krieg gegen Frankreich 1870/71. Die Feierlichkeiten waren aber nicht überall beliebt und wurden von Teilen der Bevölkerung als **zu preußisch**, nationalistisch und militaristisch abgelehnt. In der **DDR** kollidierte die Staatspropaganda, die angebliche Erfolge des Sozialismus betonte, mit der Realität der Bevölkerung. Offenkundig wurde dies vor allem 1989, als die **inszenierten Jubelfeiern** zu „40 Jahre DDR" von **Massendemonstrationen** gegen das SED-Regime begleitet wurden.

– Beispiele: Kaiserreich, DDR

Bei diesen Beispielen klingt ein weiteres Problem an: Historische Ereignisse werden von staatlicher Seite **gedeutet**, **vereinnahmt** und in ihrer Komplexität **vereinfacht**. In Frankreich ist der **14. Juli** aus diesem Grund durchaus **umstritten:** Die Französische Revolution ebnete zwar den Weg zum modernen Verfassungsstaat mit Menschen- und Bürgerrechten, war allerdings auch mit Terror und vielen Opfern verbunden. In den **USA** entzünden sich um den **4. Juli** und seine Deutung heftige **identitätspolitische Diskussionen**, da Frauen, Sklaven und die indigene Bevölkerung von dem glorifizierten Gründungsprozess ausgeschlossen waren und bis heute Nachteile, Diskriminierung und sogar Unterdrückung erfahren. Hier zeigt sich, dass nationale Gedenk- und Feiertage nicht erst angesichts zunehmender **globaler Migration** auch **exkludierend** wirken können.

– Problem der Deutung, Vereinnahmung und Vereinfachung historischer Ereignisse

Urteil

Ob die Bindung der Bevölkerung an einen Staat tatsächlich gelingt, ist also **von einigen Faktoren abhängig**. Es ist durchaus möglich, ein Zugehörigkeits- und Gemeinschaftsgefühl zu wecken, das der Identifikation mit der jeweiligen Staatsform und dem gesellschaftlichen Zusammenhalt dient. Es besteht jedoch die Gefahr, dass diese Form nationaler Selbstdarstellung den **multiperspektivisch-kritischen Diskurs** über die Vergangenheit **behindert**. Auch kann es in der Bevölkerung zu **innerer Entfremdung** kommen: durch die von oben angeordnete Erinnerung, die historische Vereinfachung komplexer Ereignisse oder die Vielzahl nicht staatlich verfügter Gedenktage und Jubiläen, die bisweilen willkürlich erscheinen und oft ökonomischen Interessen dienen. Zwar können **moderne Massenmedien und Marketingstrategien** für die Teilnahme an Gedenk- und Feiertagen werben, jedoch auch von denjenigen genutzt werden, die diese Art von Erinnerung aus unterschiedlichen Gründen kritisieren oder sogar ganz ablehnen.

Um nationale Gedenk- und Feiertage als Anstoß zu **kritischer historischer Reflexion** zu nutzen, sind ein **offener demokratischer Diskurs** und neue und diverse Formen der Erinnerung auf regionaler und lokaler Ebene wichtig – gerade dann, wenn es unterschiedliche Deutungen der Geschichte in der Bevölkerung gibt. Dies gilt auch für den aktuellen **deutschen Nationalfeiertag**, den **3. Oktober**, der vor allem für den Abschluss der Wiedervereinigung steht. Zentrales Datum für die von der ostdeutschen Bevölkerung getragene „Friedliche Revolution" ist hingegen der **9. November**, der wegen seiner auch negativen historischen Aufladung (u. a. Reichspogromnacht) kein offizieller Feiertag ist. Durch eine angemessene Gestaltung der Feierlichkeiten, die die unterschiedlichen Lebenswege und Herausforderungen in Ost- und Westdeutschland berücksichtigt, könnte man das Bewusstsein für **Brüche in der deutschen Geschichte** und gleichzeitig für das **Gemeinsame und Verbindende** schärfen.

Niedersachsen Geschichte ▪ Abiturprüfung 2024
Grundlegendes / Erhöhtes Anforderungsniveau

Um Ihnen die **Prüfung 2024** schnellstmöglich zur Verfügung stellen zu können, bringen wir sie in digitaler Form heraus.

Sobald die Original-Prüfungsaufgaben 2024 freigegeben sind, können sie als PDF auf der Plattform **MySTARK** heruntergeladen werden (Zugangscode vgl. Umschlaginnenseite).

Aktuelle Prüfung

www.stark-verlag.de/mystark